地域物流とグローバル化の諸相

吉岡秀輝 著

時潮社

はしがき

　成長著しいと言われるインドで、2012年7月18日夜、日本の自動車メーカーS社の現地子会社工場内が従業員による暴動に襲われた。会社側の説明によると、同日の朝、あるインド人従業員が班長から注意を受け、それに腹を立てて暴力を振るったのが発端だという。その処分をめぐり、会社側と労働組合側との話し合いが続くなか、一部の従業員が暴徒化して、事務所を放火したり、暴力行為を働いたりした結果、インド人の人事部長1名が死亡し、他に約100名が負傷したというものであった。原因は、共産党系組織の計画的な扇動だとか、旧来からのカースト制度に根差した身分的な軋轢にあるとか、様々な見方が取り沙汰されたが、結局のところ、真相は不明のままに終わっている。

　経済成長が進むなか所得格差が広がり、それが暴動につながったとか、抗しがたい身分制度への鬱憤晴らしが原因だとするのは、わかりやすい説明ではあるけれども、果たしてそれだけであろうか。この事件には、もっと複雑な要因が伏在しているのではなかろうか。そのヒントが、本書第5章で取り上げている「トンネル効果」仮説のなかに含まれている。この仮説は、急速な経済発展の初期の段階において、種々の階級、部門、地域間で所得分配の不平等が急速に拡大しがちな場合でも、その格差に対する社会の耐性はかなり大きいことがありうるとするものである。詳細は第5章に譲るが、日本企業が積極的に海外進出を進めるなかで、トンネル効果の存在を認識しておくことは、労働争議リスクに対処するための注意喚起の用具となる。

　ところで、筆者がトンネル効果仮説の概念に初めて出会ったのは、1970年代後半、母校の研究所に籍を置いていた頃であった。以来、研究の対象は、貿易、物流、地域振興など様々なテーマを取り上げてきたが、一貫していたのは、国際的な事象を中心にして議論を展開してきた点である。本書は、そうした13編の論文が収められている。分野は大きく三つのパートに分かれて

いて、一つは地域振興、もう一つはグローバル化に関連した問題、そして三つ目が国際交通・物流である。以下、それらについて、若干の説明を加えておきたい。

まず一つ目の地域振興であるが、第2章から第4章までがこれに該当する。各章のタイトルをご覧いただければわかるとおり、北海道のオホーツク地域や新千歳空港といったきわめてローカル色の濃いテーマを論じている。なぜ北海道かというと、理由は単純で、長年、同地の大学に勤務したことが関係している。しかし、だからと言って単なる地域論にすぎないというものではない。いずれもそれらは、北海道とロシアとの経済交流を通じた地域振興の可能性を論じたものであり、その意味では、北海道経済の「グローバル化論」と呼び得るものである。

二つ目は、国際化・グローバル化の視点から、第5章では、上述のトンネル効果仮説を取り上げ、第6章では最貧国における海洋開発の可能性を論じた。特に最貧国の問題は、1990年代の前半、当時、北海道内をはじめ全国で盛んに進められていたリゾート開発に一脈通ずるところがあって、乱開発への警鐘を鳴らしたつもりである。第7章は、「中国の経済開発区と日系企業」と題して、中国青島市に進出した日系企業の実態調査の結果をまとめた事例研究である。そして、このパートの最後が、第8章である。これは、現在の勤務校で学生向けの教科書をつくることを目的に叢書を編纂し、その叢書創刊号に投稿したものである。したがって、研究論文の意味合いもさることながら、グローバル・マーケティングのプロセスをわかりやすく説明することにむしろ力点が注がれている。

三つ目は国際交通・物流を取り上げており、その前提として、まず第1章で交通経済の本質論を述べた。ここで強調したかったのは、少々、大げさに聞こえるが、交通は民主主義に資することにその最大の使命がある、という点である。それを古今の名著を通じて論述し、最後に、比較的最近話題になった、高速道路の無料化問題に関する筆者なりの考えを披歴した。そして、第9章と第10章で、アメリカにおける航空輸送と規制緩和ならびのその後の

はしがき

再編の動きについて触れ、第11章では、貨物輸送企業の提供するサービス形態の変化を捉え、その一つの例としてシー・アンド・エア輸送を取り上げた。第12章は、日本におけるコンテナ化の導入をめぐって、当時の関係者からの証言を紹介している。そして、第13章が本書の最終章であるが、インランド・デポを地域振興の観点から議論を展開した。通常、インランド・デポは、国際物流における港湾機能の補完者、したがって、港湾の副次的機能を果たす施設とする捉え方がなされるが、しかし、インランド・デポの立地する地元地域においては、地域経済の発展を担う主体的機能に期待を置いており、その意味では、むしろ最初の地域振興のパートに含めた方が適切であるかもしれない。

いずれにしても、本書のメインテーマは、国際関係であり、グローバル化にかかわっている。地域振興を図るにも、グローバル化を梃子にする、いわば「グローバル・ローカリゼーション」に主眼を置いている。それゆえ、本書のタイトルを『地域物流とグローバル化の諸相』としたわけだが、論文集という性質上、個々の論文は、発表したその時々の社会・時代背景を反映しているため、テキストブックのような一貫性をもって構成されておらず、また、統計資料についても最新のものに置き換える必要があった。可能な限り最善を期して改めたつもりであるが、思わざる過誤を犯しているやもしれない。大方のご叱正をこう次第である。

最後になったが、本書の上梓に向けて側面から支援し続けてくれた高崎商科大学の同僚諸氏に、また、昨今の厳しい出版状況にもかかわらず、本書の刊行を快く引き受け、かつ、実際的な助言を与えくれた時潮社代表取締役の相良景行氏に心よりお礼申し上げたい。他にも多くの先生方、先輩方から激励をいただいた。ここに記して感謝の意を表すものである。

2013年4月

吉岡　秀輝

目　次

はしがき ……………………………………………………………………………… 3
初出一覧 ……………………………………………………………………………… 12

第1章　交通の本質に関する再考察 ………………………………15
　　　　　―文献解釈を中心にして―
　はじめに　15
　1．交通の意義と機能　16
　　（1）用語の吟味　16
　　（2）交通の第一義的機能　18
　2．交通サービスの需要と供給　22
　　（1）交通需要の特徴　22
　　（2）供給機能の要素　24
　3．高速道路無料化議論をめぐって　26
　おわりに　30

第2章　地域物流の現状と問題点 ……………………………………35
　　　　　―北海道オホーツク地域の生鮮食料品物流と
　　　　　　　　　　　　　　港湾利用の可能性―
　はじめに　35
　1．オホーツク地域の産業構造　36
　2．北見市公設卸売市場の動向　40
　3．輸送ルート　42
　　（1）青果物　42
　　（2）水産物　45
　4．港湾利用の可能性　47
　おわりに　53

第3章　対ソ連極東貿易における網走港の歴史と港勢……57
　　はじめに　57
　　1．ソ連極東地域と北海道の経済交流　58
　　2．網走港の開発　61
　　3．網走港の港勢　64
　　おわりに　67

第4章　北海道新千歳空港の国際化戦略と
　　　　対ロシア交流 ……………………………………73
　　はじめに　73
　　1．新千歳空港の沿革と概要　74
　　2．国際化戦略　76
　　　（1）国際エアカーゴ基地構想　76
　　　（2）エアロポリス構想　77
　　　（3）FAZの指定　78
　　3．北海道とロシア極東の交通関係　79
　　おわりに―課題と展望　82

第5章　第三世界諸国における経済発展と政治発展の
　　　　不均衡について ……………………………………85
　　　　　―ハーシュマンの「トンネル効果」仮説の研究―
　　はじめに　85
　　1．トンネル効果仮説　86
　　　（1）一つの類推　86
　　　（2）相対的剥奪論との対比　89
　　2．トンネル効果の実例　91
　　3．トンネル効果の反転状況　94
　　4．トンネル効果の発現条件　98
　　　（1）一元的社会と分割的社会　98
　　　（2）「帰属」面からの考察　101
　　5．もう一つの可能性　103
　　おわりに　105

目 次

第6章 最貧国における海浜リゾート開発の可能性とその問題点について ……115

はじめに 115
1．最貧国の海浜リゾート開発の可能性 116
2．開発のための諸条件 121
3．開発の問題点 123
　（1）経済上の問題点 123
　（2）社会面への影響 124
　（3）環境面への影響 124
おわりに 126

第7章 中国の経済技術開発区と日系企業 ……131
　　　　―青島の事例を中心に―

はじめに 131
1．中国の外資導入状況 132
2．経済特区と経済技術開発区 134
3．青島経済技術開発区 137
　（1）概要 137
　（2）日系企業の実態 139
おわりに 142

第8章 グローバル・マーケティングの理念と事例 …147

はじめに 147
1．グローバル・マーケティングの含意 148
　（1）用語の吟味 148
　（2）マーケティング・コンセプトの変容 149
　（3）マーケティングの原則 152
2．経営志向 153
　（1）本国志向 153
　（2）現地志向 155
　（3）地域志向 155
　（4）世界志向 155

3．グローバル・マーケティング戦略　156
　　4．事例―BMWのブランド戦略　158
　おわりに　161

第9章　アメリカ航空貨物業界と規制緩和　165

　1．規制緩和論の台頭　165
　2．規制緩和の経緯　166
　3．規制下の航空貨物業界　168
　　（1）規制初期の成長とその後の抑止要因　169
　　（2）サービスの歪み　170
　　（3）生産の非効率　172
　4．規制緩和下の航空貨物業界　173
　　（1）サービス　174
　　（2）運賃　180
　5．流動的な航空貨物業界　182

第10章　米国空運事業の再構築と規制緩和　189

　はじめに　189
　1．規制緩和前後の旅客航空の変化　190
　　（1）路線体系　192
　　（2）コンピュータ発券・予約システム　193
　　（3）常連顧客優待制度（FFP）　194
　2．淘汰の「嵐」　195
　　（1）フライング・タイガー航空の「身売り」　195
　　（2）パン・アメリカン航空の消滅　197
　3．再編の様相　201
　　（1）アメリカ航空業界の二極分化　201
　　（2）ヨーロッパの対応―英国航空のグローバル化戦略　203
　おわりに　204

目次

第11章　国際輸送における海運と空運の補完的結合関係について……209

はじめに　209
1．国際輸送の成長と輸送システム　210
2．輸送企業の類型　212
3．わが国におけるシー・アンド・エア輸送の発展　215
4．シー・アンド・エア輸送とフォワーダー　221

第12章　わが国における海上コンテナ導入期の再考……225

はじめに　225
1．コンテナの定義と起源　226
2．コンテナ化前史　230
　(1) コンテナ化のはじまり　230
　(2) 当時の日本の港湾事　232
3．コンテナ化の推進　235
おわりに　239

第13章　インランド・デポ概念の変遷と今日的課題……243

はじめに　243
1．草創期のインランド・デポ概念　244
2．インランド・デポの成長発展期　248
　(1) 概念の変容　248
　(2) インランド・デポをめぐる新たな展開（1990年代以降）　249
3．AEO制度の導入とインランド・デポ　253
おわりに　257

索　引……263

初出一覧

第1章
「交通の本質に関する再考察―文献解釈を中心にして―」『高崎商科大学紀要』第27号、2012年12月

第2章
「地域物流の現状と問題点―北海道オホーツク地域の生鮮食料品物流と港湾利用の可能性―」小林照夫・澤喜司郎・香川正俊・吉岡秀輝編（2001）『現代日本経済と港湾』成山堂書店、第9章所収

第3章
「対ソ連極東貿易における網走港の歴史と港勢」日本港湾経済学会創立30周年記念論文集編集委員会編（1991）『港・ウォーターフロントの研究』成山堂書店、第2章所収

第4章
「北海道新千歳空港の国際化戦略と対ロシア交流」『日本港湾経済学会年報　港湾経済研究』第32号、1993年10月

第5章
「第三世界諸国における経済発展と政治発展の不均衡について―ハーシュマンの『トンネル効果』仮説の研究―」『北見大学論集』第22号、1989年11月

第6章
「最貧国における海浜リゾート開発の可能性とその問題点について」『日本港湾経済学会年報　港湾経済研究』第27号、1989年10月

第7章
「中国の経済技術開発区と日系企業―青島の事例を中心に―」『日本港湾経済学会年報　港湾経済研究』第38号、2000年3月

目　次

第 8 章
「グローバル・マーケティングの理念と事例」高崎商科大学ネットビジネス研究所編（2003）『流通情報概論（高崎商科大学叢書）』成山堂書店、第 8 章所収

第 9 章
「アメリカ航空貨物業界と規制緩和」山上徹編（1988）『国際物流概論』白桃書房、第 9 章所収

第10章
「米国空運事業の再構築と規制緩和」『中央学院大学総合科学研究所紀要』第 9 巻第11号、1993年 9 月

第11章
「国際輸送における海運と空運の補完的結合関係について」北海学園北見大学商学部編（1996）『現代ビジネスの課題と展望（北海学園北見大学叢書）』泉文堂、第Ⅱ部 3 所収

第12章
「わが国における海上コンテナ導入期の再考」飯沼博一編（2005）『国際貿易をめぐる諸問題と解決への道―その理論と現実―』白桃書房、第12章所収

第13章
「インランド・デポ概念の変遷と今日的課題」『日本港湾経済学会年報　港湾経済研究』第49号、2011年 3 月

第1章　交通の本質に関する再考察
　　　―文献解釈を中心にして―

はじめに

　俳諧用語に「不易流行」という言葉がある。不易とは時代を越えて変わらぬ本質をいい、他方、流行は、時代の変化とともに社会に現れる様々な現象を指すそうである。江戸時代、松尾芭蕉の創案とされるこの原理は、俳句の世界にとどまらず、広く社会科学の研究分野においても妥当するように思う。変わらぬ本質を見極め、そこから新しい知見を得ること、それが学問研究に課せられた使命である。本質は、古今東西の著述家たちが残している著書のなかに見いだすことができる。特に古典は、多くの本質が語られている宝庫といえる。シュンペーター（Schumpeter, J.A.）は、古典研究の効用をこう述べている。

　「使いふるした思想に限りなく膠着しているのに比べたら、これを廃棄してしまった方が好ましいのは確かである。けれどもあまりに永く留まっていない限りでは、物置小屋を訪れることによって利益を受けうるのである。この物置小屋のなかから掘りだしうると期待される利点は、三つの項目のもとに示すことができる。すなわち教育的利益、新しい観念、および人間の心の動き方に対する洞察これである」と。

　21世紀に入り、早や十数年が過ぎた。政治・経済思想的に前世紀と今世紀の決定的違いは、マルクス主義の退潮であろう。旧ソ連および東ヨーロッパ諸国が社会主義経済を放棄し、市場経済を志向、実践した結果、思想としてのマルクス主義も、片隅に追いやれてしまった観がある。このことは、思想にも流行があることを明示している。マルクス主義は退潮し、次々に新たな思想が現れているが、思想は、時代や社会の反映であり、過去の思想は、新

しい時代、社会においては旧弊とならざるを得ない宿命を背負っている。それでは、過去の思想は一切顧慮するに値しない遺物なのだろうか。そうであれば、思想史を学ぶ必要はなくなり、シュンペーターの上記の議論は、意味をなさなくなる。われわれは、とかく流行ばかりに目を奪われ、本質を見失いがちだが、古い思想に一面の真理、本質が潜んでいれば、それを探り出し、現代の観点から考察して時代的意義を見いだす必要がある。

時代は、今、IT革命に代表されるように、ダイナミックに変動を遂げている。その大きなうねりのなかで、社会全体の今後の動向を見極めることは、きわめて重要となる。「物置小屋」は、そのための材料を提供してくれる。そこで本章では、スミス（Smith, Adam）の古典や、今日ではもはや古典の部類に入れられるかもしれないボナヴィア（Bonavia, M.A.）の著作、さらにはその他の比較的最近刊行された著作を通じて、交通経済の本質を見いだし、「新しい観念」の提示を試みることにしたい。

1. 交通の意義と機能

（1）用語の吟味

まず研究対象たる交通の概念規定から始めよう。交通経済学の標準的な教科書では、交通（transport）とは、「人、モノ、情報の場所的、空間的移動」と定義され、「人が歩いて、あるいは乗用車・電車・飛行機などを利用して離れた場所にいき、貨物がトラック・貨車・貨物船などで離れた地に送られ、郵便・電報・電話でニュースや人の考えが他地に伝えられる」のがいずれも交通の範疇に入れられる。したがって交通は、人・モノの移動である輸送（transportation）と、情報の移動である通信（communication）とに二分される。

常識的には、この二分法は奇異に感じられるかもしれない。なぜならば、交通手段（means of transportation）という言葉から、人々が具体的にイメージするのは、鉄道や自動車、船、飛行機といった「乗り物」であり、手紙や電

第1章　交通の本質に関する再考察

話、あるいは近年のインターネットではなかろうからである。前者は「運搬具」（carrying unit）であり、後者は「通信手段」（means of communication）であって、通常、両者は別々に論じられている。その一つの例として、かつての日本の行政的区割りでは、輸送は運輸省（現在、国土交通省）、通信は郵政省（同、総務省）が所管しており、また、学問の領域においても、交通論とコミュニケーション論は、独立した分野として確立を見ているとおりである。

　しかし、輸送と通信は、不可分の関係を有している。その点を理解するため、自給自足の（self-sufficient）社会を想像してみる必要がある。そこでは、人々は、自ら生産したものを自らが消費するという、経済学的に言えば、生産と消費の人格的同一が起こっている。人々は、食物や衣類を求めて肉や毛皮を取るため狩りに出かけ、それに必要な武器は自らが生産し、あるいは食料を得るために土地を耕した。そして、身の周りにある様々なモノを利用して住居を建て、小規模な自己完結型の共同社会（community）が形成されて、そのなかで生計が立てられていた。その後、文明の進歩は、道路（road）と車両（vehicle）の発展を促し、個別の共同社会体内でのみ生活していた住民を、他地域の住民とも交流を可能にした。結果として、商品の交換がなされ、のみならず考え方や情報までもが伝達されるようになった。文明史的に見ると、輸送と通信の不可分性は、このように捉えることができる。

　「分業（division of labor）は市場の大きさによって制約される」という命題がある。たとえ自給自足社会から脱皮したばかりの社会であっても、その規模が拡大するにつれて分業は進展し、専門的技能を身に付けた人々が現れるようになる。彼らによって生産されたモノは、高い付加価値をそなえ、需要は刺激され、人々がこの時点で、もはや自身の生産物で充足できるのはほんの一部にすぎなくなって、大多数は他者の生産物に依存する体制が生まれた。分業と特化（specialization）が人々の技量を磨き、それがより上等の衣服、より心地良い住居、より美味なる食物を生み出した。それらを享受するには、交換（exchange）が介在しなくてはならない。そのような交換を可能にするには、対象物を欲する意思を伝えるためのコミュニケーションが成

立していなくてはならず、それが成立したならば、対象物を届けるための輸送機能が不可欠となる。「情報伝達と交通なくして、われわれの生活は1日も成り立たない」と言われるゆえんは、この点にある。

（2）交通の第一義的機能

　交通の機能は、旅客ならば、現在いる場所から、行きたいと思う場所へ、貨物であれば、現在置かれている場所から、相対的に価値がより大きくなる場所へ移動することにある。旅客の場合、移動の理由は、通勤とか出張といった経済的理由や、観光や儀礼目的の個人的あるいは社会的理由、さらに要人や軍隊の派遣といった政治的、軍事的理由など様々であるが、貨物の場合は、より単純で、いわゆる素材産業の「川上」から、各段階の工程を経て、「川下」の最終消費に供する必要から生ずる。

　生産とは、効用の創造であるとよく言われる。そして、その効用には時間的（状態的）、形状的および場所的の各効用があり、交通は場所的効用にかかわっている。一般に、1個の品物が完成品の形状で現れたとき、すなわち、形状的効用が創出されたとき、生産が完了すると思われがちだが、これだけでは不十分である。当該品が消費者に届けられて利用に供されるようになって、初めて生産は完了するのであって、このような場所的効用の提供こそが交通の機能である。

　これを別の言葉で言えば、空間的な隔たり、すなわち距離の障害を克服するということである。この点に関連して、ボナヴィアの文献には、以下のような大変興味深い逸話が残されている。

　　　例えばグリーノック砂糖訴訟事件（Greenock sugar case）において、イングランド中部地方への、ロンドンからの砂糖の運送と、グリーノックからのそれとに、鉄道が同一の運賃率を賦課するのは不衡平であると主張された。というのは後者の距離は前者の二倍だからであった。この訴訟は、ロンドンの諸会社がその地理的位置のためにもっていたスコッ

第 1 章　交通の本質に関する再考察

トランドの競争者に対する自然的優越性を破壊した、と抗争されたのである。しかしながら逆の見解が勝利を収めた。すなわち、交通は市場の拡張を通じて消費者に利益を与え、生産者が場所から得る半独占（semi-monopoly）に等しい優越を打破するときに、その真の機能を果しているものである、と判決されたのである。[6]

　グリーノックは、図1-1に示すとおり、グラスゴー（Glasgow）の北西に位置し、クライド湾（Firth of Clyde）に面した小都市だが、18世紀から20世紀初頭にかけては、ポート・グラスゴー（Port Glasgow）、ラルグス（Largs）、エア（Ayr）などとともに貿易港として栄え、スコットランド地域における有数の商業都市群を形成していた。[7]

　ところで、上記引用中の判決がいつ出されたのかは、ボナヴィアの著書には記載がなく不詳である。そこで、関連の文献を手掛かりにして、おおよその年代を割り出すことにしよう。

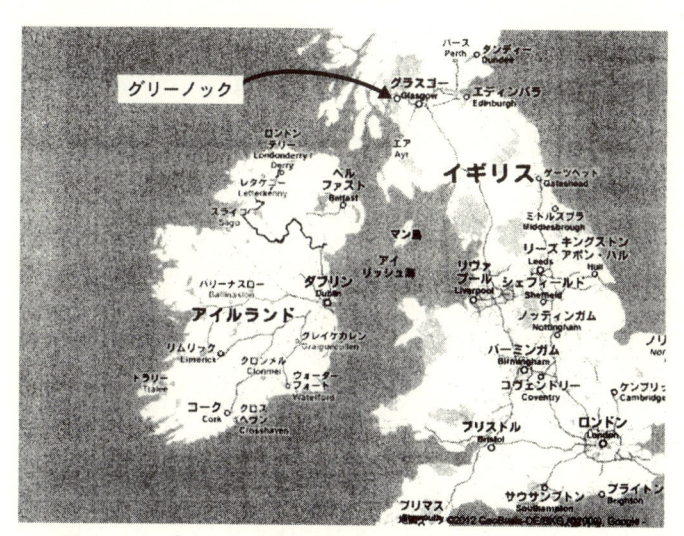

図1-1　グリーノック～バーミンガム～ロンドン位置図
　　出所　グーグル地図 http://maps.google.co.jp

まず、グリーノックを通る鉄道だが、市内には八つの鉄道駅があり、そのうち最も利用度の高いのがグリーノック中央駅（Greenock Central Railway Station）である。同駅は、市の中心部にあり、グラスゴー中央駅（Glasgow Central）から西方のゴウロック（Gourock）向かって23マイル（約37キロメートル）のところに位置し、開業は1841年3月31日のことだという[8]。
　次に、グリーノックにおける製糖産業について見てみることにする。同地において砂糖精製が始まったのは1765年だというが、本格的に発展を見たのは、1850年にジョン・ウォーカー（John Walker）なる人物が精糖所を始めてからのことである。その後、1865年に、地元の有力者で、樽製造業を営み、また船舶所有者でもあるアブラム・ライル（Abram Lyle）が、4人のパートナーと共同でグリーブ精糖所（Glebe Sugar Refinery）を購入して事業を開始し、同市では一時期、12の製糖所が稼働していた。そして、19世紀末には、年間約400隻の船舶が、カリブ海諸島の耕作地からグリーノックまで加工用の砂糖を輸送するようになり、最盛期には、14の精糖所を数えるまでになったと言われている[9]。
　以上のとおり、グリーノックの鉄道駅ならびに製糖業の歴史を概観すると、グリーノック砂糖訴訟事件の判決が出されたのは、1841年の鉄道駅開業以前ではありえず、製糖業が隆盛を見た1865年以降以降、それも19世紀末と考えるのが至当である。そこで、この時期のイギリスの時代背景を少し考えてみることにする。
　政治的には、1867年と84年の選挙法の改正により、前者の改正では、都市部の労働者に選挙権が与えられて、有権者数は200万人程度に、また後者では、地方の労働者にも選挙権が与えられた結果、有権者数は440万人に達し、民主化の著しい進展が見られた時代であった[10]。他方、経済的には、「世界の工場」[11]たる地位が失われ始めた頃で、アメリカやドイツといった新興国の台頭により、イギリスの輸出市場は縮小を余儀なくされ、経済全般が活力を失いつつあった。1890年代には「鋼鉄生産ではアメリカ、ドイツに、銑鉄生産ではアメリカに追い越され」、「世界の工業製品輸出に占めるシェアでもアメ

リカ、ドイツの躍進とは逆に、イギリスは1880年の41.4％から1913年の29.9％へ大幅に後退した」[12]のであった。しかし、こうした経済分野における相対的地位の後退にもかかわらず、イギリス国民は、必ずしも貧困を強いられたわけではなく、むしろ豊かな生活を維持していた。それを可能にしたのは、巨額の対外投資に伴う所得収支の黒字が貿易収支の赤字を補塡して余りあるものであったからに他ならない。先行する産業革命が、その後の経済的安定をもたらす基盤を作り、さらなる政治的民主化を推進する要因ともなりえたのであった。こうして見てくると、イギリスにおける民主化は、産業革命による必然の結果であった。民主主義は、イギリス国民の価値観として着実に根付いていき、そのような状況のもとで上記の判決はなされた。

また、引用文中で「イングランド中部地方」とあるのは、多分、同地の代表的都市であるバーミンガム（Birmingham）のことを指しているのだろう。そのバーミンガムとグリーノック間は、道路距離で312マイル（約502キロメートル）あり、バーミンガムとロンドン間は、同117マイル（約188キロメートル）である[13]。通常の鉄道運賃体系では、距離の逓増に合わせて運賃は上昇する。われわれは、そのような運賃体系に慣れ親しんでいるので、ロンドン〜バーミンガム間の2倍以上の距離のあるグリーノック〜バーミンガム間を同一水準の運賃でサービスを提供するのは、間尺に合わないと感じられるだろう。

しかしながら、この鉄道会社は、距離に関係なく均一の運賃を採用したのは、おそらく逓増運賃によって需要が減少するのを避けたいがための設定であり、需要の減少が見込まれなければ、逓増運賃を採用したかもしれない。したがって、均一運賃により直接的な損失を被るのは鉄道会社であって、利用者たる荷主ではない。にもかかわらず、ロンドンの荷主が鉄道会社を相手取って損害賠償の訴訟を起こしたのは、「距離が2倍以上なのだから、鉄道料金も2倍以上にすべきであって、そうなれば、グリーノック産の砂糖は、運賃分が価格に転嫁されて値上がりし、販売量は落ち、他方、ロンドン産の販売量は増大が見込まれる」ことが根拠になっていたのであろう。

これに対し、裁判所の判断は、誰の利益が最優先されるべきかという考え

方に依存した。商品が生産地から消費地まで低運賃で輸送されれば、その分、コストの削減につながり、消費者は、より廉価にて商品を入手しうる恩恵が受けられる。消費者は一般市民であり、それに対して、地理的優位性をあくまでも主張するロンドンの荷主は特権階級である。特権階級に奉仕することは、民主主義の受容するところではない。それゆえ、裁判所の判断は、消費者、広く一般民衆に奉仕すること、すなわち民主主義の増進に寄与することに交通サービスの本質的機能がある点を示した好例と言えよう。

２．交通サービスの需要と供給

（１）交通需要の特徴

アメリカのグローバル・マーケティング論に関するある教科書は、次のような書き出しで始まっている。

> われわれは、グローバルな市場のなかで生活している。あなたは、ブラジルから輸入した椅子に腰掛け、あるいはデンマークから輸入した机に向かいながら本書を読んでいるかもしれない。あなたは、これらの商品を、スウェーデンのグローバルな家具小売業者、IKEAから購入したのかもしれない。おそらく、机の上のコンピュータは、IBMが設計し、エイサー（Acer Inc.）によって台湾で生産され、世界中に販売されているIBMの形の良い新型ThinkPadか、またはアップル社が設計してアイルランドで生産され、世界中に販売されているマッキントッシュだろう。あなたの履いている靴はイタリア製かもしれないし、あなたの味わっているコーヒーはラテンアメリカか、アフリカ産だろう。[14]

人の物的欲求は多様であり、それを満足させる源泉は、世界中に広がっている。この物的欲求を満たすため、製造業者は、原材料をその原産地から加工施設ないし工場に移動し、完成品を生産場所から消費地に移動する必要が

第1章　交通の本質に関する再考察

生じる。貨物交通需要は、このような必要から生まれる。したがって、この需要は、生産要素の不均等な分布―ある地方では労働力は豊富だが原材料に不足し、別の地方では逆の事態が生じているような状態―に由来する。モノは、場所から場所に移動されるのにしたがって、その価値が増大するので、別の言い方をすれば、付加価値が創造されるため、交通需要は発現する。

他方、旅客要件は、ビジネス客であれば、自分たちの提供するサービス、すなわち労働の価値が、地元にとどまった場合よりも大きいならば、旅行に伴う時間と費用を相殺して余りあるものとなるので、自宅から他の場所へと移動することになろう。観光客であれば、例えばリクリエーション目的あるいは避暑、避寒といった気候要因に根差して交通需要が発生する。その場合、当事者は、自宅にとどまって享受されるだろう満足よりも、旅行の結果として得られる満足の方が大きいと評価、判断していることになる。

貨物であれ、旅客であれ、このような交通需要は、通常、派生的 (derived) と言われる。貨物輸送は、最終消費者が交通対象たるモノを消費することによって完結するわけだから、交通は最終消費のための手段であって、他の何らかの願望を満たすための「添え物」(adjunct) にすぎないとさえ言われる。[15] 旅客輸送においては、旅客は、自宅住居と仕事場あるいは観光地との距離的懸隔を埋めるサービスを消費することによって経済的ないし精神的満足を得ることを主目的とし、移動自体は副次的である。

ただし、航海クルーズは、例外的事例と言えよう。クルーズを楽しむ人の場合は、移動そのものが主目的となる。クルーズの参加者たちは、数日間を海の上で過ごし、船上では様々なアトラクションを楽しみ、特定の場所で上陸することはたまにあっても、それは船上アトラクションの延長と見なされ、すぐに乗船して、出港した港に再び戻ってくる。自動車やオートバイのマニアが、運転だけが楽しみでドライブしたり、ツーリングに出かけたりするのも、幾分、これに似通っているだろう。

以上、結論として言えることは、交通需要は派生的であろうとなかろうと、それが満たされて初めて、人々の生活水準は維持向上が図られるという点で

23

ある。それには十分な交通および通信インフラが整っている必要があり、文明の発展に不可欠な要素をなしている。

（2）供給機能の要素

土地、労働、資本は、あらゆるモノとサービスの供給に不可欠の生産要素である。われわれは、このことを経済学の第一歩のところで学んだ。交通サービスの場合は、通路（way）、ターミナル（terminal）、運搬具（carrying unit）および動力（motive power）が物的な生産要素を構成しており、交通研究においては、これらのすべてが考慮の対象とされなくてはならないが、交通手段の発展を知るには、動力の変遷を理解することがとりわけ有意義である。フォークス（Faulks, Rex W.）は、その著 *Principles of Transport* において、現存の、あるいは以前に存在していたあらゆる形態の運搬具と動力源の関係を表1-1のとおり示した。

今日、自然の動力、すなわち畜力、人力および風力を推進力として利用する運搬具は、まったく姿を消してしまったか、姿

表1-1

動力のタイプ	動力源	推進手段・方法
自然のもの	畜力	馬、牛、ラクダなど
	人力	
	風力	
人工のもので、車両等で運搬されるもの	動力を生み出すための石炭、石油など	蒸気
	石油	石油および／またはディーゼルオイル・エンジン
	電力を生み出すための石炭など	蓄電池
人工のもの、ただし車両等で運搬されないもの	電力を生み出すための石炭、水力など	電力

出所　Faulks (1990). *Principles of Transport.*

第 1 章　交通の本質に関する再考察

は消さないまでも、交通の第一義的な機能、すなわち場所的な隔たりを埋める目的ではなく、観光あるいはスポーツ目的[16]で利用されるにすぎない。したがって、交通経済学の研究対象には、とうになりえなくなっている。

　産業革命を経て、蒸気機関とそれに続く内燃機関が出現すると、動力タイ

各種の交通形態に適用される動力タイプ

道　路	鉄　道	内陸水路	海上および湖沼	航　空
荷車、乗合馬車など、ただし現在はほとんど見られない	物理的には可能だが、例外的にあるのみ	運河はしけ、ただし現在ほとんど姿を消す	実行不能	実行不能
自転車、手押し車、人力車など	保線区員の手押し車など	櫓櫂船、パント舟など	櫓櫂船	可能性としてはきわめて限定的、ペダル操作式の軽飛行機
スポーツ目的のランドヨット、ただし非商業的な適用	非商業的な適用	娯楽目的の帆船	帆船、ただし現在、商業目的の帆船はほとんど姿を消す	スポーツおよび軍事目的のグライダー
トラクションエンジン、蒸気ローラー、蒸気機関バスなど、ただし現在はほとんど見られない	蒸気機関車、ただし現在はほとんどが他の方式に置き換えられている	蒸気タグボートなど	蒸気レシプロ・エンジン	実行不能
自家用および商業車	ディーゼル機関車・ディーゼル客車列車	ディーゼル動力タグボートなど	内燃機船など	ピストン・エンジン式航空機、ジェット機用ケロシンも含む
ライトバンおよび乗用車、研究開発を条件とする	軌道車用の限られた使用、および特殊機関車	商業的には利用されていない	商業的には利用されていない	実行不能
路面市街電車、トロリーバス	電気機関車・電気客車列車	商業的には利用されていない	実行不能	実行不能

p.25.

プとして「自然のもの」は、「人工のもの」に取って代わられ、商業交通に入り込む余地はなくなった。そして、人工の動力タイプは、動力源を自積載するものと、しないものとに二分され、前者はガソリンや軽油、重油などを各種の燃料タンクに積んで、それを消費しながら走行、航行、飛行する自動車、船舶、航空機であり、後者が電車である。ところが、この表のどのセルにも属さない、より正確に言えば、推進手段・方法が複数にまたがる運搬具が出現している。それは、エンジンと蓄電池を動力源とするハイブリッドカーであり、スーパーエコシップ(SES)[18]と称される次世代内航船である。環境配慮は、時代の要請であり、当然、交通もこの要請に応えるべく発展を続けている。ハイブリッドカーは、その最たるもので、時代を疾駆している観がうかがえるが、動力源である石油の世界の埋蔵量を考えれば、かつての畜力と同じ運命をたどることも十分予想される。

3．高速道路無料化議論をめぐって

　高速道路の料金は、一種の通行税、道路税である。A. スミスは、その種の税について以下のような見解を示している。

　　車両の重さに比例する租税は、それが道路を改修するという目的にだけに充用されるばあいにはきわめて公平な租税であるけれども、それがなにか他の目的に充用されるばあい、すなわち国家の一般的な緊急の必要を充足するばあいにはきわめて不公平なものである。上述の目的だけに充用されるというのであれば、各車両はそれが道路に対してあたえる消耗を正確につぐなう支払いをするものと考えられる。とかろが、それがなにか他の目的に充用されるというのであれば、各車両はこの消耗以上の支払いをし、国家のなにか他の緊急の必要に寄与するものと考えられるのである。[19]

第1章　交通の本質に関する再考察

　スミスのこの議論は、「車両の重さに比例する租税」が道路税として徴収される場合、その納付金が当該道路の改修・保全費用に充当される限り、公平な租税といえるが、現実には必ずしもそうなっていないことを示唆するものである。

　スミスは、18世紀の中・後期に活躍した人物であるが、当時のイギリスの道路事情は、「馬車時代」（coaching era）と言われるとおり馬車交通の全盛時代であり、それとともに「騎馬」（horse-riding）および「荷車」（cart）も伝統的輸送手段として依存の度合いは高かった。この種の交通を可能にするには、道路が整備されていることが前提になる。しかし、「当時の道路の大半が、狭隘で、屈曲し、勾配が強く、泥土の路面のままであった」[20]ため、改良の必要があった。当初はそれを地域住民の賦役に頼ったが、それでは賄いきれなくなり、そのため、1661年の道路法制定により、道路の修繕を道路税の徴収をもってこれに充てる方式が制度的に確立され、18世紀には、着実に普及していった。

　にもかかわらず、これは必ずしも最善の方策ではなかった。スミスの同時代人、デフォー（Defoe, Daniel）は道路税の欠陥をこう指摘する。「道路に関する税（rate）は、この国におけるもっとも恣意的でかつ不公平な税（tax）である。ある地域では、1年間に、1ポンドにつき6ペンスの税が2〜3回徴収されるが、他の地域では、道路の状態が劣悪であり資材が不足しているにもかかわらず、道路税は徴収されていない。また、他の地域では、支出してもいない費用を道路監督官が道路税として徴収する有様」[21]であった。

　道路税の持つこのような運用上の欠陥を補うべく、その後、ターンパイク・トラスト（turnpike trust 有料道路信託会社）という道路管理制度が生まれた。これは、道路通行者から「トール」（toll）、すなわち通行税を徴収して、それを改修費に充てようとするものである。トールを徴収するための施設をトール・ゲート（toll gate）と称し、そのトール・ゲートでは、パイク（pike）と呼ばれる木製あるいは鉄製の先端のとがった棒が回転軸に取り付けられて、馬車が来ると、トール徴収人がパイクを回転（turn）させて止め、料金が支

払われると、再度、パイクを回転させて通行させた。ターンパイクの名はそれに由来するもので、1700年代、地方行政区（parish）の委任を受けた事業体がターンパイク・トラストとして道路の整備運営に当たることとなったと言われる。[22]

　道路税にしろ、ターンパイク・トラスト方式しろ、発想自体に誤りはなかった。特に後者は、現在のわが国の高速道路料金制度の原型と見なすことができる。そこで、両者を比較するため、日本の道路制度の特徴を見ることにしよう。

　日本では従来から、道路法上、「道路無料公開の原則」が確立されており、特別な場合を除いて[23]、道路の使用は無料とされる。その根拠は、道路が国民生活の基盤であり、そのため道路の建設と維持・管理は、政府の一般財源を用いてなされるべきだとの理念にある。ところが、後の1956（昭和31）年に「道路整備特別措置法」が制定されて、「その通行又は利用について料金を徴収することができる道路の新設、改築、維持、修繕その他の管理を行う」ことが認められるところとなった。この法律で道路の種類として、高速自動車国道、一般国道、都道府県道、市町村道の四つが挙げられた。これに1972（昭和47）年、道路審議会の答申により導入された料金プール制が加わって、料金問題を膠着化させる原因となった。

　そもそもプール制という名前の由来は、全国の高速道路を一体と見なし、すべての収支を一つの償還対象として合算し、収益はいったん一つに集められ（プールされ）て、そこから各道路が必要とする費用が振り分けられる点にある。プール制により、東名高速、名神高速、中央道、関越道、東北道といった採算路線の収益で不採算路線の建設や修理費用を賄うという構図が生まれ、その結果、日本列島のどこかで新しい高速道路が建設されたり、延伸されたりすると、償還の終わった採算路線であっても無料化は永久に実現しない仕組みが生まれた。

　このようにプール制の基本的な考え方は、全国津々浦々、すべての高速道があたかも一本につながっているかのような状況を想定して、通行料を課金

するシステムをとっている点にある。背景には、「国土の均衡ある発展」の思想があり、それは、東京一極集中を排し、各地域の振興を図るため、地方にも高速道路が必要なのだから、その建設費および維持費を全体でカバーしようとするものである。

　しかし、国家の政策により地域振興を図ろうとするならば、それは、スミスのいう道路改修以外の「それがなにか他の目的に充用されるばあい、すなわち国家の一般的な緊急の必要を充足するばあい」に相当する。地域振興策は、産業政策その他の社会政策を通じてなされるのが本筋であり、したがって、プール制は、スミスの目には「きわめて不平等」と映るに違いあるまい。そして、スミスは、さらに次のように言及する。

　　有税道路の通行税は財貨の価格をその価値にではなくその重さに比例してひきあげるのであるから、それは高価で軽い商品ではなく粗悪でかさばった商品の消費者によって主として支払われる。それゆえ、この租税が充足しようと意図している国家の緊急の必要がおよそどのようなものであろうとも、この緊急の必要は富者ではなくて貧者の犠牲において主として充足されることになるであろう、すなわち、それを充足する能力がもっとも多い人々ではなくてその能力のもっとも少ない人々の犠牲においてそうされることになるであろう。[24]

　上記の意味するところは、車両（当時はもちろん自動車は存在せず、貨物車両としては、荷車が最も一般的な運搬具であった）の積載貨物が従価税ではなく重量税で課税されるということである。このため、ばら荷のような嵩高で、重量に比して価格の低い貨物の場合は高額の税負担となり、それに引き換え、より軽量、高額な商品は軽い負担で済む。スミスが言うには、前者の荷主は「貧者」であり、後者のそれは「富者」なのであるから、貧者が重い税を課せられ、富者はそれを免れる、つまり、負担能力のある者ではなく、「その能力のもっとも少ない人々の犠牲」でこれは成り立っている。貧者をこの犠

性から解放するには、従価税が採用されなくてはならない。しかし、日常、頻繁に往来する個々の多数の積荷について、その価格を各荷主に申告させて課税するのは、煩雑極まりなく、現実的とは言えない。そうであれば、貧者の積荷に対しては、無税にするほかない。貧者と富者の識別がつきにくいなら、残された方途はすべて無税にすることで、改修の費用は国家の一般財源に頼らざるを得なくなろう。

このような類推をわが国の高速道路無料化議論にストレートに当てはめるわけにはいかないが、考えるヒントにはなる。無料化論に対する批判として、常に言われることは、受益者負担の原則に反する、という点である。高速道路を利用する者も利用しない者も、等しく道路費用を負担することになれば、それこそ公平性を失するということである。しかし、ドライバーによっては、生涯一度も利用することのない高速道路があるかもしれない。そのようなドライバーも当該高速道路の受益者といえるのだろうか。真の受益者負担を求めるのであれば、当該道路の利用者に限定されなくてはなるまい。

結局のところ、スミスの言わんとしているのは、課税の恣意性である。日本の現代の高速道路料金制度においては、この種の恣意性は完全に排除されていると断言できるのだろうか。

おわりに

筆者は、基本的に高速道路は無料化すべしと主張するものであるが、その財政的な裏付けを考慮に入れると、実現は困難で、絶望的とさえ思えてくる。2009年8月の第45回衆議院議員総選挙において、民主党は、独自のマニフェストを掲げて選挙戦を戦い、勝利した。そのマニフェストのなかに、「4 地域主権 30」として、「高速道路を原則無料化して、地域経済の活性化を図る」と公約し、具体的には、「割引率の順次拡大などの社会実験を実施し、その影響を確認しながら、高速道路を無料化していく」とし、所要額を1兆3,000億円程度と見積もった。これを受けて、2010年2月2日、国土交通省から

「2010年度無料化社会実験案」が発表された。それは、首都高速と阪神高速などを除く全国の高速道の37路線の50区間を設定して、同年6月から翌年の3月まで無料化実験を行い、渋滞状況や公共交通機関への影響などを測定しようというものである。

　しかし、高速道路の無料化には、当初から、渋滞の発生・恒常化、地球温暖化の加速、競合する鉄道や路線バス、フェリーの経営圧迫など、マイナス面が指摘されており、したがって、無料化を前提にした実験に懐疑的な反応が出るのも当然であった。さらに、2011年3月の東日本大震災が社会実験の終結に向けて追討ちをかけ、震災復興の財源確保のため、一部高速道路で実施中の無料化社会実験と「休日上限1,000円」の割引制度は、同年6月19日に終了することになった。

　このような一連の流れのなかで、無料化に一縷の望みを託していた人々も、それが絶たれたわけで、不満や憤りを通り越してむしろ諦念の方が強くなっている。公平性とか、平等・不平等は民主主義の根幹にかかわる問題であり、それを確保するのは国家の責務である。今日の高速道路の問題は、一言でいえば、作り過ぎということに尽きる。スミスの言葉を借りて言えば、「……あらゆる無分別な、成功のみこみのない企画は、浪費と同じようにして生産的労働を維持するために予定された基金を減少させる傾向がある」ということである。

　無料化社会実験では、例えば道東自動車道（北海道）の音更帯広〜池田間の交通量は「平日1日あたり6,000台と、実験前（6月21〜25日）に比べて3.2倍となった」と伝えられた。無料化しなければ、この区間の1日当たりの通行量は1,875台の計算になり、通常料金が500円であるから、1日の料金収入が93万7,500円、1年間ではおよそ3億4,200万円になる。一方、この区間距離は21.6キロメートルで、高速道路の建設費は日本の場合、1キロメートル当たり53.6億円（工事費42.3億円、用地費11.3億円）と言われるので、当該区間の建設費は1,157億7,600万円になり、さらに、これを1年間の料金収入で割れば、償還が終わるまで330年以上を要してしまうことになる。問われるべきは、これだけの巨費を投じて見合うだけの地域振興を達成しうるのか、と

いう点にかかってくる。

　イギリスのターンパイク・トラストは、1895年にすべてのターンパイクが廃止されて、200年に及ぶ有料道路の歴史に終止符を打ったという。日本の高速道路の無料化は、さらに多くの年数を要してしまうのか、あるいは、政治的な英断が働いて、ごく短期間に実現を見るのか、見通しは立たないのが現実である。

注

（１）「不易」と「流行」という相反概念を結合して、常に「新しい俳諧美の創出を心がけ」、それとともに、古くからある「和歌の一体としての風尚を保たなければならない」ことが、俳句作成の要諦だとされる。乾裕幸（1998）「不易流行」『CD-ROM版　世界大百科事典（第2版）』日立デジタル平凡社。

（２）Joseph A. Schumpeter (1954). *History of Economic Analysis*. Ed. from Manuscript by Elizabeth Boody Schumpeter. New York: Oxford University Press. 東畑精一訳（1955）『経済分析の歴史１』岩波書店、５〜６頁。

（３）Adam Smith (1937). *An Inquiry into the Nature and Causes of the Wealth of Nations*. Edited, with an Introduction, Notes, Marginal Summary and an Enlarged Index by Edwin Cannan. New York: Modern Library. 大内兵衛・松川七郎訳（1959〜66）『諸国民の富（一）〜（五）』岩波文庫。

（４）Michael A. Bonavia (1954). *The Economics of Transport*. Revised ed. Cambridge: James Nisbest. 黒田英雄・中田誠二訳（1960）『交通経済学』五島書店。

（５）増井健一（1973）『交通経済学』東洋経済新報社、３頁。

（６）Bonavia (1954). 黒田・中田訳（1960）、３頁。

（７）北正巳（1995.1）「クライド蒸気船の盛衰―スコットランド鉄道企業と蒸気船会社の競争と妥協（1889-1914年）の歴史」『季刊創価経済論集』創価大学経済学会、24巻3号、53頁。
http://libir.soka.ac.jp/dspace/bitstream/10911/1620/1/KJ00005443676.pdf
（2012.09.16入手）

（８）'Greenock Central railway station'
http://en.wikipedia.org/wiki/Greenock_Central_railway_station（2012.09.14入手）

(9) 'Greenock' http://en.wikipedia.org/wiki/Greenock（2011.11.23入手）
グリーノックの製糖会社で最も有名なのは、テート・アンド・ライル社（Tate & Lyle）であるが、同社は、プレイストー（Plaistow）まで拡張していたアブラム・ライルと、リバプール（Liverpool）に精糖所を設立し、ロンドンにまで拡張していたヘンリー・テート（Henry Tate）の合同により1921年に設立され、1997年8月まで生き残った唯一の会社であった。
(10)「イギリスの歴史」http://ja.wikipedia.org/wiki/（2012.09.16入手）
(11) 産業革命の結果、イギリスが「世界の工場」になりえた、その詳細な過程については、J.D. Chambers (1964). *The Workshop of the World: British Economic History from 1820 to 1880*. Revised ed., London: Oxford University Press. 宮﨑犀一・米川伸一訳（1966）『世界の工場—イギリス経済史 1820-1880—』岩波書店を参照。
(12) 荒井政治（1998）「イギリス『経済、産業』」『CD-ROM版 世界大百科事典（第2版）』日立デジタル平凡社。
(13) Google 地図による。http://maps.google.co.jp/（2012.09.16入手）
(14) Warren J Keegan (2002). *Global Marketing Management*. 7th ed. New Jersey: Prentice-Hall International. p.1.
(15) Rex W. Faulks (1990). *Principles of Transport*. 4th ed. Berkshire: McGraw-Hill (UK). p.4.
(16) 日本では、畜力利用の例として札幌市の観光幌馬車、人力の例としては京都嵐山や東京浅草の人力車が有名で、風力ではハンググライダーが各地の丘陵上空で飛翔する姿を目にすることができる。
　　なお、ついでながら言うと、人力車の英単語は rickshaw だが、これは語源的に、日本語の jinrikisha を短縮したもので、日本語からの借用語である。
(17) 軍艦を除く船舶は、利用目的の上から、商船と特殊船の二つに大別される。商船とは、運賃収入、すなわち商業目的で旅客および貨物の運搬に用いられるすべての船舶をいい、これに対して、例えば漁船や観測船のように、運賃収入以外を目的に利用されるすべての船舶を特殊船と称する。交通経済学の研究対象になるのは、言うまでもなく、前者である。
(18) 独立行政法人「鉄道建設・運輸施設整備支援機構」（鉄道・運輸機構と略称される）が環境保全と内航海運の活性化を目的として、2005年度から建造促進に取り組んできたものである。従来のエンジンとプロペラを軸で直結する推進システムに代えて、電気で推進用電動機（モーター）を駆動するシス

テムを採用することにより、推進性能の向上を図り、省エネルギー、環境負荷の低減を狙いとしている。2008〜09年に竣工したケミカル・タンカーを使った海上実験では、同型の在来船（ディーゼル推進船）と比べて、CO_2で約15〜20パーセント、NO_xで約30〜40％パーセントの削減が確認されている。

(19) Adam Smith (1937). *An Inquiry*. 686. 大内・松川訳 (1966)『諸国民の富（四）』66〜67頁。

(20) 武藤博己 (1995)『イギリス道路行政史―教区道路からモーターウェイへ』東京大学出版会、54頁。

(21) 武藤 (1995)、44頁参照。

(22) 武藤 (1995)、69、72頁。

(23) 1919（大正8）年制定の旧道路法では、有料制の対象は橋、渡船施設に限られ、道路は該当しなかった。1952（昭和27）年改正の新道路法でも、有料制の対象は設置者を道路管理者である都道府県、市町村のみに限定することを除いては旧道路法の規定と本質的に変わらないとされる。

　　杉山雅洋「道路政策再考」http://www.seijo.ac.jp/pdf/faeco/kenkyu/158/158-sugiyama.pdf（2012.08.27入手）参照。

(24) Smith (1937). 686. 大内・松川訳 (1966)、66〜67頁。

(25) 無料化する路線と距離（キロメートル）の内訳は、以下のとおりである。

北海道	4路線・5区間	319キロメートル
東　北	7路線・10区間	327キロメートル
北　陸	1路線・1区間	47キロメートル
関　東	7路線・7区間	108キロメートル
中　部	3路線・3区間	90キロメートル
近　畿	2路線・2区間	143キロメートル
中　国	4路線・5区間	195キロメートル
四　国	2路線・3区間	92キロメートル
九　州	6路線・13区間	249キロメートル
沖　縄	1路線・1区間	57キロメートル
計	37路線・50区間	1,626キロメートル

　　注　計算上では、合計距離は1,627キロメートルになる。
　　出所『日本経済新聞』（夕刊）2010年2月10日付。

(26) Smith (1937). 324. 大内・松川訳 (1960)『諸国民の富（二）』357頁。

(27)『日本経済新聞』（北海道経済版）2010年8月12日付。

(28) 国土交通省道路局 (2006.4)「公正・透明で無駄のないプロセスの実現（公正な調達、コスト縮減）」http://www.mlit.go.jp/road/ir/kihon/16/7.pdf （2012.09.26入手）

第2章　地域物流の現状と問題点
―北海道オホーツク地域の生鮮食料品物流と港湾利用の可能性―

はじめに

　北海道北見・網走地域は、行政的には北海道庁の出先機関である網走支庁に属するが、地勢的にはオホーツク海に近接していることから、一般にオホーツク地域と呼ばれている。この呼称の方が、現在では、むしろ馴染みが深く、北見・網走地域の特徴をよりよく表しているように思われる。

　オホーツク海は、冬の初め、遠くロシアのアムール川から流氷を運び、やがて網走市や紋別市など、この地域の海岸線に接岸させる。ここは、日本の国内で流氷を見ることのできる唯一の地域であり、「オホーツク海・流氷」は、北見・網走地域の代名詞と言って良い。

　オホーツクの自然は、春から夏にかけては、筆舌に尽くしがたい美しさを見せるが、その反面、特に冬季には、猛々しいまでの様相を呈し、人を寄せ付けない厳しさがある。そのような四季の変化に富んだ風土に北見・網走地域は根ざしており、当然、そこに地域性が出てくる。産業構造の特徴にも地域性が現れている。

　行政的に網走支庁は、3市、20町および3村でもって構成され、1995（平成7）年の第16回国勢調査によると、網走支庁管内全体の人口は346,546人で、うち北見市110,452人、網走市44,176人で、両市を合わせると154,628人、管内人口の44.62％に達している（表2-1参照）。人口規模で見ても、両市はオホーツク地域の中核都市であり、そこで、本章ではまず、北見・網走を中心とした当該地域の産業的特徴を分析し、生鮮食料品に関連した産業が大きなウェイトを占めていることを実証した後、生鮮食料品物流の現状ならびに問題点の洗い出しを試みる。そしてさらに、生鮮食料品の輸送ルートから見

た港湾利用の可能性について検討を加えたいと思う。

1. オホーツク地域の産業構造

　表2-1は、1995（平成7）年10月1日現在の人口および産業別従業者数を示したものである。この表では、第一次産業として農林漁業、第二次産業として鉱業、建設業および製造業、そして第三次産業として電気・ガス・熱供給・水道業、運輸・通信業、卸売・小売業、飲食店、金融・保険業、不動産業、サービス業および公務が含まれている。網走支庁管内の就業者総数は180,109人で、第一次、二次、三次産業の従業者比率は、それぞれ15.95％、25.46％、58.59％となっている。北海道全体（以下、「全道」と略す）の第一次産業従業者比率が9.01％で、管内のそれは全道よりも約7ポイント高く、第一次産業の盛んな地域であることがわかる。また、第二次産業従業者比率も、全道に比べてやや高い数値を示しており、逆に、第三次産業の従業者比率が相対的に低いのが特徴となっている。しかし、北見市においては、第三次産業従業者比率が70.02％という高い値を示しており、商業都市としての同市の特徴が現れている。

　表2-2は、1997（平成9）年の網走支庁管内における農業粗生産額[2]の内訳を表している。農作物は米、麦類、雑穀・豆類、いも類、野菜、果実、花卉、工芸農作物および種苗・苗木・その他に、畜産は肉用牛、乳用牛、豚、鶏およびその他畜産物にそれぞれ細分されるが、表2-2では、その詳細は省略して、農産物、畜産および加工農産物の大分類による粗生産額のみを挙げてある（加工農産物の主なものは、ハッカ油、シソ油である）。97年、管内における農作物の粗生産額は1,039億3,600万円で、全道の農作物粗生産額合計に占める比率は16.85％となっている。畜産のそれは633億4,000万円で、全道比13.79％である。加工農産物は2億4,400万円と、金額的には低いものの、全道比は87.77％と極めて高い値を示している。網走支庁管内で加工農産物を生産しているのは5町のみで、その粗生産額の内訳は、佐呂間町9,800万円、遠軽

第2章　地域物流の現状と問題点

表2-1　網走支庁管内の人口と産業別就業者数

(単位：人)

	人口	第一次産業	構成比	第二次産業	構成比	第三次産業	構成比	就業者総数
管内計	346,546	28,722	15.95%	45,858	25.46%	105,529	58.59%	180,109
北見市	110,452	2,676	4.82%	13,959	25.16%	38,855	70.02%	55,490
網走市	44,176	2,439	10.90%	5,140	22.98%	14,793	66.12%	22,372
紋別市	30,137	1,591	10.41%	4,544	29.73%	9,151	59.87%	15,286
全道計	5,692,321	251,434	9.01%	658,540	23.59%	1,881,483	67.40%	2,791,457

注　構成比は、各都市の就業者総数に占める比率。
出所　北海道総合企画部経済企画室統計課編（1997）『第24回　平成9年　北海道市町村勢要覧』より作成。

表2-2　網走支庁管内の農業粗生産額内訳（1997年）

(単位：百万円)

	農作物	畜産	加工農産物	農業粗生産額
管内計	103,936	63,340	244	167,520
北見市	11,724	2,987	0	14,711
網走市	9,242	9,104	0	18,346
紋別市	413	5,276	0	5,689
町村計	82,557	45,973	244	128,774
全道計	616,676	459,290	278	1,076,244

出所　農林水産省北見統計情報事務所調べ。北海道網走支庁地域政策部振興課編（1999）『統計オホーツク圏』より作成。

町5,900万円、端野町4,100万円、滝上町3,500万円、生田原町1,100万円の順となっている。[3]

表2-3は、魚種別の生産高と金額を示しており、管内計というのは、オホーツク海に面した網走市、紋別市、斜里町、佐呂間町、常呂町、興部町および雄武町におけるそれぞれの生産高および金額を合計したものである。各魚種の合計生産高および金額は、管内が282,246トン、410億4,300万円で、うち網走市が55,148トン、74億5,700万円、紋別市が70,967トン、77億100万円とな

表2-3　網走支庁管内の漁業生産高（1997年）

(単位：トン、百万円)

	魚類 数量	魚類 金額	水産動物 数量	水産動物 金額	貝類 数量	貝類 金額	その他 数量	その他 金額
管内計	126,553	15,097	8,972	5,534	146,524	20,183	197	229
網走市	40,454	4,917	3,322	1,051	11,367	1,483	5	6
紋別市	34,295	1,826	2,135	1,488	34,495	4,340	42	47
全道計	989,578	135,363	198,462	62,322	395,195	62,159	28,793	31,919

出所　網走支庁水産課調べ。北海道網走支庁地域政策部振興課編（1999）『統計オホーツク圏』より作成。

っている。全道の合計生産高および金額は1,612,028トン、2,917億6,300万円で、それに対する管内比率は、生産高で17.51％、金額で14.07％である。

　第二次産業について1997（平成9）年の網走支庁管内における製造品出荷額を見ると、食料品製造業が最も大きく、2,482億600万円となっており、これだけで管内全体の過半数（54.44％）に達している。これは、例えばイクラやホタテ貝、葉物野菜や根菜類など地場産の水産物や農産物を加工する事業所が多く存在する（281事業所）ことに起因しており、この点からも、当地域が生鮮食料品の一大供給地としての性格を備えていることがうかがえる。食料品製造業とは大きな開きがあるが、電気機械器具製造業が次に出荷額が多く、北見市内の工業団地に電気・電子機器メーカー数社の工場が立地していることが、出荷額を押し上げる要因となっている。それに引き替え、輸送用機械器具製造業、一般機械器具製造業およびパルプ・紙・紙加工品製造業は、管内全体に占める比率がそれぞれ0.72％、0.66％、0.47％と低位にとどまっている。なお、全道の製造品出荷総額に占める管内の比率は7.43％である（表2-4参照）。

　網走支庁管内の卸売・小売業の年間商品販売額は、1兆1,020億5,400万円で、うち卸売業が6,323億8,200万円、小売業が4,696億7,100万円という内訳になっており、さらに、小売業のなかでも、飲食料品小売業の年間商品販売額が最も多く1,377億8,800万円で、自動車・自転車小売業の597億6,100万円がそれに次いでいる。全道計に占める比率は、管内全体で4.71％であり、全道

第2章 地域物流の現状と問題点

表2-4 網走支庁管内の製造品出荷額、事業所数および従業者数

(従業者4人以上の事業所、1997年)

業　種	製造品出荷額 (百万円)	事業所数	従業者数 (人)
食料品製造業	248,206	281	8,240
電気機械器具製造業	88,076	12	1,868
木材・木製品製造業（家具を除く）	56,191	154	3,707
窯業・土石製品製造業	17,784	56	1,070
金属製品製造業	10,436	42	552
出版・印刷・同関連産業	7,458	49	760
飲料・たばこ・飼料製造業	6,912	12	158
化学工業	5,570	3	63
家具・装備品製造業	3,962	41	367
輸送用機械器具製造業	3,281	15	192
一般機械器具製造業	3,028	25	224
パルプ・紙・紙加工品製造業	2,157	9	98
その他の製造業計	2,850	37	402
管内計	455,911	736	17,701
全道計	6,135,278	9,045	233,756

出所　工業統計調査（1997年各年12月31日）調べ。北海道網走支庁地域政策部振興課編（1999）『統計オホーツク圏』および北海道総合企画部経済企画室統計課編（1999）『北海道統計書（平成11年）』より作成。

表2-5 網走支庁管内の卸売・小売業の店数、従業者数および年間商品販売額

	商店数	従業者数（人）	年間商品販売額（百万円）	構成比
管内計	5,108	30,502	1,102,054	4.71%
北見市	1,550	12,422	618,487	2.64%
網走市	601	3,745	107,829	0.46%
紋別市	466	2,664	73,246	0.31%
全道計	77,174	540,385	23,422,041	

注　1994（平成6）年7月1日現在。構成比は年間商品販売額の全道計に占める比率。
出所　北海道総合企画部経済企画室統計課編『第24回　平成9年　北海道市町村勢要覧』1997年より作成。

に比べて、この地域における商業の相対的低さが露呈されている。なお北見市のそれは2.64％で、網走、紋別の両市は1％未満であることから（表2-5

39

参照)、小さいながらも、北見市が管内商業の中心的役割を担っていることが、この点からもうかがえるであろう。

2. 北見市公設卸売市場の動向

　北見市における市場の歴史は、1912（明治45）年、民営により開設されたのが始まりだとされる[5]。1968（昭和43）年、農林水産省の生鮮食料品等流通近代化促進助成事業によるモデル市場の指定を受け、それが、今日の公設市場を形作る契機となった。翌69年12月、北見市は、「北見市公設地方卸売市場」を開設し、北見市内の卸売会社2社（マル北卸売市場、北市卸売市場）の入場により開場した。その後、経済、社会情勢の変化、消費者嗜好の多様化、卸売場施設の狭隘化や設備の老朽化などにより、市場施設全般の改善整備が必要となって、81から82年の2カ年度で施設整備を行った。これによって、オホーツク地域の近代的拠点市場としての機能が充実し、さらに88年には、加工施設（バナナ熟成施設）を改良するとともに、荷さばき場の一部を青果倉庫に改築した。また、93（平成5）年には、水産冷蔵庫の建設を行って施設の充実が図られ、今日に至っている。

　なお、この間の1991（平成3）年3月に、卸売会社を1社体制に絞って合理化し、北見魚菜卸売市場株式会社（通称、マル北卸売市場）が場内において営業活動を行っている。

　1988年から97年までの取扱実績は、表2-6のとおりであり、当地域における現時点（2000年現在）での市場内流通と市場外流通との比率は、大雑把に言って、前者が80％台を占めているが、ただし傾向として、市場外流通比率が、全国平均より低いものの、徐々に増加しているのが実状のようである[6]。また、当該期間中、総入荷量の最も多かった年は、1989年の54,844トンで、逆に最も少なかったのが96年の48,515トンであり、当該10年間の年平均は51,264トンであった。金額では、1990年が最大で260億8,400万円、最小が88年の234億7,500万円で、年平均は243億9,600万円であった。

第2章　地域物流の現状と問題点

表2-6　総入荷量と取扱金額実績（1988～97年）

（単位：トン、百万円）

年	野菜 数量	野菜 金額	果実 数量	果実 金額	その他 数量	その他 金額	水産物 数量	水産物 金額	総計 数量	総計 金額
1988	19,256	3,271	14,002	2,945	3,785	1,486	15,551	15,773	52,594	23,475
1989	20,261	3,329	13,181	3,223	4,433	1,589	16,969	16,546	54,844	24,687
1990	20,736	3,631	12,659	3,449	4,643	1,646	15,760	17,355	53,798	26,084
1991	20,189	3,661	11,155	3,332	4,770	1,736	14,371	16,665	50,485	25,394
1992	19,141	3,335	10,393	3,143	5,244	1,617	14,646	16,337	49,424	24,433
1993	20,031	3,504	11,299	2,876	5,599	1,555	15,314	16,050	52,243	23,985
1994	20,147	3,479	11,129	2,921	5,492	1,507	14,194	16,143	50,962	24,051
1995	18,568	3,136	10,188	2,847	5,455	1,500	15,404	16,497	49,615	23,981
1996	19,228	3,169	9,948	2,804	5,015	1,479	14,324	16,388	48,515	23,839
1997	19,410	3,214	11,011	2,769	5,322	1,589	14,421	16,458	50,164	24,031

注　金額百万円未満は四捨五入して計上。
出所　北見市編（1998）『平成9年版　北見市公設地方卸売市場年報』より作成。

　なお、「その他」とあるのは、花卉が大きな割合を占め、同市場では、1998年2月まで、独立した花卉部がなく、そのため青果部の「その他」に含められていた。また、食肉、鶏卵等も同市場で取り扱っているが、これらの品目も「その他」に含められている。
　北見市公設地方卸売市場の流通圏、すなわち同市場に入荷した商品の販路は、図2-1のとおりである。

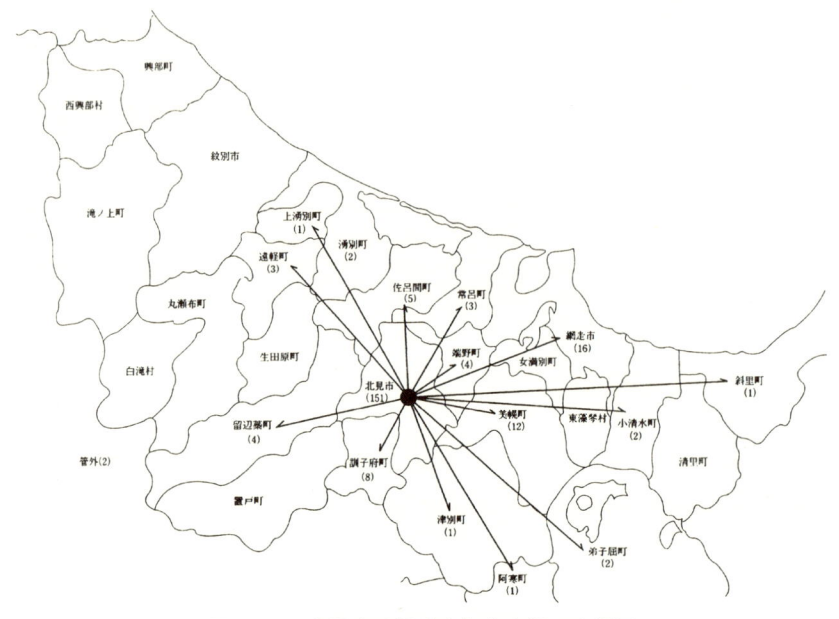

図2-1　北見市公設地方卸売市場の流通圏
注　1996年12月31日現在。カッコ内は買受人数。
出所　北見市編（1998）『平成9年版　北見市公設地方卸売市場年報』

3．輸送ルート

　北見市公設地方卸売市場の入荷品目うち、相対的に取扱量の多い品目を取り上げ、その輸送ルート、輸送手段、輸送時間・日数について見ることにする。[7]

（1）青果物

　野菜では、玉ねぎおよび長ねぎの取扱量が最も多く、しかも地場産の比率が高い。玉ねぎの取扱総量3,600トンのうち、地場産は2,481トン（68.92％）で、長ねぎは総量524トンのうち、地場産が318トン（60.69％）であった。それらの輸送ルートを示すと、図2-2のようになる。[8]

①玉ねぎ、長ねぎ

網走支庁管内の市町村を産地として収穫された玉ねぎは、生産者の下で約半月間、乾燥・保管された後、段ボール箱（20キロ入り）に包装されて、生産者が輸送の手配を行い、市場に直送または農協を経由して輸送される。輸送日数は、同日輸送である。市場に入荷後、卸売会社が経営するパッケージセンターにおいて流通加工が施され、卸売会社の手配した配送トラックで量販店や小売店に配送される。また、一部少量ではあるが、流通加工をせず、

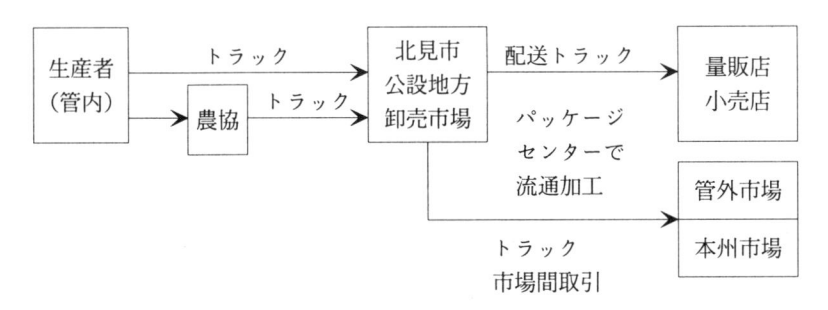

図2-2　玉ねぎ、長ねぎの輸送ルート

段ボール箱包装のまま、支庁管外あるいは北海道外に所在する卸売市場に、市場間取引として転送されるものもある。

長ねぎも、玉ねぎの場合とほぼ同様の輸送ルートをたどるが、道内における市場間取引きはあるものの、道外市場に転送されるケースはほとんどなく、その点が玉ねぎの場合と異なる。

②大根

北海道内の七飯町や比布町を産地として収穫された大根は、生産者によって洗浄された後、段ボール箱（10キロ入り）に包装されて、生産者から農協に行き、農協が手配したトラックで市場まで輸送される。輸送日数は、同日輸送である。市場に入荷した大根は、パッケージセンターにおいて流通加工してから、卸売会社の手配した配送トラックで量販店や小売店に配送される

場合と、小分けせずに、入荷したままの段ボール箱詰めの状態で配送される場合とがあって、ケース・バイ・ケースで配送対応がなされている。

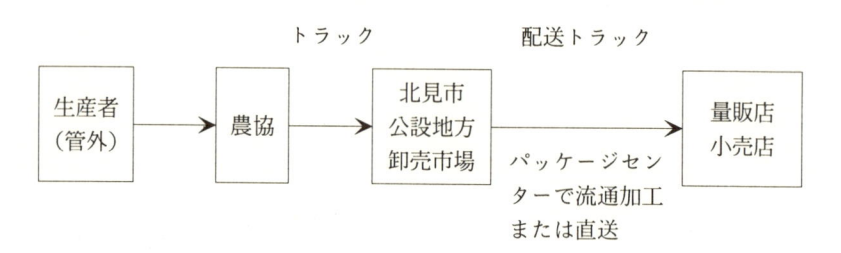

```
                      トラック          配送トラック
┌──────┐     ┌────┐   ┌──────┐            ┌──────┐
│生産者│ →  │農協│ → │北見市│     →     │量販店│
│(管外)│     │    │   │公設地方│            │小売店│
└──────┘     └────┘   │卸売市場│            └──────┘
                      └──────┘
                              パッケージセン
                              ターで流通加工
                              または直送
```

図2-3　大根の輸送ルート

③ナス

ナスはほとんどが北海道外の産品に頼っており、道外産比率は95％以上に達している。入荷は、10月から翌年の6月頃までを高知県産が、7月から9月頃までを茨城県産が大部分を占めているが、高知県産を例にとると、収穫後、生産者によって洗浄された商品は、段ボール箱（5キロ入り）に包装されて、トラックで浦戸港まで搬送される。浦戸から海上ルートを通って小樽で陸揚げし、そこから市場までトラック輸送される。その間の輸送の手配は、生産者あるいは農協によって行われる。輸送日数は、4日である。市場に入荷後、通常、ナスの場合は流通加工せずに、入荷したままの段ボール箱詰めの状態で、卸売会社の手配した配送トラックで量販店や小売店に配送される。

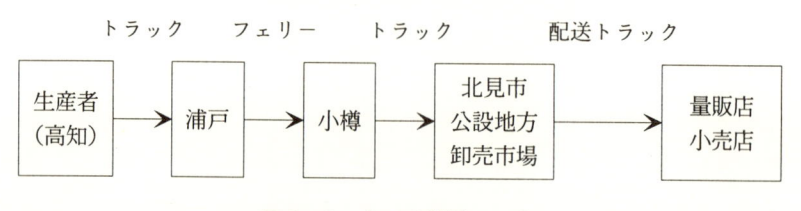

```
              トラック    フェリー   トラック         配送トラック
┌──────┐    ┌────┐    ┌────┐    ┌──────┐          ┌──────┐
│生産者│ →  │浦戸│ →  │小樽│ →  │北見市│    →    │量販店│
│(高知)│    │    │    │    │    │公設地方│          │小売店│
└──────┘    └────┘    └────┘    │卸売市場│          └──────┘
                                 └──────┘
```

図2-4　ナスの輸送ルート

④みかん

　北見市公設地方卸売市場の場合、入荷するみかんは、和歌山県産のものが最も多い。収穫後、生産者によって10キロ入り、7.5キロ入り、または5キロ入りの段ボール箱に包装され、産地から八戸までトラックで、八戸から苫小牧までフェリーで輸送された後、苫小牧から再び市場までトラック輸送される。その間の輸送の手配は、生産者または農協が行う。輸送日数は、2日である。なお、産地によっては10キロ入り段ボール箱でしか包装・出荷しない場合があるので、パッケージセンターにおいて5キロ入りの段ボール箱詰めに流通加工することもある。それ以外は、入荷したままの段ボール箱詰めの状態で、卸売会社の手配した配送トラックによって量販店や小売店まで配送される。

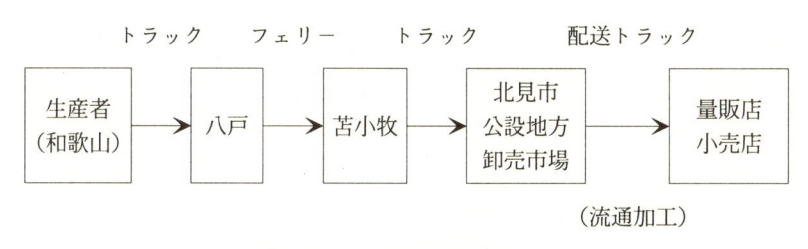

図2-5　みかんの配送ルート

（2）水産物

　同市場の取扱水産物のうち、量的にも金額的にも大きいのはマグロである。1997年の実績で、取扱数量は715トンで、金額は9億9,300万円であった。[9]マグロは生マグロか冷凍マグロかによって、輸送形態を異にする。生マグロは、当然、その鮮度を保つために、高速の輸送手段を必要とし、通常、航空貨物輸送が利用される。一方、冷凍マグロの場合は、保冷機能を備えたトラックで輸送されるのが一般的である。

①生マグロ

　陸揚地が焼津港の場合、生マグロは、保冷容器に入れられて、羽田までト

ラックで搬送され、羽田空港から新千歳空港または女満別空港まで航空輸送された後、再度、トラックで市場まで輸送される。その間の輸送の手配は、出荷人が行う。輸送日数は、1日である。卸売会社は、入荷した生マグロを小売用に小分けするため、マグロ加工業者に流通加工を委託し、手配した配送トラックで、流通加工済みの生マグロを量販店、小売店および寿司チェーン店などの大口需要者に配送する。

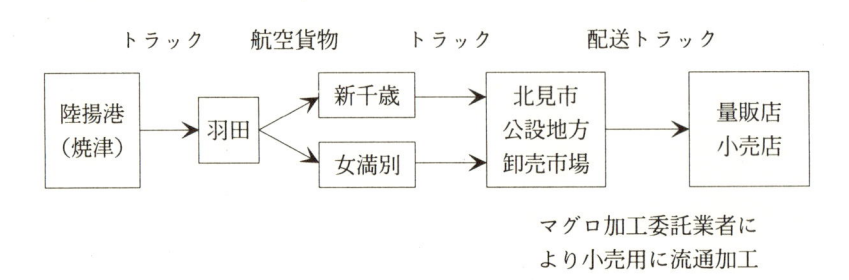

図2-6　生マグロの輸送ルート

②冷凍マグロ

　冷凍マグロも陸揚地は、焼津港の場合が多い。冷凍マグロは、焼津港において保冷トラックに積み込まれ、東京港まで搬送されて、東京港から苫小牧港までフェリー輸送される。苫小牧港から市場までは、トラック輸送となる。輸送日数は、3日である。輸送の手配、流通加工および配送は、生マグロの場合とまったく同様である。

　なお、生マグロの他に航空利用されている生鮮品の例として大葉、ミニトマト、ミツバなどの野菜がある。これらの野菜の産地は、大部分が愛知県で、生産者側で輸送の手配を行い、段ボール箱に詰められ、輸送日数1日で送られてくる。

第2章　地域物流の現状と問題点

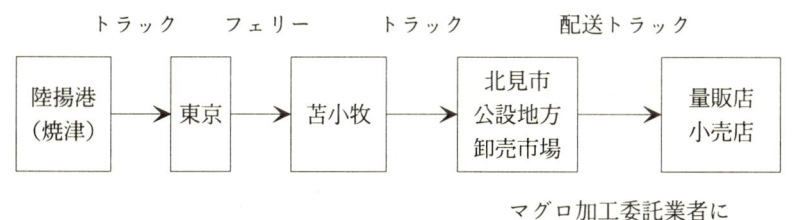

```
          トラック      フェリー      トラック       配送トラック
┌──────┐      ┌────┐      ┌────┐      ┌──────┐      ┌────┐
│ 陸揚港 │ ───→ │東京│ ───→ │苫小牧│ ───→ │ 北見市 │ ───→ │量販店│
│(焼津) │      │    │      │      │      │ 公設地方│      │小売店│
└──────┘      └────┘      └────┘      │ 卸売市場│      └────┘
                                        └──────┘
                                        マグロ加工委託業者に
                                        より小売用に流通加工
```

図2-7　冷凍マグロの輸送ルート

4．港湾利用の可能性

　オホーツク地域に所在する重要港湾には、網走港と紋別港の2港があるが、しかし、両港とも冬季間は結氷し、使用不可能となる。そこで通年の利用が可能で、しかも当地域に近接した港湾となると、釧路港がそれに該当するわけだが、上述したとおり、他府県からオホーツク地域に入荷する生鮮食料品の海上ルートでは、苫小牧港を利用するケースが大部分である。その理由として、第一に、苫小牧港における内航定期便数が圧倒的に優勢である点が挙げられる。その背景には、両港の背後圏経済規模における相違がある。苫小牧港は、人口約176万人の札幌市を背後に控えているのに対して、釧路港の背後圏は、一次勢力圏として地元の釧路市を中心とした釧路支庁の他に、二次勢力圏として網走、根室および十勝支庁管内の諸市町村にまで及ぶものの、主要5都市の人口合計は約56万人で、札幌市の半数にも満たないのが実状である。そのため、当然、内航定期航路数においても差が生じ、表2-7に見るとおり、1999年12月現在で、苫小牧港には、苫小牧～仙台航路をはじめとして20航路が開設されており、一方、釧路港の場合は、途中寄港も含めて12航路にすぎない。貨物は苫小牧港に集中する傾向があり、取扱貨物総量は、苫小牧港が7,985万トン（構成比36.36％）であるのに対して、釧路港は2,308万トン（構成比10.51％）となっている（表2-8参照）。

47

表2-7 苫小牧港と釧路港の内航定期便航路（1999年12月現在）

航路	船社	船名	船種	総トン数	所要時間	航回数
苫小牧～仙台	東日本フェリー	ほるす	フェリー	7,132	16時間30分	日1便
苫小牧～八戸	東日本フェリー	ベガ フェリーはちのへ（共有）	フェリー フェリー	6,340 4,967	9時間	日4便
	川崎近海汽船	シルバークィーン	フェリー	6,190	北行7時間	
苫小牧～大洗	ブルーハイウェイライン	さんふらわあつくば さんふらわあみと さんふらわあえりも さんふらわあおおあらい	フェリー フェリー フェリー フェリー	12,325 11,782 11,272 15,139	20時間	週12便
苫小牧～日立	川崎近海汽船	新北王丸	RORO船	5,850	20時間	週3便
苫小牧～東京	貨物フェリー共同営業センター	さんふらわあとまこまい ほっかいどう丸	貨物フェリー 貨物フェリー	12,200 12,200	20時間	月26便
	川崎近海汽船	王公丸	RORO船	9,878	30時間	週2便
	栗林商船	神王丸	RORO船	10,980	30時間	週2便
	ブルーハイウェイライン	大雪山丸	コンテナ専用船	2,894	36時間	月6.5便
苫小牧～釧路～東京	日本通運	新あかしあ丸 うらが丸	コンテナ専用船 コンテナ専用船	3,374 5,818	36時間	週6便（2週に1便釧路寄港）
	日本マリン	新ゆうふつ丸 むさしの丸	コンテナ専用船 コンテナ専用船	3,466 3,857		
苫小牧～横浜	ナラサキスタックス	第2健光丸 北南丸	ローローコンテナ船 ローローコンテナ船	498 499	55時間	週2便
苫小牧～川崎	近海郵船 日産プリンス海運	ひだか ちとせ	RORO船 自動車専用船	5,887 5,999	35時間	週3便

第 2 章 地域物流の現状と問題点

苫小牧〜八戸〜東京	東都海運	第三建和丸	一般貨物船	499	43時間	週1〜2便
苫小牧〜室蘭〜八戸〜宮古〜東京〜横浜	東都海運	第18新福丸	一般貨物船	499	43時間	週1〜2便
苫小牧〜八戸〜仙台〜名古屋	フジトランスコーポレーション	ふじまりん	自動車専用船	11,438	78時間	月7.5便
苫小牧〜仙台〜名古屋	フジトランスコーポレーション	ふがく丸 ふじき	自動車専用船 自動車専用船	11,573 11,573	74時間	月15便
苫小牧〜仙台〜名古屋	太平洋フェリー	いしかり きそ きたかみ	フェリー フェリー フェリー	14,257 13,730 13,937	上り38時間30分／下り38時間45分	2日に1便
苫小牧〜秋田〜新潟〜敦賀	新日本海フェリー	ニューはまなす ニューしらゆり	フェリー フェリー	17,304 17,305	33時間	週5便
苫小牧〜大阪	大阪商運社	えりも丸 No.6 山雄丸 No.2 大真丸	一般貨物船 一般貨物船 一般貨物船	449 499 499	72時間	週1便
苫小牧〜常陸那珂〜泉大津	近海郵船	ほくと ほくと3	RORO船 RORO船	8,578 8,578	37時間	週3便
苫小牧〜釧路〜仙台〜大阪	栗林商船	神正丸 神加丸	RORO船 RORO船	6,165 6,163	70時間	週2便
苫小牧〜広島	マロックス	第二東洋丸	自動車専用船	4,428	55時間	月4〜5便
苫小牧〜八戸〜徳山	山九	第8末広丸	貨物コンテナ船	749		月2便
苫小牧〜釧路〜大阪〜玉島〜高松	日本通運	おやしお丸 にちあき丸	コンテナ専用船 コンテナ専用船	4,521 3,512	高／苫43時間 釧／大51時間	週1便 週1便

49

釧路～日立	川崎近海汽船	ほくれん丸 第二はくれん丸	RORO船 RORO船	7,096 7,097		日1便
釧路～船橋	栗林商船	新釧路丸	RORO船 RORO船	5,310	38時間	週1便
釧路～東京	近海郵船	ろーろーさろま ろーろーまりも	RORO船 RORO船	8,350 8,348	35時間	週4便
釧路～東京	川崎近海汽船	広洋丸	RORO船	3,864		
釧路～十勝～京葉	日本通運 日本マリン	えりも丸	コンテナ専用船	3,331	釧/京36時間	週1.5便
釧路～仙台～東京	栗林商船	神永丸 神珠丸	RORO船 RORO船	4,405 4,409	41時間	週2便
釧路～名古屋	川崎近海汽船	本州丸 広洋丸	RORO船 RORO船	4,695 3,864		月2～3便
釧路～仙台～名古屋	フジトランスコーポレーション	あいち丸	自動車専用船	5,411	78時間	月7.5便
釧路～大阪	川崎近海汽船	本州丸	RORO船	4,695		月2～3便

注　表中の空欄部分は、出所文献において未掲載によるものである。
出所　内航ジャーナル社（1999）『2000年版　海上定期便ガイド』より作成。

　苫小牧港の優位は、否定しがたい事実であるが、釧路港の背後には、北海道の総面積の約40％にも及ぶ広大な北海道東部地方が控えている。この地は、わが国有数の食料供給地で、例えば、酪農に関して言えば、全国の乳用牛頭数のうちの約30％を、肉用牛頭数の約10％を飼育しており、畑作に関しても、全国の普通畑面積の約30％を占めている。このような北海道東部地方の各地と釧路港を結ぶ陸上ルートは、峠などの難所も比較的少なく、アクセスが容易である。例えば、北見～苫小牧港間のトラック陸送時間は6時間以上を要するのに対して、北見～釧路港間のそれは3時間程度で足りる。
　また水産では、釧路港は、1998（平成10）年度、全国で水揚げ量第3位を誇り、ロシアや北アメリカなどからの水産物の輸入も多く、水産加工業が非常に盛んである。ただ製造工業では、室蘭や苫小牧の両市に比べると見劣り

第 2 章　地域物流の現状と問題点

表2-8　道内港湾の取扱貨物量（1998年度）

(単位：トン)

順位	港湾名	総量	構成比	一般貨物	フェリー貨物
1	苫小牧	79,852,512	36.36%	41,061,962	38,790,550
2	室　蘭	47,605,539	21.68%	28,402,319	19,203,220
3	函　館	32,753,137	14.91%	9,950,157	23,162,980
4	小　樽	25,389,919	11.56%	1,828,174	23,561,745
5	釧　路	23,082,176	10.51%	19,433,331	3,648,845
6	稚　内	3,014,419	1.37%	1,052,929	1,961,490
7	石狩湾新港	2,370,214	1.08%	2,370,214	
8	留　萌	1,833,497	0.83%	1,833,497	
9	十　勝	1,530,509	0.70%	996,874	533,635
10	根　室	924,019	0.42%	924,019	
11	網　走	782,647	0.36%	782,647	
12	紋　別	479,017	0.22%	479,017	
	合　計	219,617,605	100.00%	108,755,140	110,862,465

出所　http://www.pref.hokkaido.jp/kensetu/kn-kkwan/contents/port/data.
　　　Htmより作成（2000.02.17入手）
注　特定重要港湾および重要港湾のみを掲載。

の観は否めないが、それでも釧路市は、新聞紙の生産量に関しては全国の20%弱を占め、製紙業は同市の一大産業を形成している。[11]

　以上の点から、釧路港には、かなり大きな潜在力、可能性が秘められている。それゆえ、近海郵船株式会社は、1999年12月、国内最大級の新型RORO船2隻を釧路～東京間航路に投入し、内航海運市場における新たな需要発掘に乗り出した。[12]近海郵船のこの2船は、船名を「ろーろーまりも」、「ろーろーさろま」といい、同一の仕様（全長168m、幅24m、航海能力21.7ノット、積載能力12mトレーラー128台・乗用車152台）である。両船でもって、35時間の航海時間で週4便の定期運航を行うことによって、サービスの安定的供給が可能な体制が整えられている。世上、「ろーろーまりも」と「ろーろーさろま」の就航は、北海道東部地方と首都圏を結ぶ海上物流に関して、新たな時代の幕開けを告げるものだと言われ、物流事業者や荷主による物流ルートの

51

見直しが進んでいる。

　このような動きに対して、港湾管理者である釧路市も、積極的にポートセールスを展開するとともに、併行して、港湾整備が進められてきている。釧路港は、その沿革を見ると、1899（明治32）年に関税法に基づく開港の指定を受け、100年以上の歴史を有している。しかし、1990年代中ごろから、同港では、沖待滞船時間が3万時間前後にものぼり、港湾機能の整備が喫緊の要事となっていた。そのため、1996（平成8）年12月、大体の目標年次を2008（平成20）年とする新たな港湾計画を策定し、1998年度から工事に着手した。この工事は、釧路港西港地区の第2期整備計画の着工と、第4埠頭の造成を主たる内容としており、完成時には、水深14m級の岸壁が整備されて、5万トン級の大型貨物船も入港可能となる。第4埠頭は2002年度に一部供用が開始され、また、第5埠頭の造成も計画されていて、こちらの方は、2008年までに供用開始する予定とした。背後圏の広大な農地で産出された農産物や、釧路港に陸揚げされた水産物などの第一次産品およびその加工品と、紙・パルプなどを中心とした第二次産品の北海道外への移出を担当するRORO船やコンテナ船が使用しやすいような港湾を目指し、内貿ユニット・ロード・ターミナルの整備も計画されて、時代のニーズに対応できる港湾開発に、力が注がれてきた。

　他方、表2-8からもわかるとおり、北海道東部地方に所在する港湾、すなわち釧路港、十勝港、根室港、網走港および紋別港の全体の取扱貨物量は2,680万トンで、そのうち、釧路港の取扱量は2,308万トン、当該地方全体の86.12％を占めている。このことは、同地における釧路港の重要性を示すものであり、産業発展や住民の生活安定に多大の貢献をなしている。釧路港は、北海道東部地方の経済、社会に深くかかわっていることから、その伸長は、単に釧路港だけの問題にとどまらず、北海道東部地方全体の問題となる。その意味で、同港の今後の開発計画には、常に背後圏の経済発展が考慮に入れられねばならず、背後圏の産業も同港を積極的に利用していく方向に、物流計画を構築し直す必要がある。

おわりに

　オホーツク地域は、農業および漁業を基幹産業に持つ典型的な第一次産業地域であり、それらの産物を北海道内の各地および全国に出荷している。それと同時に、北見市公設地方卸売市場を通じて日本全国および世界の各地から様々な生鮮食料品が同地域に供給されている。しかし、生鮮食料品の北海道外からの移入に関する限り、釧路港の利用度合いは低いと言わざるを得ない。それは、利用可能な定期便数および航路数に関して苫小牧港が圧倒的優勢を誇り、ジャスト・イン・タイム輸送に適しているからに他ならない。筆者は、かつて北海道太平洋岸の港湾貨物は、可能な限り苫小牧港に集約して効率化を図るべきだ、と主張したことがある[15]。その考えは、今も変わるものではないが、機能分担の必要性も強く感じている。つまり、苫小牧港と釧路港との機能分担である。一例として北見市〜苫小牧港間の陸送距離を見てもわかるとおり、所要時間の長短の差は明白で、その点を勘案すれば、釧路港を利用する方がむしろ効率的である。また最近、環境への配慮から、陸上トラック輸送から海上輸送へのモーダルシフトを推進する動きが活発になっており、この点からも釧路港の優位性は小さくないと考えられる。

　貨物取扱量や航路数などの面でとかく苫小牧港に水をあけられがちな釧路港にとって、新型RORO船「ろーろーさろま」と「ろーろーまりも」の就航は、エポック・メーキング的な出来事である。近海郵船の斎藤正一社長が『輸送経済』とのインタビューで答えているように[16]、両船でもって週4日の定曜日運航を行うので、荷主とっては、「(輸送)計画が立てやすく利便性が高い」し、「冷凍電源を40基装備しているため、秋から春にかけて増える水産品や農産品などの生鮮貨物、冷凍貨物も搭載可能」である。さらに、両船とも国内最大級のRORO船で、「モーダルシフト船A」に認定され、モーダルシフト推進の一翼を担うことが期待されている。

　釧路港は、苫小牧港にはない優位性を備えているにもかかわらず、それを

十分に生かしきれていないのが現実である。釧路港活用のメリットを広く荷主に訴え、北海道東部地方の海上貨物を釧路港にいかに集約させるかが、今後とも、釧路港にとっての課題となる。

注

(1) いわゆる「平成の大合併」前、網走支庁管内の市町村は、市が北見市、網走市、紋別市の3市、町が女満別町、美幌町、津別町、斜里町、清里町、小清水町、端野町、訓子府町、置戸町、留辺蘂町、佐呂間町、常呂町、生田原町、遠軽町、丸瀬布町、上湧別町、湧別町、滝上町、興部町、雄武町の20町、そして村が東藻琴村、西興部村、白滝村の3村から構成された。また、網走支庁は、2010（平成22）年4月1日をもって、オホーツク振興局に改組された。

(2) 農業粗生産額は、「年内に生産された農産物総量（自家消費分を含む）から、種子および飼料などの中間生産物を控除した農産物総量に、農家の販売価格（庭先受取価格）を乗じて算出したものである」と定義される。農政調査委員会編（1975）『農業統計用語辞典』農山漁村文化協会、899頁。

(3) 北海道網走支庁地域政策部振興課編（1999）『統計オホーツク圏』参照。

(4) 北海道総合企画部経済調査室編（1997）『第24回 平成9年 北海道市町村勢要覧』北海道統計協会、311頁参照。

(5) 北見市公設地方卸売市場の沿革は、北見市編（1998）『平成9年版 北見市公設地方卸売市場年報』に負っている。

(6) 北見市公設地方卸売市場でのヒアリング（2000年1月15日）による。

(7) 輸送ルート等については、北見市公設地方卸売市場の卸売会社である北見魚菜卸売市場株式会社から情報を得た。

(8) 北見市編（1998）、17頁。

(9) 前掲書、29頁。

(10) 釧路港の勢力圏である主要5市とその人口（1995年国勢調査による）は、次のとおりである。釧路市199,323人、帯広市171,715人、根室市34,934人、北見市110,452人、網走市44,176人。

(11) 『輸送経済』1999年12月7日付。

(12) 前掲書。

(13) 釧路市港湾部、釧路港湾協会編（1999）『釧路港-世界に開かれた臨海交

流都市圏』、 6 頁参照。
(14)『輸送経済』1999年12月 7 日付。
(15).　吉岡秀輝（1995.3）「北海道苫小牧港における国際物流展開」『港湾経済研究』第33号、日本港湾経済学会。
(16)『輸送経済』1999年12月 7 日付。

第3章　対ソ連極東貿易における網走港の歴史と港勢

はじめに

　「オホーツク、網走」と聞いても、北海道以外に在住する人には、わが国北東端の辺境というイメージしか恐らくわかないかもしれない。事実、網走近辺の森にはヒグマが棲息し、空にはオジロワシをはじめ猛禽類が飛翔し、また海には海獣トドやアザラシが餌を食む、この地は、まさに日本に残された数少ない野生動物の宝庫となっている。

　そのオホーツク（Okhotsk）は、語源についても非常に興味深い逸話がある。池上二良の説明によると、ツングース・満州諸語の一つエウェン語（ラムート語）の「川」を意味する普通名詞'Okata'が、オホーツクの語源であるという。[1]

　そもそもロシアによるシベリア征服事業が始まったのは、「雷帝」と渾名されたモスクワ大公、イヴァン4世（Ivan Ⅳ Vasil'evich）晩年の頃である。当時、カマ河（Káma）からウラル山脈にかけて広大な所領を有する企業家のストロガノフ家は、ウラル山脈東方の西シベリア地方の進出を企て、1581年、ドン・コサックの首領、エルマーク（Ermark Timofeevich）の率いる一隊を西シベリア地方に派遣し、約3年をかけてその地の大半を征服した。これがシベリア征服の始まりだとされる。[2]

　エルマークの死後（1584年）も、コサック達は彼の後を継いで、シベリア征服を進めていき、1619年にはエニセイ川（Yenisei）に達し、その10年後にはレナ川（Lena）を発見した。そして1637年にはコサックの一隊がオホーツク海岸に到達し、さらに1648年、コサックのデジネフ（Dezhnev, Semyon Ivanovich）がアジア大陸の東北端、ベーリング海峡に臨む地方を探検したという。[3]

ロシア人コサックはこのように、わずか半世紀余りでウラルからオホーツク海、太平洋岸に達したが、彼らは原住民の話をほとんど唯一の手掛かりに、困難なシベリア大地の踏破を敢行した。彼らが、現在のロシア連邦共和国ハバロフスク地方オホーツク市の周辺にたどり着いたとき、そこに流れる川を指して、「『これは何か』とロシア人が原住民に聞いた。原住民は『それは'オカ'である』と答えた。そこでロシア人は『これはオコタという川か』と思い、オコタ川と名づけ」、そしてその河口にできた町をロシア語式の語尾を付けてオホーツクとし、さらに前面に広がる海をオホーツク海と呼んだという。[4]

　このような語源を持つオホーツクが、今、新たな注目の時を迎えようとしている。オホーツク海に面したソ連の極東地域とわが国の北海道北東地域は、日ソ貿易の新しい時代を反映して、経済的に急接近しつつある。網走港は、オホーツク海沿岸地方の重要港湾として、従来から機能してきたが、規模が小さく、また首都圏中央から遠隔地にあるため、十分にその存在を知られてこなかった嫌いがある。そこで本章では、対ソ連極東地域貿易の新たな局面を踏まえながら、網走港の沿革ならびに現状を見ていくことにしたい。

1．ソ連極東地域と北海道の経済交流

　ソ連経済は1980年代末から90年代初頭にかけて、ルーブルの価値下落とモノ不足がますます深刻化の度合いを深めていた。このようなソ連経済を立て直すには、諸外国との経済協力が不可欠であり、その点では、連邦政府も各共和国政府も、首脳部は共通した認識を持っていた。ロシア共和国は、そのような経済協力の一環として、1990年6月18日モスクワにおいて、横路孝弘北海道知事（当時）を団長とする道訪ソ団と「友好的なパートナーシップに関する合意書」の調印を交わした。ロシア共和国が日本の都道府県とこの種の協定を締結するのは初めてのことで、わが国の外交史上でも、画期的な出来事であった。

　合意書の内容は、農林水産業、建設業、機械工業、交通、観光などの分野

第3章　対ソ連極東貿易における網走港の歴史と港勢

で合弁企業の設立、見本市の開催および技術交流を促進し、文化交流や青少年の交流、環境保護分野での協力を推進することなどが盛り込まれた。またこれと同時に発表されたコミュニケでは、①サハリン大陸棚石油ガス・プロジェクトの早期実現、②航空路、海上航路の開設に向けての努力、③農業、林業分野の遺伝資源、種苗の交換を含む技術開発・交流の促進、④漁業にかかわる共同事業および協力、⑤北東アジアにおける文化交流史に関する共同研究の推進、⑥双方の立場が一致しない問題についても対話を継続する、などの点に関して合意を見た。なお⑥の「双方の立場が一致しない問題」とは、北方領土問題のことを指し、間接的な表現ではあるが、ロシア共和国の側にも領土問題解決のための話し合いの用意があることを示すものとなっている。

　北海道がこの協定締結に踏み切った一つの理由は、横路が「今のうちにどれだけソ連とのパイプを太くしておくかが大切」と語るとおり、北海道という地の利を生かし、他の都府県に先がけて、競争上優位な立場を築いておこうとの狙いがあったからである。

　北海道はソ連極東地域と地理的に近接し、アクセスの点で比較優位があるので、それを十分に活用すべきである。そのため北海道では、対ソ貿易拡大のための具体策として「域内決済」方式なる貿易決済方法を提案した。これは、北海道内の企業、経済団体の輸出入のうち、域内分をまとめて決済する方法で、北海道庁がその調整役を努め、商社的機能を果たそうというものである。従来、対ソ貿易は、ソ連側の外貨不足や支払遅延などの問題があるため、バーター貿易が主になっているが、ソ連のわが国向け輸出可能な商品とわが国の輸入需要とが必ずしも合致せず、バーター貿易に限界が生じている状況にあって、このような隘路を回避するための手段として、この方式が考案されたわけである。

　ソ連極東との経済交流の拡大は、北海道レベルだけでなく、市や町のレベルでも積極的に取り組まれている。現在、道内5市がソ連極東各市と姉妹都市提携を結んでおり、すなわち旭川市がユジノサハリンスク（豊原）と、釧路市がホルムスク（真岡）、北見市がポロナイスク（敷香）と、稚内市がネベ

リスク（本斗）と、そして小樽市がナホトカとそれぞれ提携を結んでいる。これらの姉妹都市は単なる友好都市という関係にとどまらず、双方の地域経済の活性化を図る一手段として位置づけることができる。上記の他、函館市ではウラジオストクとの姉妹都市と、両市を結ぶ航空路の開設を希望して、1990年3月に訪問団を派遣しており、また石狩湾新港のある石狩町も、ハバロフスク地方ワニノ市との間で定期航路の開設を目指す覚え書きを90年11月に交わしている。

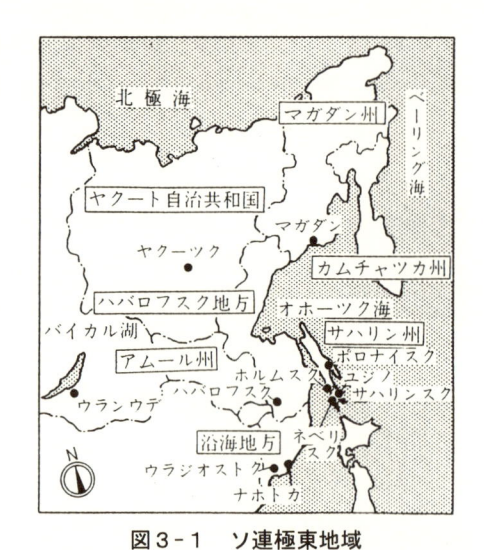

図3-1　ソ連極東地域
出所　『北海道新聞』1990年5月5日付

　ところで一口にソ連極東地域といっても、その面積は広大で、マガダン州、カムチャツカ州、サハリン州、ハバロフスク地方、沿岸地方、アムール州にヤクート自治共和国を加えた地域に及んでいる（図3-1参照）。行政上、ソ連極東地域はロシア共和国に属し、北方領土はサハリン州の所管となっている。面積は622万平方キロメートルあり、ソ連全体の4分の1（日本の国土の17倍）を占め、そこに約30の民族が住むという。人口は669.3万人で、ロシア共和国全体の4.6％に過ぎないが（2002年国勢調査）、金の生産では国内産出量の半分以上を占め、その他にダイヤモンド、すず、鉄鉱石、石炭、天然ガス、石油などの鉱物・エネルギー資源に恵まれ、またサケ、マス、タラなどの水産資源や木材資源も豊富である。

　ペレストロイカ（Perestroika 改革運動）の進行により、ソ連極東では各地の企業および公団に貿易その他の経済取引を結ぶ権限が委譲されるようになって、当時、日本製消費材に対する輸入需要は急速に高まっていた。一方、

第3章　対ソ連極東貿易における網走港の歴史と港勢

日本側にとっても、ソ連極東地域の豊富な鉱物、エネルギー、水・林産資源は、非常に魅力的なはずである。上でやや詳しく述べたとおり、北海道およびその市町レベルでは、これまで対ソ貿易促進のための積極的努力が繰り返されてきたが、次の段階では、ソ連の外貨不足とルーブルの交換性を回復するための国レベルでの大規模な対ソ資金援助措置が待たれた。北方領土問題との関係で、対ソ資金援助は実現しにくい側面を持っているが、領土問題も徐々に解決の方向に進む気配を見せ始め、日ソ貿易の量的拡大も相当に期待されるようになった。そうなると、わが国における日ソ貿易の最前線基地としての網走港は、より一層の整備・拡充が必要となるわけだが、これまでの網走港の開発がどうであったか、その歴史を次に振り返ってみよう。

2．網走港の開発

　日本の辺境ではあるが、網走港の歴史は意外と古い。『網走築港調査書』には、「貞享の頃［1660年代中葉］、松前藩令を下して北見国全班を統括する政統幾関、宗谷場所を宗谷に置く。これ北見開拓の濫觴にして、又網走港史の第一節なり」[10]とある。しかし当時はまだ内地人は定住しておらず、寛政年間（1789～1801年）に入って、初めて内地人による漁業が始まったという。しかしそれでも、当時の住民はほとんどアイヌ民族であることに変わりなく、道路整備も不十分で、交通はもっぱら海路に頼っていた。

　1886（明治19）年、北海道庁が開設され、その下に函館支庁と根室支庁が置かれると、網走は根室支庁の所管となった。同年、北海道を巡視した外相の井上馨と内相の山県有朋は、網走に港が必要であることを説き、それを受けて、道庁では、87（明治20）年、イギリスから港湾技師のチャールズ・スコット・メーク（Meik, Charles Scott）を招き、翌88年5月から6月にかけてオホーツク沿岸の測量調査に当たらせた。

　メークの調査は短時日で終わったため、必ずしも精確とは言えず、より一層精密な調査が必要となった。北海道庁技師、広井勇がこの調査の任に当た

り、1900（明治33年）着工、1904年完成の計画で、総工費約130万円を見積もった『網走港湾調査報文』(11)が作成された。しかしこの金額は当時、余りにも巨額であったので、施工には至らなかった。

　その頃、網走の工業は、緒についたばかりで、1890（明治23）年に網走川沿いに山田製軸所の工場が建設された。山田製軸所では、網走地方の白揚材を使ってマッチの軸木を生産し、製品は川船で網走川を下って網走浜まで運搬され、積取船に積み直されて神戸に直送された。このとき木材の伐採には囚人が使役され、また定住の職工が募集されて、当時、男女合わせて160人が雇用されていたという。(12)工業製品の出荷が増大すれば、当然、築港は不可欠となり、そのための陳情が何度も行われたが、その都度「輸出入貨物はどれくらいあるのか。荷物のないところに築港は必要でない」とか、「網走に百数十万円の巨費を要する大築港は分に過ぎたる望みである」と言われて却下されたのである。(13)

　網走築港問題がようやく日の目を見たのは、「北海道拓殖15カ年計画」においてであった。この計画は、1910（明治43）年3月の帝国議会で承認され、網走港修築については着工を8年後に予定して、7カ年の継続事業として総工費250余万円が計上された。しかし着工は8年後という長期であったので、その間の1916（大正5）年には、拓殖政策そのものに変更があり、網走も商港から避難港への計画変更と予算規模の縮小が余儀なくされて、最終的には、1919（大正8）年着工、5カ年の継続事業、総工費126万円の事業計画が確定した。(14)

　このように網走港の修築は、1919年から5カ年計画で実施されたが、第一次大戦後のインフレの影響による資材の高騰と賃金の上昇、国庫財政の困難、それに1927（昭和2）年の暴風波浪災害が加わって、作業は遅々として進まず、すべての工事が完了したのは1930（昭和5）年に至ってのことであった。オホーツク海のうち寄せる波と吹きすさぶ風雪は予想以上に凄まじく、「起工以来11カ年余を費し、修築費総額400万円、延人員75万人、わが国築港史上まれにみる難工事であった」(15)という。

第3章　対ソ連極東貿易における網走港の歴史と港勢

　避難港としてスタートした網走港は、しかし住民悲願の商港に脱皮するには、第二次世界大戦後まで待たねばならなかった。というのも、港の完成後からほどなくして、わが国全体がしだいに戦事体制下に入っていき、既設防波堤の改修工事や、商港機能を備えた新施設の工事は、国家予算上、見送らざるを得ない状況にあったからである。

　戦中、終戦直後の空白期間を経て、網走港は、1947（昭和22）年、港湾機能の回復を図るため、網走川筋物揚場の維持補修工事が始められた。翌48年、港則法が制定され、同施行令によって網走港の港域は、「網走河口突堤燈台（北緯44度1分17秒、東経144度17分4秒）を中心とする半径2,100メートルの円内の海面及び新橋下流の網走川水面」の範囲に定められて、現在に至っている（図3-2参照）。[16]

　1950（昭和25）年、北海道開発法が公布されて、北海道開発庁が発足し、その下に、翌51年、北海道開発局が設けられて、以後、網走港は道の管轄から国の管轄へと移行した。それに伴い、同年、網走開発建設部が設置され、網走港の工事を担当する出先機関として網走港修築事業所が設けられた。53年には、網走港で港湾管理者の設立があり、網走市が業務を所管することとなった。その間、第1期北海道総合開発計画に基づいて第1次5カ年計画（1952～56年度）が、そして58年からは、第2次5カ年計画（1958～62年度）が策定、実施された。

　1961（昭和36）年3月、港湾整備緊急措置法が公布されて、網走港も「港湾整備5カ年計画」の時代に突入していった。第1次港湾整備5カ年計画（1960～64年度）の期間中では、網走港東防波堤の延伸および第1埠頭の建設を中心に工事が進められ、第2次港湾整備5カ年計画（実施期間1965～67年度）中の66年には、マイナス7.5メートル岸壁およびマイナス5.5メートル岸壁の埋立てが完成し、その翌年の67年には第1号上屋と石油配分基地が完成し、道路舗装工事も施行されて、第1埠頭の全体が完成を見た。これによって網走港は、長年来の念願であった本格的商港としてのスタートを切ったのである。以後、5カ年計画は第3次（1968～70年度）、4次（1971～75年度）、5次

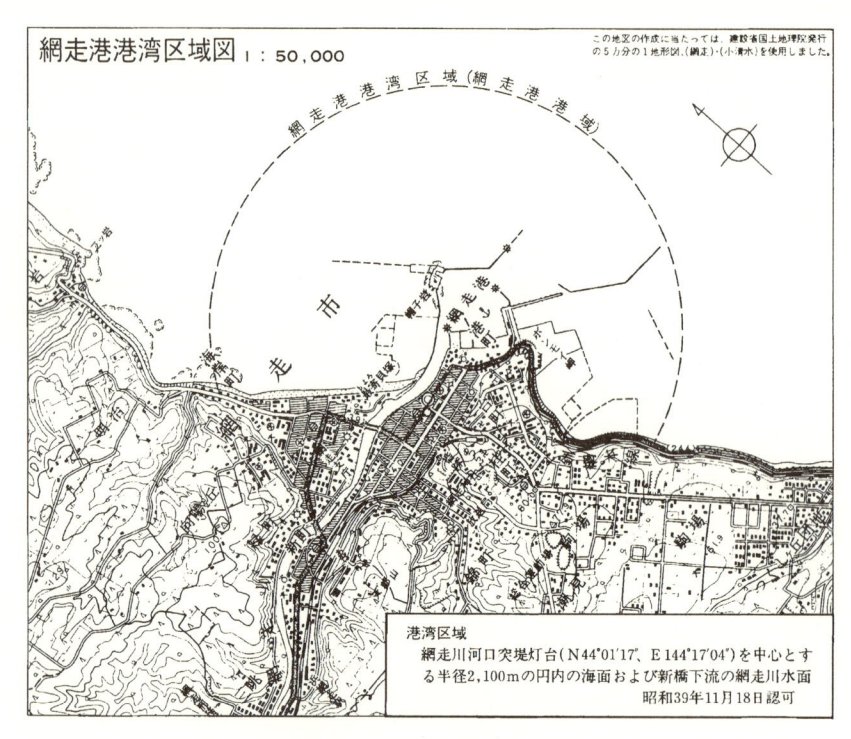

図3-2　網走港の港域

出所　網走港港湾管理者『網走港 PORT OF ABASHIRI-'90』

(1976～80年度)、6次 (1981～85年度) と着々と進められていき、その後も7次 (1986～90年度) を予定して、さらなる発展を図っていった。[17]

3．網走港の港勢

　網走港第1埠頭の全体が完成したのは、上述したとおり、1967 (昭和42) 年のことであるが、マイナス5.5メートル岸壁の建設はすでに65年に完了しており、それによって同年8月5日には、商港網走に記念すべき第1船「第2金剛丸」(800トン) が入港した。68年4月、大阪・網走間を定期運航する、

第3章　対ソ連極東貿易における網走港の歴史と港勢

定期航路第1船「光潮丸」(2,000トン) が入港し、69年7月には、北洋材を積んだソ連船の「コルサコフ号」(Korsakov) が初入港した[18]。

1970 (昭和45) 年には、第2埠頭岸壁 (マイナス5.5メートル) の工事、背後施設の道路舗装および埠頭用地の整備が行われた。同年の貨物取扱量は523,000トンに達した。第2埠頭岸壁は翌年、埋立て、浚渫を行って、マイナス5.5メートル・2バースが完成した。この頃から木材輸入が急増し始め、77年には、植物防疫法に基づく「木材輸入特定港」の指定を受けた。同年の貨物取扱量は過去最高の865,000トンを記録し[19]、これは石油類、輸入木材、化学肥料、小麦などの取扱量が増大した結果であった。

1978 (昭和53) 年に「重要港湾」の指定を受け、80年には「無線検疫港」および「国際貿易港」の指定を受けた。

網走港は国際貿易港の指定を受けた商港だとはいっても、入港する船舶の圧倒的多数は漁船が占めている。1989 (平成元) 年度の入港船舶比較を見ると、内航・外航を合わせた商船の隻数は316隻であるのに対して、漁船の隻数は33,086隻で、商船は漁船の100分の1にも及ばず、このことから、網走港は水産品の集荷基地としての役割が相対的に大きいことがうかがえる。なお、総トン数で見ると、外航商船204,669トン、内航商船306,443トンの計511,112トンであるのに対して、漁船は1,041,150トンで、商船対漁船の比率は約1対2になっている (表3-1参照)。

貨物取扱量の年次比較は表3-2のとおりである。1989年度の貨物取扱量合計は、開港後、初めて100万トンの大台に乗り、そのうち最も多いのは化学工業品で471,000トン、農水品がそれに次いで202,000トン、以下、林産品134,000トン、鉱産品101,000トン、軽工業品83,000トン、金属機械工業品7,000トン、特殊品2,000トンの順になっている。内外別では、内貿が837,000トン、外貿が163,000トンである。内貿のうち移入が400,000トン、移出が437,000トン[20]で構成されている。

移入品目の内訳は、ガソリン、灯油、アスファルトなどの石油製品が161,000トン (移入品全体の40.3％)、セメント101,000トン (25.3％)、水産品69,000トン

65

表3-1　入港船舶年次比較

年次	外航商船 隻数	外航商船 総トン数	内航商船 隻数	内航商船 総トン数	漁船 隻数	漁船 総トン数	避難船・その他 隻数	避難船・その他 総トン数	合計 隻数	合計 総トン数
1978	14	20,554	251	303,332	38,041	1,294,316	771	92,895	39,077	1,711,097
1979	12	22,175	236	312,601	37,764	1,138,915	781	87,433	38,793	1,561,124
1980	16	39,268	239	272,789	38,258	1,147,790	758	75,807	39,271	1,535,654
1981	11	27,122	234	284,294	37,708	1,119,756	716	75,758	38,669	1,506,930
1982	6	14,110	207	256,299	35,313	1,056,129	530	67,664	36,056	1,394,202
1983	10	26,402	216	245,694	37,106	1,137,563	495	66,583	37,827	1,476,242
1984	16	41,710	222	253,783	34,221	1,065,672	499	72,099	34,958	1,433,264
1985	22	71,577	251	269,377	31,981	986,692	586	67,178	32,840	1,394,824
1986	21	68,941	254	255,510	28,073	814,659	413	41,642	28,761	1,180,752
1987	24	76,243	285	287,710	36,105	1,045,926	502	50,692	36,916	1,460,571
1988	33	141,530	257	251,193	32,561	956,643	322	38,275	33,173	1,387,641
1989	40	204,669	276	306,443	33,086	1,041,150	640	61,182	34,042	1,613,444

出所　網走港湾管理者（1988）『網走港港湾計画資料（その1）―改訂―』および同（1990）『網走港'90』より作成。

表3-2　貨物取扱年次比較

（単位：千トン）

品目\年次	農水品 計	農水品 外貿	農水品 内貿	林産品 計	林産品 外貿	林産品 内貿	鉱産品 計	鉱産品 外貿	鉱産品 内貿	金属機械工業品 計	金属機械工業品 外貿	金属機械工業品 内貿	化学工業品 計	化学工業品 外貿	化学工業品 内貿	軽工業品 計	軽工業品 外貿	軽工業品 内貿	特殊品 計	特殊品 外貿	特殊品 内貿	合計 計	合計 外貿	合計 内貿
1982	129		129	24		24	38		38				427		427	69		69	2		2	689	24	665
1985	144		144	85		85	39		39				442		442	92		92	2		2	803	85	718
1987	151		151	98		98	41		41				437		437	72		72	2		2	801	98	703
1989	202		202	134		134	101	29	72	7		7	471		471	83		83	2		2	1,000	163	837

出所　網走港港湾管理者（1989）『網走港'89』および同（1990）『網走港'90』より作成。

(17.2％)、重油30,000トン（7.5％)、化学肥料29,000トン（7.2％)、金属機械工業品7,000トン（1.8％)、窯業品3,000トン（0.7％)となっており、移出品目の内訳は、麦131,000トン（移出品全体の30.0％)、窯業品108,000トン（24.7％)、砂、砂利、石材72,000トン（16.4％)、繊維その他軽工業品62,000トン（14.2％)、重油40,000トン（9.1％)、澱粉および砂糖23,000トン（5.2％)、輸送容器2,000トン（0.4％)となっている。なお、輸入品の内訳は、原木134,000トン、石炭29,000トンで、いずれもソ連から輸入されており、積出地はナホトカ、ワニノ、タンギなどである。(21)

　網走港は、オホーツク海の門戸として、後背地に北見市および網走市とその近隣13町村から成る、いわゆる北網経済圏をひかえ、生活関連物資の物流拠点となっている。後背地にはまた、水産物加工工場や製糖工場、林産物工場が古くから立地し、1980年代後半以降、コンピュータその他の企業の工場進出が活発化して、これら新旧の工場への原材料供給基地としての役割も果している。一方、この地方は、わが国有数の畑作地帯、日本の食料倉庫であるため、そこで生産された小麦、澱粉などは網走港を起点にして、日本全国に出荷されている。かくして網走港は、地域経済の発展に大きく貢献するとともに、わが国の安定した食料供給の一翼を担う物流拠点としての存在意義を有するものである。

おわりに

　北海道内の主要港湾のなかでは、輸出入金額で苫小牧港、室蘭港、釧路港が上位3港を形成しており、網走港の占める相対的地位は低いと言わざるを得ない。それは、網走港における貿易相手国がソ連1国であり、品目も原木と石炭の輸入に限られるという、いわばモノカルチャーに由来している。日本の貿易関係者の間からは、しばしば「ソ連に売るものはあっても、ソ連から買うもの（工業品）がない」という声が聞かれるが、確かに日本の工業製品における比較優位は際立っている。1990（平成2）年度の日本の対ソ輸入

品目を金額順に見ると、やはり木材が最も多く、次に石炭、魚介類、鉄鋼の順になっている。このような日本の対ソ工業品輸出、第一次産品輸入の貿易構造は、当面、変化がないだろうが、輸出入とも品目は確実に多様化しつつある。したがって、日本のバイヤーにとっても今後は対ソ輸入のビジネス・チャンスは相当に出てくるものと予測される。

　これまで日ソ貿易は、領土問題との絡みや、ソ連通貨ルーブルが国際決済に使えず、バーター取引にならざるを得ない点が障害となって、その拡大が阻まれてきた。思うに、領土問題、貿易、ルーブルはそれぞれ悪循環の関係に陥っていた。ソ連政府は、経済の立て直しのために、西側先進国、特に経済大国である日本からの資金援助を望んでいるが、日本政府としては、領土問題が解決していないために十分な資金を供与するわけにはいかない状況にある。一方、ソ連側では、資金供与が不足しているために、外貨不足とルーブルの交換性に問題をきたし、貿易量の拡大が阻害されるという結果になる。貿易量の不足は、日ソ両国の相互理解の不足につながり、翻って、それは領土問題の解決を長引かせる一つの原因となっている。しかし、このような悪循環の環は、ゴルバチョフ（Gorbachev, Mikhail Sergeevich）・ソ連大統領（当時）の来日を機に、断ち切られる期待も一時期、大いにふくらんだ。

　本章では、オホーツクの語源から始まって、北海道とソ連極東との経済交流の現状、網走港開発の沿革および港勢について見てきたが、それには二つの目的があった。一つは、オホーツク海の門戸、網走港をより多くの人々に知ってもらうためである。というのも、網走港を知ることは、対ソ連極東貿易の現状と相手国ソ連の実情を理解するのに役立ち、それがひいては、領土問題解決の前提である日ソ両国民の相互理解を深める結果になるだろうからである。第二は、日ソ貿易の拡大がオホーツク地域に人口と企業の集積をもたらし、地域経済の発展を促す最大の鍵になると考えられるので、これからの網走港は、日ソ貿易の拡大と、さらには北方4島観光の増加をにらんだ開発整備が望ましく、その点を強調するためであった。北海道の北東端に位置する網走港が、近い将来、日ソ貿易の中心拠点となり、北方4島観光の起点

として繁栄することが期待される。

注
（１）『網走新聞』1987年11月10日付の「今日の話題」で紹介された池上二良北海道大学名誉教授の所説。なお、これ以外にも諸説があって、古代北方史家の畠山三郎太によると、①ツングース語の「アホート（「大きい」の意）」に由来するという加藤晋平の説、②17世紀初頭、ロシア船が海獣猟目的で進出するようになったとき、そこをロシア人が「オホーツエコ・モーリェ（狩猟をする海）」と呼ぶようになったのが起源だとする前谷公茂の説、③ラムート語の「広い川」の意味だという米村哲英の説、④エベング語の「川」から来ているとするソ連大使館広報部の見解、その他、牧英夫の見解や小林望・徳田球雄の説などがあるという。「今日の話題」『網走新聞』1987年11月13日付。
（２）岩間徹編（1975）『ロシア史・世界各国史４』（第10版）山川出版社、115頁。
（３）岩間（1975）、139〜140頁および鳥山茂人（1968）『スラブの発展・大世界史15』文芸春秋、241〜244頁参照。
（４）「今日の話題」『網走新聞』1987年11月10日付。
（５）『日本経済新聞』（北海道経済版）1990年6月19日付。
（６）ソ連・サハリン州のフョードルフ（Fyodorov, Yalentin Petrovich）知事（州執行委員会議長・当時）は、北海道新聞記者とのインタビューで、「サハリン大陸棚の石油・天然ガス開発が新たなエネルギー資源として注目されているが、どのように開発・利用していくのか」という質問に対し、「石油については、開発による環境への影響評価の結論が出ていないので今は話せない。天然ガスは、ルニのガス田にプラットホームを建設する契約を近く米国の開発会社と契約する。この計画は現在、モスクワで検討中だが、推進することは決まっており、来年［1991年］にも具体的に動きだすだろう。開発はサハリン州財政に大きく貢献する」と答えるとともに、「天然ガスは、サハリンで使うほか、日本、韓国、ソ連大陸部に売りたい。また、コルサコフ（大泊）までパイプラインを引く。パイプラインは、できれば日本まで延ばしたい。天然ガス開発をめぐり、日本の実業家らと意見を交わしているが、日本へのパイプライン建設は、北海道の意向を優先したい。北海道とはいずれ姉妹州関係を結びたいと考えており、善隣関係を維持したいからだ」との構想を明らかにした。『北海道新聞』1990年11月18日付。大カッコ内は筆者加筆。

69

（7）「地球時代と北海道―『域際』のうねり②」『日本経済新聞』（北海道経済版）1990年10月24日付。
（8）域内決済方式につてもう少し具体的に説明すると、以下のとおりである。「例えば、道内の農業団体がソ連に穀物を輸出し、その代金として石炭と砂利を受け取ったとする。その石炭をエネルギー関連企業に、砂利を建設資材メーカーに再販売し、それぞれの会社が代金を農業団体に支払う。これらの決済を道内で調整する」というものである。なお、この方式については、行政が民間の取引きに介入することの問題点や、果たして各企業の調整が十分につくのかなどの懸念も表明されている。『日本経済新聞』（北海道経済版）1990年10月20日付参照。
（9）「ロシア連邦極東地域の概要」http://www.pref.hokkaido.lg.jp/（2013.01.30入手）
（10）東條貞（1914）『網走築港調査書』（1988年復刻）北見産業館、2頁。句読点および大カッコ内は筆者加筆、旧漢字・用字も適宜当用漢字に改めた。
（11）『網走港湾調査報文』は、『網走港修築意見書』ならびに『網走築港調査書』とともに網走築港期成会編（1988）『網走港・全』年に収録、復刻出版されている。
（12）網走開発建設部築港課編（1988）『網走とみなと―網走港史』北海道開発協会、96～97頁。
（13）網走開発建設部築港課（1988）、98頁。
（14）北海道庁編（1936）『網走港修築工事史』（1987年復刻）、2～3頁。
（15）『北海道港湾建築史』における記述。網走開発建設部築港課（1988）、105頁参照。
（16）網走開発建設部築港課（1988）、124頁。
（17）網走開発建設部築港課（1988）、133～164頁。
（18）網走開発建設部築港課（1988）、138～142頁。
（19）網走開発建設部築港課（1988）、151頁。
（20）網走開発建設部網走港湾建設事務所編（1990）『平成2年度事業概要』北海道開発協会、7頁のデータでは、438,000トンとなっている。
（21）網走開発建設部網走港湾建設事務（1990）、7頁。
（22）佐呂間町、留辺蘂町、常呂町、端野町、訓子府町、置戸町、女満別町、美幌町、津別町、東藻琴村、小清水町、斜里町、清里町の13町村であるが、このうち、留辺蘂町、端野町、常呂町の3町は、2006年3月5日より北見市

第 3 章　対ソ連極東貿易における網走港の歴史と港勢

　　に合併され、また、同年 3 月31日、女満別町は東藻琴村と合併して大空町になった。その結果、行政単位としては2013年現在、9 町になっている。
(23) 函館税関のまとめによると、1989年度の輸出入金額実績は、苫小牧港2,406億4,000万円（シェア29.8％）、室蘭港1,401億3,300万円（同17.3％）、釧路港1,050億9,600万円（同13.0％）で、上位 3 港で60％以上のシェアを占めている。『日本経済新聞』（北海道経済版）1990年 1 月27日付。

第4章　北海道新千歳空港の
　　　　国際化戦略と対ロシア交流

はじめに

　日本とロシアの両国は、不幸にも長い間、敵対の関係が続いた。古くは、江戸時代中後期、1806（文化3）年9月、ロシアの海軍大尉フォストフ（Khvostov）の率いる一隊が樺太（サハリン）と南千島を襲い、余勢を駆って利尻島に上陸して、停泊中の官船・商船、番屋を焼き払ったため、幕府はロシア船の打ち払い令を出した。明治時代には、日露戦争末期の1905（明治38）年7月、日本軍はサハリン全土を武力制圧した。ロシア革命後の20（大正9）年5月、アムール川河口の町ニコラエフクで、ロシアのパルチザン部隊による日本人122名の殺害事件（尼港事件）が起き、報復のため日本軍は同年7月、北サハリンに侵攻した。第二次世界大戦末期、44（昭和19）年、日本軍の戦況悪化に伴って北サハリンの利権はソ連に移管されたが、45（昭和20）年8月14日に日本がポツダム宣言を受諾し（国民への宣言受諾発表は翌15日）、戦争行為を停止した後も、ソ連軍は攻撃を続け、同年9月にかけて択捉島、国後島、色丹島、歯舞群島を占領していった。

　日本とロシアの二国間関係は、歴史的に背信行為と相互不信の連続であったと言ってもよい。第二次世界大戦後、1956（昭和31）年10月に日ソ国交回復共同宣言が締結され、その翌年に日ソ通商条約と貿易支払協定が調印されて日ソ貿易が再開された後も、両国民の相互不信感はなかなか払拭されなかった。しかし、ゴルバチョフ政権の誕生とペレストロイカの推進は、相互不信から相互理解へと意識改革をもたらすきっかけとなったように思われる。

　1991年のソ連解体によって、東西冷戦構造が終結を迎えた後は、北海道の立地上の優位を生かしてロシア、特に極東地域との交流を拡大することが、

北海道の持続的発展にとってきわめて重要な要素となることは明白であった。以下では、このような認識に立って、新千歳空港が担うべき役割を考察するため、議論の順序としてまず同空港の沿革と概要について触れ、これまで進められてきたいくつかの開発構想を概観して、その展望を試みたい。

1. 新千歳空港の沿革と概要

　千歳飛行場と新千歳空港のある北海道千歳市は、東経141度52分12秒（極東）、北緯42度57分12秒（極北）に位置し、札幌市から南へ40キロメートル、苫小牧市から北へ28キロメートルの距離にある[3]。

　千歳飛行場に初めて飛行機が飛来し、着陸したのは、1926（大正15）年10月21日のことであった[4]。飛行場といっても、それは実に簡単なもので、村民約400人が総出で2日間かけ、幅50間（約90.9メートル）、長さ150間（約272.7メートル）の面積を整地しただけのものであった。

　千歳村では村長名で、1927年（昭和2）2月に国営飛行場の設置を貴衆両院に請願し、国会で可決採択されたが、実現には至らなかった。32（昭和7）年にも、政府が北海道における航空路開拓計画を発表したのに伴い、関係官庁に請願書を提出し、誘致に努めたが、これも実現を見なかった。「航空輸送事業は都会から遠く離れることは諸種の事情上許されない」というのがその理由で、結局、札幌市（丘珠空港）に建設が決まった。

　1933（昭和8）年、陸軍航空演習を誘致すべく「千歳村陸軍飛行隊設置練成会」が組織され、34（昭和9）年9月28日より、第1期工事として50,000坪（約165,000平方メートル）の造成に着手した。工期日数25日、作業総人員は1,772人で、それらはすべて村民の勤労奉仕であった。当初の目標には及ばないものの、この工事によって45,000坪（約148,500平方メートル）が造成された。しかし陸軍当局からは、演習を行うにはまだ狭すぎるとの指摘を受け、35（昭和10）年4月4日より第2期拡張工事に着手し、6月6日に完成させて、第1期分と合わせて103,620坪（約341,946平方メートル）の飛行場となった。

第4章　北海道新千歳空港の国際化戦略と対ロシア交流

　同年8月19日より4日間、千歳飛行場を基地にして航空演習が実施されて、本格的な飛行場としてのスタートが切られた。さらに37（昭和12）年には、同年秋に予定されていた陸軍特別大演習に備えて、飛行場拡張第3期計画が立てられ、5月10日に約63,000坪（約207,900平方メートル）の造成工事に着手して、8月20日にこれを完成させた。

　戦後になると、1945（昭和20）年9月に米軍が進駐し、空軍戦闘機部隊の基地となった。米軍は飛行場の敷地を1,050ヘクタールに拡張し、滑走路の改修と、延長工事（西側滑走路2,700×45メートル）を行った。

　1951（昭和26）年8月1日、民間航空の再開に備えて、日本航空株式会社が設立され、10月25日から東京～千歳間を1日1便運航するようになった。57年9月8日、千歳飛行場に駐留していたアメリカ空軍が青森県の三沢飛行場に移転し、代わって航空自衛隊第2航空師団が使用することになり、ここに民間と自衛隊の共用が始まった。59年7月20日、米軍より日本側に全面返還され、61年、防衛庁が管理する飛行場として告示された。同年12月1日からは東側滑走路の使用が開始された。62年1月1日、航空管制業務が米軍から航空自衛隊に移管され、翌63年からは民間航空専用地域の供用が開始された。

　その後、高度経済成長を経験したわが国は、航空需要も急増し、それに対応するため、また民間航空機と自衛隊機を分離することを目的として、1973（昭和48）年に、千歳飛行場の南東に隣接する用地に新千歳空港を整備する計画が策定された。

　建設計画は3期に分かれており、第1期として、A滑走路（3,000メートル）が1988（昭和63）年7月20日に供用開始した。92（平成4）年7月には、第2期計画として、新ターミナル地区が供用を開始し、新ターミナルビル、エプロン、駐車場等の設備が整備されたほか、JR線の空港乗り入れも実現した。その後、第3期計画に着手しており、B滑走路（3,000メートル）の95年完成を目指した。[5]

　新千歳空港と千歳飛行場の基本施設の概要は、表4-1のとおりである。

表4-1　新千歳空港と千歳飛行場の基本施設

	新千歳空港	千歳飛行場
面　積	7,190,000m²	約9,220,000m²
滑走路	A滑走路　延長3,000m、幅60m（アスファルト・コンクリート舗装） B滑走路　延長3,000m、幅60m（アスファルト・コンクリート舗装）	東側滑走路　延長3,000m、幅60m（セメント・コンクリート舗装） 西側滑走路　延長2,700m、幅45m（セメント・コンクリート舗装）
誘導路	延長14,998m、幅23〜58m	
エプロン	面積749,730m²　大型航空機用50バース　中型航空機用3バース　小型航空機用8バース	

出所　北海道千歳市編（2012）『要覧ちとせ（平成24年度版）』より作成。
http://www.city.chitose.hokkaido.jp/index.cfm/1,45825,c,html/45825/20120824-153706.pdf（2013.03.21入手）

2．国際化戦略

（1）国際エアカーゴ基地構想

　北海道庁が1987年10月に策定した「北海道新長期総合計画」（計画期間1988〜97年度）では、近年のグローバル化、情報化、技術革新の進展に対応し、かつ21世紀に向けた北海道の発展を先導するための、いくつかの戦略プロジェクトが発表された。その戦略プロジェクトの一つとして、新千歳空港の国際エアカーゴ基地構想がある。

　この構想が打ち出された背景には、急増を続ける国際航空貨物量と、それらが新東京国際空港（成田空港）に集中している点がある。1990年度のわが国における国際航空貨物取扱量は158万トンで、うち約90パーセントが成田空港に集中し、同空港の貨物取扱能力は限界に達していると言われている。

　一方、新千歳空港は、国際エアカーゴ基地として立地上の優位性を備えている。というのも、新千歳空港は、国際航空貨物の幹線であるアンカレッジ経由の太平洋線および北回りヨーロッパ線の路線上に位置し、アンカレッジ

第4章　北海道新千歳空港の国際化戦略と対ロシア交流

との距離も成田空港より700キロメートルほど短く、アジア、北アメリカおよびヨーロッパの三大市場を結ぶ国際航空貨物輸送網を形成するためのハブ空港として絶好の位置にある。周辺には、広大な土地が利用可能で、新たな用地需要にも対応でき、さらには苫小牧港とも近接していることから、海運と航空輸送をリンクさせたシー・アンド・エアも可能となる。

　このような優位性を生かし、国際航空貨物基地として新千歳空港を機能させるため、第三セクター方式による札幌エアカーゴターミナル株式会社（SIACT）が設立されて、1988年から本格的な業務を開始している。また国際空港化に必要なCIQ（customs, immigration and quarantine）についても、税関、入国管理局、検疫所の出張所が設置され、人員の増強配備も進められて、93年度中には動物検疫所の完成を予定した。

（2）エアロポリス構想

　エアロポリス構想は、東京の一極集中を是正し、「地域の特性を生かして東京を経由しない地域独自の国際化を推進する」[6]目的で、通産省（現在、経済産業省）の出先機関である北海道通産局（現在、北海道経済産業局）の主導で生まれたものである。同局では、北海道地域の発展を阻害してきた大きな要因の一つは、いわば東京がハブで北海道地域はそのスポークの一つに過ぎず、海外との実質的な結び付きができていない点にあると指摘し、こうした海外との直接的な結び付きが展開されれば、国際的な活動の可能性が高まり、これがさらに海外との新たな航空輸送網の拡大を促進することになろうと提言している[7]。

　北海道通産局の見解では、エアロポリスとは、「国際化された21世紀の空港都市」を指し、海外の先端産業の中心地と航空輸送網で結ばれ、文化およびレクリエーション施設の快適性を備えた高質な生活空間を提供して、国内外の先進的な人々を引き付ける、空港を核にした都市のことをいう[8]。具体的には、新千歳空港を核にしてその周辺地域（札幌市、恵庭市、千歳市、苫小牧市、広島町の4市1町）に国際的なビジネス・ゾーンを形成し、そこに外資

77

系企業を含めた産業の集積を図り、国際的な産業活動が定着することを狙いとしている。

エアロポリス構想には、中・長期的に取り組まなければならないプロジェクトが含まれていることから、目標年次を2010年に置いていた。北海道の主要経済団体、地元自治体のほか、道内外の民間企業110社が参加して1990年3月に「新千歳空港周辺地域開発推進協議会」を発足させ、エアロポリス構想の推進母体となっている。この協議会の下部組織として国際総合物流センター部会と国際交易・交流複合部会が設置され、前者は国内外の貨物の集配から加工・販売までを行う事業化を検討し、後者は世界貿易センター（WTC）や国際会議場のほか、オフィス機能やアミューズメント機能を持たせる施設整備が企画されていた。

（3）FAZの指定

通産省では、1991年9月、内外投資不均衡の是正や国際貢献の一環として、外資系企業の立地、集積による対日直接投資の促進と輸入拡大を主眼とした輸入促進地域（フォーリン・アクセス・ゾーン＝FAZ）の整備を、92年度予算概要に盛り込んだ。「輸入の促進および対内投資事業の円滑化に関する臨時措置法」（輸入・対内投資法と略称される）が92年7月に施行され、これに基づいて通産省、運輸省（現在、国土交通省）、自治省（現在、総務省）、農林水産省の4省が連携して、FAZ、すなわち輸入に関する施設、事業、活動を集積した空港や港湾およびその周辺地域の整備を支援することになった。しかし、北海道では、確たる成果を見ぬまま、同法は2006年5月、廃止となった。

上記4省は、輸入・対内投資法の施行後、直ちにFAZの整備計画を地方自治体が策定する際の指針をまとめた。それによると、①輸入促進地域は市町村単位で設定する、②製品の保管場所や物流センターなどの各施設は30分以内で往来できる範囲内に建設する、③海上貨物を取り扱う物流センターを港湾近くに整備する、などの内容となっている。また、施設を整備する第三セクターに建設費の5パーセントを補助金として助成するほか、同地域に外

国企業や国内メーカーが食品加工工場を建設したり、卸・小売り業者が輸入品を扱う物流施設を整備する場合は、日本開発銀行の低利融資が受けられることになっている。[9]

北海道では、FAZ構想が打ち出された時点から積極的な取り組みを見せ、既存の国際エアカーゴ基地構想やエアロポリス構想とどう整合性をつけるのか、対象地域をどの程度まで広げるのかという具体的検討に入り、FAZの指定誘致に努めた。その結果、1992年10月、千歳市のFAZ指定が内定し、93年7月、北海道、千歳市、苫小牧市、北海道経済連合会、日商岩井など20の自治体・団体・企業からなる第三セクター、「北海道エアフロント開発（仮称）」の設立準備会が発足した。新会社は、新千歳空港周辺のFAZ各種事業の企画・実施に当たるもので、当初の資本金は6～7億円規模にして、出資構成を検討した後、94年1月、設立予定とした。

なお、この時点でFAZの指定を受けた各自治体と事業内容の概要は、表4-2のとおりである。

3．北海道とロシア極東の交通関係

上述の三つの構想は、確かに新千歳空港の国際化へ向けて前進を促すであろうが、ロシア極東地域は、これらの構想のなかで必ずしも十分な扱いを受けていない。それは、日本の貿易相手国として、ロシア極東が現在のところ、まだ低いシェアしか占めていない事実に由来するものである。

しかし北海道内の企業には、ロシアとの経済交流の拡大を望む機運が高まっている。北海道通産局が1991年12月に実施した調査によると、北海道内企業の52.2パーセントは経済交流の規模拡大を計画しており、ただ経済交流を拡大する上での問題点として、交通アクセスの悪さが第1位に挙げられ、82.6パーセント（複数回答）となっており、ロシア側の外貨不足を挙げているのが56.5パーセント（複数回答）あった。[10] したがって、交通アクセスの改善が経済交流を拡大させるための第一の要件といえよう。

表4-2 FAZ指定地域と事業内容 (1992年12月現在)

地域名	北海道	大阪府	大阪市	神戸市	愛媛県	北九州市	長崎県
対象地域	新千歳空港周辺	関西国際空港、りんくうタウンなど	大阪港・アジア太平洋トレードセンター	神戸港・六甲アイランド	松山港、旧愛媛県自動車運転者試験場跡地など	北九州港、小倉駅北口地区など	長崎空港北側埋立地など
第3セクター事業主体	北海道エアフロント開発（仮称94年1月設立予定）	りんくう国際物流（93年度設立予定）	アジア太平洋トレードセンター（89年4月設立）	神戸空港貨物ターミナル（92年4月設立）	愛媛エフ・エー・ゼット企画（92年9月設立）	（92年度内設立予定）	長崎国際航空貨物ターミナル（92年9月設立）
主要施設	保税倉庫、荷さばき場、展示場、研修施設、商業施設	輸出入共同上屋（6階建て、延べ床面積52,000m²）	アジア太平洋トレードセンター（国際卸売センター、展示ホール、ホテルなど、延べ床面積362,000m²）	神戸航空貨物ターミナル、神戸港・六甲国際流通センター、冷蔵倉庫団地	見本市会場、冷凍冷蔵施設、総合物産センター、オフィスビル	福岡県国際総合物流センター、物流管理施設	長崎国際航空貨物ターミナル（荷さばき場、上屋、貨物代理店事務所）、配送センター、展示・販売施設、加工施設
開業予定時期	94年度以降	95年4月	93年度	94年夏～秋	95年度	96年度以降	94年夏

出所　『日本経済新聞』1992年12月28日付。

　一方、行政側の対応を見ると、まず1987年8月から9月にかけて、横路孝弘北海道知事（当時）を団長とする代表団がサハリン州、ハバロフスク地方など4州・地方を訪問し、経済を含む広い分野で交流を進めることで合意した。これを機に、これまで友好が主体であった北海道と旧ソ連の交流は、経済面に主眼が移っていった。88年10月にサハリン州経済代表団が北海道を訪れ、同年11月に「第1回サハリン航路問題検討日ソ・ワーキンググループ会

第4章　北海道新千歳空港の国際化戦略と対ロシア交流

議」が開催された。89年5月には、同第2回会議が開催され、チャーター便の利用拡大について合意を見た。同年5月から9月に延べ約1,000人の観光客が、稚内～ホルムスク間のチャーター便（旅客船）利用によりサハリンを訪れた。90年6月、横路を団長に「北海道訪ソ団」がモスクワを訪れ、ロシア共和国と「友好的なパートナーシップに関する合意書」の調印を交わした。ロシア共和国が日本の都道府県とこの種の協定を締結するのは初めてのケースであり、わが国の外交史上でも、画期的な出来事と評価された。

　また1990年10月に行われた日ソ航空交渉では、ソ連側は、新千歳空港とソ連を結ぶ新路線の開設を提案してきた。これは、ソ連国内の複数地点と日本国内の複数地点を結ぶ路線の開設を、3～5年の長期的な枠組のなかで検討しようというもので、ソ連側の乗り入れ地点としてモスクワ、レニングラード（現在のサンクトペテルブルグ）、キエフ、イルクーツクと、極東のユジノサハリンスクおよびウラジオストクを挙げ、日本には新千歳、東京、大阪、名古屋、福岡、新潟の6空港を求めてきた。しかし日本の航空会社は、日本航空と全日本空輸が東京～モスクワ線を運航していたが（ソ連側はアエロフロート Aeroflot が東京～モスクワ線、新潟～ハバロフスク線を運航）、それ以外の新規路線を運航する意志がなく、また新千歳空港に共産圏諸国の航空機が乗り入れることも、同空港に航空自衛隊の基地が隣接することから、防衛上の問題があり実現しなかった。

　北海道から空路でサハリンに行く場合、直行便がないために、まず新千歳から新潟まで飛び、新潟からアエロフロート機でハバロフスクまで行ってから乗り継いでサハリンに向かうという、ひどく遠回りのコースをとらなければならない。このため北海道では、以前から新千歳～ユジノサハリンスク、新千歳～ハバロフスク、函館～ウラジオストクの3路線の開設を強く希望していた。ソ連解体後、日ロ間で初めての航空交渉が92年11月、モスクワで開催される運びになるや、横路はそれに先立って、同年8月に訪ロし、ロシア側の航空担当者から「北海道との路線開設を航空交渉の議題に取り上げ、日本政府に働きかけたい」という確約を得た。

81

おわりに―課題と展望

　しかし、こうした努力にもかかわらず、北海道とロシア極東との間には定期航空路は開設されていない。とはいえ、航空チャーター便の運航回数は着実に増えており、1991年中に9便が北海道の各空港とロシア間で運航されて2,176人が利用した。[14] このような実績を積み重ねていき、需要があることを政府ならびに航空会社に認めさせることが、路線開設に導く最も有効な方策となろう。

　新千歳空港とロシア極東との間で定期路線が開設され、直行便が就航すれば、今までのような遠回りをせずにすみ、大幅な時間短縮が可能となるばかりでなく、新千歳空港は、アメリカとロシアという二大国を結ぶハブ空港ともなりうる。同空港を真に北太平洋地域のハブ空港として育て上げようとするならば、ロシア極東との路線開設は不可欠であり、アメリカ～新千歳～ロシア路線の潜在的需要は計り知れないものがある。

　新千歳空港は国際化へ向けて、現在、三つの大きな課題を抱えている。一つは、24時間運用について周辺住民の合意を取り付けることである。第二は貨物需要の喚起であり、そして第三が、関西空港をはじめとする他空港との競合である。なかでも、24時間運用が最大の課題である。

　1991（平成3）年1月、日本航空、日本通運、ヤマト運輸が中心になって設立した貨物専門航空会社、日本ユニバーサル航空が同年10月から羽田～新千歳間で1日1往復の不定期運航を開始した。同社では当初、新千歳空港での深夜と早朝の発着を活用して、1日2往復の運航を予定していたが、騒音問題を理由に地元住民が運用時間の拡大に難色を示したため、1日1往復に縮小された。このため、夜半に羽田を出発して深夜に新千歳に到着する便と、明け方に新千歳を出発して早朝に羽田に到着する便が運航できず、需要の半分しか取り込めない状態が続いた。結局、日本ユニバーサル航空は、折からのバブル経済崩壊後の景気後退による航空貨物需要の落ち込みが追討ちをか

第 4 章　北海道新千歳空港の国際化戦略と対ロシア交流

け、92年10月、わずか 1 カ年で羽田～新千歳線を運休するに至った。

　1994（平成 6 ）年夏、大阪・泉州沖の関西新空港がわが国初の24時間空港として開港することになり、新千歳空港の24時間運用の決着がつかないと、関西新空港に大きく先を越されることになる。しかし、だからといって、性急に事を運ぶのではなく、試行中のジャンボ・フレイター（貨物専用機）を使った騒音測定のための試験運航のデータを丹念に積み上げ、補償問題等に関しても住民と十分に話し合い、合意を得ていく地道な努力が必要である。

注

（1）これ以前には、来航するロシア人に対して穏便な政策がとられていた。1779（安永 8 ）年 6 月 9 日、得撫（ウルップ）島のロシア人、ケレトフセら40人あまりが、根室半島のノッカマフに上陸し、松前藩に通商を申し入れたが、松前藩では返答を留保したため、翌1780（安永 9 ）年 8 月 9 日、厚岸で松前藩士とロシア人の会見が行われた。松前藩は鎖国令による交易禁制を説き、ロシア側の要請を拒絶したが、このときは米や酒などを贈ってロシア人を帰したという。宇野俊一他編（1991）『日本全史』講談社、744頁参照。

（2）ロシア極東地域は、マガダン州、カムチャツカ州、サハリン州、ハバロフスク地方、沿岸地方、アムール州にヤクート自治共和国を加えた地域に及び、面積は623万平方キロメートルで、日本の17倍の広さを持つ。約30の民族が住み、人口は2002年の国勢調査で、6,693,000 人となっている。金、ダイヤモンド、すず、鉄鉱石、石炭、天然ガス、石油などの鉱物・エネルギー資源に恵まれ、またサケ、マス、タラなどの水産資源や木材資源も豊富である。

（3）北海道千歳市編（2012）『要覧ちとせ（平成24年版）』http://www.city.chitose.hokkaido.jp/index.cfm/（2013.03.21入手）

（4）千歳飛行場の沿革については、千歳市史編さん委員会編（1983）『千歳市史（増補）』北海道千歳市、1059～1069頁参照。

（5）北海道地域総合振興機構編（1993）『北海道地域プロジェクト総覧』北海道開発協会、18頁参照。

（6）通商産業省北海道通商産業局編（1991）『エアロポリス—21世紀国際空港都市構想』通商産業調査会、1頁。

（7）通商産業省北海道通商産業局（1993）、15頁。

（8）通商産業省北海道通商産業局（1993）、16頁。

（9）『日本経済新聞』1992年7月20日付。
(10)『日本経済新聞』(北海道経済版) 1992年3月17日付。
(11)『北海道新聞』1990年5月5日付。
(12) 吉岡秀輝（1991)「対ソ連極東貿易における網走港の歴史と港勢」日本港湾経済学会創立30周年記念論文集編集委員会編『港・ウォーターフロントの研究』成山堂書店、13頁。
(13) 1990年10月8日から11日まで、モスクワで開催されたが、双方の主張がかみ合わず、結局、交渉は物別れに終わり、再度の交渉を翌91年1月に開始するのを約束するにとどまった。『日本経済新聞』1990年10月12日付。
(14) 北海道開発庁編（1992)『北海道開発レポート'92』大蔵省印刷局、86頁。

第5章　第三世界諸国における経済発展と政治発展の不均衡について
―ハーシュマンの「トンネル効果」仮説の研究―

はじめに

「抑圧の減少と生活水準の改善が、むしろ革命を起こす」とは、トクヴィル（Tocqueville, Alexis de）の有名な逆説的命題であった。トクヴィルは、1789年のフランス革命を分析して、革命は必ずしも、ますます悪い状態になっていくという段階的低落によってもたらされるものではなく、最も耐え難い圧制に我慢強く、ほとんど無意識的に耐え忍んでいる国民が、その束縛が軽くなるやいなや、しばしば突如として叛乱を起こすのだと結論づけた。[1]つまり、経済状態が改善されると、それまで感じられなかった諸政策・制度が耐え難いものとして感じ取られるようになり、それが革命へとつながったのだという。

このトクヴィルの命題は、今から150年以上も前に定式化されたものであるが、実は20世紀後半から今日に至るまで、第三世界諸国の多くにも当てはまるように思われる。というのは、これらの国々は、経済面で見た場合、この数十年間でかなりの前進が見られたにもかかわらず、政治的には諸々の不安定状況が見られたからである。[2]ハンチントン（Huntington, Samuel P.）によれば、クーデター、革命的暴力、ゲリラ戦、人種的・部族的・共同体的な暴力および緊張、寡頭独裁体制による暴力的支配が、第三世界の多くの国の政治的、社会的特徴をなしてきたという。[3]

ところで、ハーシュマン（Hirschman, Albert O.）は、このような経済発展に伴って生ずる政治的不安定状況を、「開発災害」（development disaster）あるいは「政治的災害」（political disaster）と呼んでいる。[4]その原因は複雑

85

で、したがって従来のような説明、すなわち、一国が経済成長していく過程で所得格差が拡大するために不安定が生ずるという説明では、簡単に割り切れないものがある。経済発展の過程においては、所得不平等に対して高い耐性（tolerance）を示す場合がありうるし、ハーシュマンは、このような耐性のことを「トンネル効果」（tunnel effect）と呼んでいる。このトンネル効果のために、経済成長と政治的不安定の関係は、決して直進的ないし直線的ではあり得ないというのが彼の主張である。トンネル効果仮説の概念を駆使してこの両者の関係を明らかにしようとする議論は、きわめて斬新にして説得力があり、またその結論は非常に興味深いものがある。そこで以下においては、トンネル効果の含意するところを整理し、理論的枠組みを明らかにするとともに、それが政治的、社会的安定にどう貢献するのか、そしてどのようにして反転状況へと転化していくのかについて検討を加えていくことにしたい。

1. トンネル効果仮説

（1）一つの類推

われわれは自分の社会的、経済的地位が変わらずに、自分の周囲の人間、例えば親類や友人、知人などが、それを高めたとしたら、どのような感情を持つだろうか。現在のわが国のように高度に経済発展を遂げた、しかも激烈な競争原理に支配されている社会においては、まず最初に「妬み」（envy）の感情が生まれるのではなかろうか。きわめて博愛心に富んだ有徳な人の場合を除いて、われわれの社会では、他人の前進を見て「喜び」（gratification）の感情が生まれる余地はほとんどなかろう。

しかし、初期の急速な経済発展を経験している社会においては、どうだろうか。そこでもまた、妬みの感情が他のすべての感情に優先するのだろうか。必ずしもそうとは言えないようである。他人の前進がより有利な外部環境についての情報を提供する限り、この情報を受取ることによって、「喜び」が

第5章　第三世界諸国における経済発展と政治発展の不均衡について

生まれ、それは妬みに打ち勝つか、少なくとも一時的には妬みを抑えることがありうる。

　反対に、周囲の人間の一人が、失業その他の経済的後退を経験したとしたら、どう感ずるだろうか。確かに、われわれには、「他人の不幸を喜ぶ気持ち」(Schadenfreude) があり、それはわれわれに幸福感をもたらす作用があろう。しかし、不況の大波が押し寄せてきている場合であれば、「明日はわが身か」と思い、失業の不安にかられて、幸福感など生まれようがない。

　ハーシュマンは、他人の前進を見て生ずる「喜び」を、以下のような類推によって際立たせているので、少々長いが、そのまま引用することにしよう。

　　私は同方向に進む2車線のトンネルの中を車で走っていて、ひどい交通渋滞に巻き込まれたとする。私の見渡せる限りでは（大して遠くまでではないが）、両車線ともまったく車は動いていない。私は左側の車線にいて、滅入った気分でいる。しばらくして、右側の車線の車が動き始めたとする。当然、私の気持ちは弾んでくる。なぜならば、渋滞は解けて、もう直ぐ私のいる車線の動き出す番が来るにちがいないことが、わかっているからである。私はまだじっと座ったままでいるにしても、間もなく動き出すだろうという期待があるので、前よりも気分はずっと良いだろう。しかし、この期待が外れ、右側車線だけが動き続けるとする。その場合、私は左側車線で苦しみを共有している人々とともに、反則行為 (foul play) の存在を疑い、ある時点で、われわれの多くは怒り心頭に発して直接行動をとる（例えば、2車線に分けているダブル・ラインを違法に横切る）ことで、明白な不正を直ちに正そうとするだろう。[5]

　このハーシュマンの類推から基本命題が導き出される。すなわち、急速な経済発展の初期の段階において、種々の階級、部門、地域間で所得分配の不平等が急速に拡大しがちな場合でも、その格差に対する社会の耐性はかなり大きいことがありうる。そして、そのような耐性が生ずる限り、いわば神の

摂理（providence）のように、それは不平等の増大を調整する。しかし、この耐性は、一定の期日に満期になる手形や借入れのようなものである。つまり、いつかはこの格差が縮まるだろうという期待のなかで、耐性は拡大されるのであって、もしこの期待が実現されなければ、必ずやコンフリクト、恐らくは災害が現れるだろう、と言うものである。

　ハーシュマンの言う、他人の前進によって生ずる喜びを、厚生経済学の用語に置き換えると、次のようになる。一個人の厚生（welfare）は、彼の現在の充足状態（あるいはその代表としての所得状態）ならびに彼の将来の期待する充足（ないしは所得）に依存する。その個人が彼の将来の所得に関して、ごくわずかしか情報がなく、だが、ある時期、彼の親類、隣人ないしは知人のうち二、三の者が、その経済的あるいは社会的地位を高めるとする。その場合、彼は自分の番が当然の成り行きとして来ることを期待しながら、しばしの間、他人の前進から喜びを引き出すのである。このしばしの喜びのことを、ハーシュマンは先の類推から、「トンネル効果」と命名したのである。

　ところで、今日のようなわれわれの環境下にあっては、トンネル効果、つまり他人の前進によって生ずる喜びは感得しにくく、むしろ「妬み」の方が実感されやすい。そのため、「妬み」を根底に置いた議論が、経済学においても社会学においても多くなされてきている。そして、それらの結論は大雑把に言って、「もしあなたの所得または社会的地位が上がり、私が元のままだとしたら、私は私の相対的地位が下がるので、実際、以前よりも悪い状態になったと感ずるだろう」というものである。これは経済学では、「相対的所得仮説」（relative income hypothesis）として知られる周知の概念であり、一個人の厚生は彼が交際する人々の所得ないし消費に逆比例するというのが、その論旨である。[6]

　他方、社会学においては、「相対的剥奪」（relative deprivation）という表題の下で、豊富な研究がなされてきている。それが意味しているのは、他の人々に比べて自分が相対的に剥奪されている感情であり、相対的剥奪論は、他者に遅れをとっている人ないし人々の集団、あるいは他者が所得や影響力、

社会的地位の点で遅れを取り戻しているのが見える人ないし人々の集団によって持たれる期待感について言及しているものである(7)。トンネル効果も、置き去りにされた人々の期待感を反映して生ずるものであり、非前進者の「期待」を論じているという点では、相対的剥奪論とトンネル効果仮説の両者には共通項がある。しかし、両者の結論はまったく異なったものとなっている。そこで次に、トンネル効果の含意するところをよりよく理解するためには、両者を対比することが有益で、相対的剥奪論の主要議論を一瞥しておくことにする。

（2）相対的剥奪論との対比

「相対的剥奪」という概念が初めて用いられたのは、スタゥファー（Stouffer, Samuel A.）と彼の同僚による研究、『アメリカ兵(8)』においてである。この研究はそもそも、第二次大戦中の米軍の士気に関する調査を行ったものであるが、マートン（Merton, Robert K.）によると、『アメリカ兵』自体のなかでは、執筆者たちは兵士の行動を解釈することと、この行動がどんな組織の脈略の下に生じたのかということだけに、厳に分析をとどめていて、『アメリカ兵』のどこにも相対的剥奪の正式な概念規定はなされていないという(9)。そこで、マートンの記述の中から相対的剥奪の典型的事例を拾うことにする。

まず、「能力のある兵士は昇進のチャンスに恵まれていると思いますか」という質問がなされた。それに対する回答傾向は兵科によって異なり、例えば、陸軍航空隊（Air Corps）ではより否定的な、そして憲兵隊（Military Police）ではより肯定的な答えが返ってきたという。当時はもちろん、航空隊の方が戦時昇進はずっとよく、憲兵隊は全兵科中最低であった。それにもかかわらず、このような答が帰ってきたことから、勤務年数、階級、教育程度が等しければ、どのレベルをとっても、一兵科または数兵科における昇進機会が少なければ少ないほど、質問に対する意見はより肯定的になる傾向がある、という結論が引き出されたのである(10)。スタゥファーらは、「相対的剥奪」なる用語を用いているわけではないが、この逆説的反応を説明するのが、まさに

89

相対的剥奪の概念である。彼らの説明によると、昇進率が一般に高いと、集団成員の希望と期待が過大になり、その結果、ややもすると各自は自分の現在の地位に不平を抱き、昇進のチャンスについて不満（つまり相対的剥奪）を感じるのだという。要するに、航空隊の昇進は、他の兵科の昇進に比べて頻繁ではあるけれども、早く出世した人々の実際の昇進によって航空隊内にかき立てられた期待および熱望に対して、それは立ち遅れるため、その結果、相対的剥奪が生じてフラストレーションが大きくなる、というのが以上の論旨と言えよう。

　このように解釈される相対的剥奪論に対して、しかしながら、ハーシュマンは、時間次元（time dimension）に十分な注意を払えば、別の解釈が成り立ちうることを示唆する。[11]

　スタゥファーらのこの調査は、戦争もむしろ終りに近い頃、1944年に行われた。もしそれよりも以前に類似の調査が行われたならば、そこでの調査結果は、憲兵隊よりも航空隊において、より昇進意欲が高いという常識的な——逆説的ではなく——結論を確認することになったのではないか。フラストレーションが航空隊内に充満するのは、様々な成員がそれぞれの水準に達していて、しかも期待した目標をまったく達成できない場合に限られる。戦争の初期の段階であれば、若干の人々の急速な前進は、「トンネル効果」を生み出し、それは隊の士気を高めたに違いないと推論されるという。

　ハーシュマンが時間次元を採り入れて、相対的剥奪とは別の可能性がありうることを示唆したのには、それなりの理由がある。それは、これまで多くの研究者があまりにも相対的剥奪に目を奪われすぎて、トンネル効果とそれがもたらす結果の重要性を看過している点を注意したいがためである。相対的剥奪を強調しすぎると、トンネル効果はあらゆる状況で見えなくなる。しかしながら、トンネル効果は、次節で述べるとおり、一定の状況下では厳然と存在する。しかも、その存在の影響力は、無視し、軽視してよいほど小さなものでは決してないのである。

第5章　第三世界諸国における経済発展と政治発展の不均衡について

2．トンネル効果の実例

　急速な経済発展を経験しつつある社会では、しばしばトンネル効果が現れて、それが所得不平等の拡大に対する耐性を高めうる。ハーシュマンはそのような実例を、1950〜60年代のブラジル、メキシコ、プエルトリコ、ベネズエラに見出しているのであるが、とりわけジュセリーノ・クビチェック(12)(Kubitchek, Juscelio) 政権時代（1955〜61年）のブラジルと、ラサロ・カルデナス（Cardenas, Lazaro）以後60年代までのメキシコは、その最もよい例だという。そこで両国の当時の経済発展状況を素描しながら、トンネル効果がどのように現れているか見ることにしよう。

　ブラジルでは1955年にクビチェックが政権に就くと、「50年を5年で」というスローガンの下、首都ブラジリアの遷都、全国幹線道路の建設、基幹工業の確立という、三大計画を打ち立てた。(13)これらはどれ一つとっても、5年やそこらの短い期間でなしうるような、生易しい事業ではなかった。特にブラジリア遷都は、当時の段階では、「狂気の沙汰」とまで言われたほどである。(14)しかしそれでも、クビチェックは強引に推し進め、60年4月に実現させ、また、道路建設もブラジリア遷都と同様に、突貫工事でブラジリア〜ベレン間2,000キロメートル、サンパウロ〜ポルト・アレグレ間1,200キロメートル、リオ〜バイア間600キロメートルの幹線道路を完成させた。(15)

　一方、工業化についても、積極的な外資導入政策と輸入代替工業化政策を採用、推進し、その結果、自動車や造船工業などの基幹産業が整備されて、工業生産は、1957〜61年にかけて実質年平均10.7パーセント（農業は5.8パーセント）の割合で拡大していった。(16)この時期は、ブラジル史上未曾有の成長期であり、ハーシュマンの言う「開発の大波」(vigorous surge of development)をまさに経験している最中であった。

　しかしながら、このような性急な諸政策は、赤字財政を招き、インフレを悪化させるとともに、所得格差を広げる結果となった。クビチェック退任の1961年1月には、経済の歪みはかなり顕在化しており、こうした状況下にお

91

いては、貧困階層には相当大きな不満が高まっていることは、想像に難くない。ところが、同年2月に行われたファベラ（favela ブラジルのスラム街のこと。また、ファベラの住民はファベラード faveladoと呼ばれる）での意識調査では、以下のとおり、予想外の結果が出ていたのであった。

　1961年2月、この5年間で事態は良くなったか、それとも悪くなったかと質問したところ、ファベラードの約半数は、自分の現状は悪くなっていると答えた。残りのうち10人中3人までが、状況は大体同じままだと見ていた。……ファベラードたちには、事態は目に見えるほどには良くなっていないという一般的感覚があったが、それは、繁栄への道としての工業化理念に何らの幻滅も彼らに与えるものではなかった。ファベラードは、国の経済成長が彼自身のような人々に対して利益をもたらしていることを否定していない。彼は、彼自身の状況が大して変化していないとしか言わないのである。かくして上の質問後直ちに、工業的成長は彼ら自身のような人々の利益になったかと質問したところ、その答えの大半は肯定的であった。しかしながら、彼らはほとんど、他人—友人、知人あるいは単なる他のブラジル人—の仕事の機会が拡大している点に置き替えて説明しているのであった。(17)

　この記述のなかから、われわれははっきりとトンネル効果の存在を読み取ることができる。ファベラードの一人ひとりは、自分の状況がほとんど良くなっていないとしながらも、他人—それは仲間のファベラードであるか、あるいはまったくの他人であるかもしれないが—経済的に前進しているのを認めている。しかしながら、前進していないファベラードは、前進している他人に対して妬みを抱いていないし、フラストレーションも高じさせていない。それゆえに、「繁栄への道としての工業化理念」に何らの幻滅も抱いていないのであり、この事実は、取りも直さず、トンネル効果が活発に作用している十分な証拠となろう。

第5章　第三世界諸国における経済発展と政治発展の不均衡について

　次にメキシコであるが、カルデナスによって農地改革と石油国有化が断行されると、革命以来の懸案が大体解決されて、経済発展への基盤が徐々に整っていった。1940年から65年の25年間に、国民総生産は226億ペソから982億ペソと約4倍になり、史上空前の経済成長を記録したのである。これは「メキシコの奇跡」と呼ばれた。そしてこの奇跡を先導したのが工業部門であり、政府は財政援助や輸入制限措置によって国内産業を保護・育成し、また、民間投資を促進するためにインフラストラクチャーや基幹産業への公共投資も積極的に行った結果、工業部門は40年代には8.1パーセント、50年代には7.3パーセント、60年代には8.8パーセントという高い成長率を達成したのである。

　しかし、このような高い成長記録も、1968年の一連の反体制運動の頃には危機に陥り、この反体制運動は「トラテロルコの虐殺」（Tlatelolco massacre）によって一応の収拾を見たものの、「メキシコの奇跡」も終りを告げたと言ってよかった。50年代、60年代のこのような状況下で、メキシコの下層階級の人々によって持たれた意識傾向はどうであったかというと、バーキン（Barkin, David）は次のように観察していた。

　　個人的前進の可能性が、たとえ限られているにしても、すべての部門の下層階級の人々によって持たれている発展過程への失望は、予想したほど大きくないことが見出されるのには、一つの理由がある。教育の普及と移民の増加につれて、個人的前進を達成する比較的容易な方法が、数多く存在するからである。したがって、ある個人は新しい仕事を得ることができなかったり、あるいは自分の所得ないし地位が全般に上がらなかったりした場合でも、それにもかかわらず、彼の知り合いの一人ないし数人は、これらの点で成功を収めていることがありうるのである……。

　上の引用を補足して言うと、ある個人は新しい仕事が得られなくても、また所得や地位が上がらなくても、「個人的前進を達成する比較的容易な方法

93

が、数多く存在する」ので、これらの点に関して成功を収めている人を間近に見れば、前進への期待がわいてくる。前進への期待は、すなわちトンネル効果であり、この時期のメキシコには、クビチェック政権時代のブラジルと同様、トンネル効果の典型的状況が現れていたのである。

3．トンネル効果の反転状況

　以上に述べたトンネル効果仮説の一つの含意は、急速な経済発展を経験している社会のなかで、ある個人が他人の経済的前進を見ると、自分もその前進に参画したい、またその可能性があると期待し、そしてこの期待感が持たれている限り、社会内の所得格差に対する耐性は高く、したがって、社会的コンフリクトの発生を未然に防いでいるというものである。しかし、トンネル効果には、いま一つの含意がある。それは、もしこの期待が実現されなければ、トンネル効果の反転状況が生じて、所得不平等に対する耐性は下がり、恐らくそれは社会的コンフリクトに帰着するだろうというものである。

　かくして、トンネル効果は社会的コンフリクトの「安全弁」(safety valve)としての機能を果たしているわけであるが、この種の議論は、すでに政治社会学において社会移動論 (theory of social mobility) として広範な研究がなされてきている。社会移動論では社会移動者自身の観点から考察されているのに対して、トンネル効果仮説においては、置き去りにされた人々に焦点が当てられているという違いがあるものの、トンネル効果の反転状況との関連から、社会移動論についても触れておかなければならない。

　「社会移動とは、個人の社会的地位の移動である」[22]と定義され、また、「『社会移動』という用語は、社会の一般的合意に基づくヒエラルキー的価値が与えられている一地位から他の地位へと移動する過程を指す」[23]と規定される。一般に、急速な工業化は社会移動率の上昇をもたらすことが認められているが、しかしながら、工業化の結果としての社会移動率の上昇が社会に及ぼす影響に関しては、二つのまったく異なる見解が表明されている。すなわ

第5章　第三世界諸国における経済発展と政治発展の不均衡について

ち、一つは、高い社会移動率が社会に安定的な影響を及ぼすという見解であり、いま一つは破壊的効果を持つというものである。

　前者の立場からは、アメリカやイギリスのような国での工業化に随伴した、下層階級の実質所得の上昇ならびに個人的上昇移動率の増大は、安定した民主的諸制度の前提になっており、急速にも成功裡にも工業化しなかったイタリア、スペイン、フランスのような国では、確かに根の深い社会的緊張や政治的不安定に悩まされてきた、と主張される。したがって、発展途上国は急速な工業化を促進することが、政治的、社会的安定につながると主張されるのである。

　他方、後者の立場からは、工業化と高い社会移動率は、構造的不安定を生み出し、秩序ある政治過程を破壊すると言われた。例えば、ロシアでは20世紀初頭の数年間に、きわめて急速な工業化を経験していたが、ロシアでのストライキの広がりと革命運動の高まりは、多くの点で工業化の結果であったし、ノルウェーでも、同時期に類似の工業化過程を経験していたが、労働組合員および社会主義者の大多数は共産主義運動に参加したと指摘されたのである。[24]発展途上国の多くに見られた暴力状況、政治的不安定は、まさにこのパターンの繰返しだと言われている。[25]

　このように二つの見解が相対立したままなのは、どのような条件下で工業化と高い移動率が政治的、社会的安定を強化しがちであるのか、あるいは侵蝕しがちとなるのかを特定化する努力がこれまでほとんど払われてこなかったからであるが、[26]社会移動の安全弁としての機能に対しては、かなり以前から疑問視する向きがあった。[27]そしてその論拠として、しばしば引合いに出されたのが、トクヴィルの次のような主張である。

　　通常、政治的革新の最大の敵としての階級を形成している金利生活者たち、商人たち、工業家たちは、現存政府がどのようなものであろうと、最も親しい友なのであり、また、この階級は、自ら軽蔑し、または嫌っている法律に最もよく服従しているのである。ところが今回彼等は、改

95

革について、最も熱烈な最も断乎たる支持者となって立ち現れることになった。このとき、この階級は、全財政制度における完全な革命を求めて大きな声で叫んだのである。(28)

　トクヴィルの言うような金利生活者や商人、工業家などは、「富」という次元において成功を収めた上昇移動者である。しかしながら、上昇移動者は、突然に社会の柱石になるわけではなく、それどころか、かなり長い間、不満・破壊分子的存在である。その主な原因は、不十分かつ不完全な移動現象にある。つまり、例えば「富」のような社会身分上の一つの次元をどんどん登っていける移動者は、多くの障害、硬直性、差別的慣行のために、他の次元を登っていくことを妨げられ、また、伝統的エリートによる全面的受容を受けられないでいると考えており、その結果、彼らはあらゆる努力と達成にもかかわらず、現実には「成功していない」と感じているのである。そのため、彼らは伝統的支配形態を取り去ることを期待して、革命的な教義や方法をしばしば採り入れることになるのである。
　上昇移動者に関する以上の議論を踏えて、ハーシュマンは社会移動とトンネル効果の二つの要素から、政治的、社会的安定ないし不安定の問題を解釈し直す。まず、今述べたばかりの局面を通じて、フラストレーションと持続的疎外感は、上昇移動者の宿命であるのに対して、非移動者は、事態はもう少しで良くなるはずだとの期待から満足を引き出す（トンネル効果）。非移動者は、この段階で移動者の生活の向上しか目に入らず、移動者の直面するフラストレーションや疎外感にはまったく気づいていないものと想定される。
　第二の局面では、対称的な切替えが生ずる。つまり、上昇移動者は統合される、すなわち、「富」以外の一切の次元においても上昇移動するようになる一方で、非移動者は、上向きのうねりに加わるという当初の希望を失い、現存秩序の適対者に変わる（トンネル効果の反転状況）ということである。しかしながら、この第二の局面が二つのグループで同時に起こることは、「まずありそうにない。この二つの急変が同時に起こらないというのは、明らか

第5章　第三世界諸国における経済発展と政治発展の不均衡について

にノームである」[29]という。置き去りにされた人々は、依然としてトンネル効果を経験する一方で、上昇移動者は統合されるようになるかもしれない。また、それに代わって、しかもより興味深いことに、移動者は依然として不満分子的存在である一方で、非移動者は、前途への希望が覚めてしまうという方向転換を経験するかもしれない。この最後の状況は、明らかに革命などの社会的激変の可能性を多くはらんでいると言えよう。

　ところで1960年代に、革命の原因を、「革命は貧困の増大から生ずる」というマルクス主義的命題と、「革命は繁栄から生ずる」というトクヴィル的命題とをいわば折衷させる形で理論化する試みがなされている。デイヴィス (Davies, James C.) の「Jカーブ」仮説がそれで[30]、この理論は非マルクス派から多くの支持を受けてきた。

　デイヴィスは、経済および社会が長期にわたって客観的発展を見せた後で、短期の急激な反転状況がそれに続くとき、革命は勃発する可能性が最も高いという。政治的安定ないし不安定は、確かにデイヴィスの言うとおり、社会の心的な状態、つまりムードに依存する。革命を生み出すのは、食料の供給が「十分」であるとか「不十分」といった、あるいは自由や平等の享受が「十分」であるとか「不十分」といった、そのような実体的な事柄よりも、むしろ心的な不満状態である。この不満状態は、経済の急激な下降によって、現実の欲求不満が期待したそれとかけ離れすぎ、その乖離の責任が政府にあるとされるとき、言い換えれば、期待した欲求満足の機会を政府が禁圧していると見なされるとき革命は勃発する、というのがJカーブ仮説の要旨である。

　デイヴィスの言う「短期の急激な反転状況」は、長期の躍進の後に来る経済実績の突然の下降を意味しており、トンネル効果の「反転状況」における含意とはまったく異なった内容のものである。しかしながら、ハーシュマンに言わせれば、「そのような下降は、動乱の出現可能性を確かに高めるが、決して不可欠なわけではない」[31]という。人々が既成秩序の支持者から敵対者に変わるのは、もっぱら時間の経過の結果として起こるものであって、特定

97

の外的事象がこれを引き起こすものではない。トンネル効果が擦り切れて無くなったときが、危機のときである。しかし政府、支配者は、このトンネル効果が枯渇する時期について、すなわち世論傾向の急激な変化を警戒しなければならない時期について、誰からも何も予告を受けることができないのである。むしろ、政府、支配者は、トンネル効果を誰もが楽しんでいるように見える初期の安逸さに騙されて、自己満足しきっている場合がほとんどである。トンネル効果が擦り切れかけていることに気づかず、彼らは突如としてトンネル効果の反転状況に苦しめられるのである。1968年のメキシコのトラテロルコの虐殺や、同じく68年のブラジルにおける左翼運動に対する軍部による弾圧[32]は、体制側が、トンネル効果の反転状況に対して安直な対応策をとった典型的な事例と言えよう。

4．トンネル効果の発現条件

（1）一元的社会と分割的社会

　どのような社会でトンネル効果は発生し、力を得ていくのか。そしてどのような条件の下で、かなりの長期間継続し、あるいは急速に衰微して、トンネル効果の反対作用である失望、疎外感、社会的不正に対する憤りへと変化していくのか。これらの点を明らかにすることは、トンネル効果の現実的有用性を確定する上できわめて重要となる。

　トンネル効果が存在するための、そして十分に強力であるための第一条件は、非前進集団が前進集団に対して、少なくともしばらくの間は感情移入できなければならない、という点である。換言すれば、この両集団は越えがたい、あるいは越えがたいと感じ取られるような障壁によって隔てられてはならないということである。したがって、階級線（class line）が流動的であるか硬直的であるかによって、トンネル効果の発現し作用する余地は大いに異なってくる。

　経済成長がいかに不均等に進行しようと、社会全般に強力な前進があれば、

第5章　第三世界諸国における経済発展と政治発展の不均衡について

それは種々の階級の成員に有利な、新しい経済的前進をもたらす可能性があり、それゆえ、各社会階級内で非前進者が当初において、前進者に感情移入する限り、トンネル効果は常に発現するものと考えられる。これに対し、各階級が、成長過程に特異的に巻き込まれているエスニック・グループないし宗教集団で構成されている場合には、トンネル効果は発現しにくい。したがって、一元的社会（unitary society）と分割的社会（segmented society）との対比は、トンネル効果の発現という点に関して大いに関連を持つ。

　分割的社会のなかで、経済進歩が一つの特定のエスニック・グループないし言語集団、あるいは一つの特定の宗教成員ないし地域成員に密接に結びついているのであれば、無視され置き去りにされた人々は、トンネル効果を経験することはなかろう。その場合には、非前進者たちは、前進集団によって不正に搾取されているという確信を抱くにちがいない。かくして、非前進集団は、トンネル効果に含意されているものとは反対の予測、つまり別の集団の前進の結果として自分たちはより悪い状態に陥るだろうと予測することになろう。

　非前進者のこのような反応は、相対的剥奪ではなく絶対的剥奪（absolute deprivation）に対するものである。この種の反応が生ずる可能性については、次節で言及するとして、ともかく、きわめて分割的な社会では、トンネル効果の利用可能性という点から、非分割的社会でしか政治的に実行できない開発戦略は、採用すべきではない。もっと具体的に言えば、資本主義的な開発戦略は分割的社会には不適切だということになる。

　このような社会で資本主義的な方向を進んでいけば、非前進者の不満はますます大きくなり、その不満を抑えるための強制の度合いも大きくなる。その強制が強まれば強まるほど、それに対する反発も大きくなるのが常である。1967年から76年にかけてナイジェリアに起こった内乱（ビアフラ戦争）は、資本主義的戦略によって不均等に経済発展したため、部族間対立が一層激化し、内乱となった開発災害の最も顕著な一例と言われる。[33]

　分割的社会においては、確かに資本主義的開発戦略は不向きである。しか

し、だからといって、直ちに社会主義的方策が好ましいかというと、そうでもない。問題はそれほど易しくはない。というのは、社会主義的体制においては、中央集権的な意思決定が特徴であり、その意思決定は、分割的社会では、ある部族には歓迎されるかもしれないけれども、他の部族にとっては不満の種となるかもしれない。政府の意思決定がすべての部族社会に浸透するとは考えられず、したがって十分に機能しそうにないからである。このように分割的社会においては資本主義的戦略も社会主義的方策も適さないとすれば、どのような方法が最善なのかという問題が当然出てくる。だが残念なことに、ハーシュマンはこの問題に対して、確たる答えは出していない。ただ、分割的社会が発展の過程で分裂するのは、そうなるべくしてなったのであり、無理に統一しようとしたところに根本的な不幸があったことだけは確かである。

　分割的社会の一変形に、外国人および外国企業によってほとんどの経済的機会が創造され、掌握されている社会がある。このような状況下でもトンネル効果はうまく機能しない。発展過程において外国資本ならびに外国人熟練者の役割が増せば増すほど、地元エリートの大部分を含む現地住民の側に、その発展過程にやがて参加するのだという期待は、ますます現実性が乏しくなる。したがって、この場合、発展の初期の段階においてさえ、不平等に対する耐性は低く、そのため社会的、政治的安定を維持するための強制の度合も高くならざるを得ない。その結果は、分割的社会の場合と同様のものとなる。

　ところで、トンネル効果の発現に影響を及ぼす国内的同質性は、人種、言語、宗教などの単一性といった静態的特徴の点から定義されるのが通例である。だが、他にももっと効力の大きい同質化因子がある。それは、一集団の全成員に共有されている強烈な歴史的経験である。戦争や革命は、そのような経験の典型であると言ってよく、それゆえ、トンネル効果は、戦後社会、革命後社会においてその最も大きな力を発揮する場合が多い。例えば革命について言えば、それは多くの場合、ある種の不平等を絶滅するために起こる

第5章　第三世界諸国における経済発展と政治発展の不均衡について

のであるが、しかしそうした革命の後には、また革命の後であるがゆえに、その社会は、もし新たな不平等が現れてもそれに対して非常に高い耐性を備えていることがある。メキシコ革命とその後の数10年間にも及ぶ、きわめて不均等な発展は、その好例だという。[34]

（2）「帰属」面からの考察

　上述のとおり、トンネル効果の発現と機能は、一国の一元性に大きく左右されるが、他にも、他人の前進を見た個人が、その原因がどのような点にあるのかという帰属（attribution）の仕方にも依存する。[35]

　ある人が経済的に前進したとき、それを目撃した他者が、その原因は主として運（chance）にあるのだと考える、すなわち帰属するならば、この前進はトンネル効果の誘因となりうる。目撃者は、次に幸運が訪れるとすれば、自分が当然その幸運にあずかる番だと思って、前進への期待を募らせる。つまりトンネル効果が生ずるのである。これに反して、他人の前進が最初から縁故主義（nepotism）や、依怙贔屓（favoritism）、あるいは類似の不公正な慣行に帰属されるならば、利益の分け前にあずかっていない人々は、何ら参加の喜びはわかず、したがってトンネル効果の生ずる余地はない。

　また、あまりありそうにないことだが、他人の成功がその人の能力や勤勉さなどのすぐれた資質や長所に帰属されることがなくはない。その場合には、非前進者は、自分が前進しないことの責任をただ自らに負わせるのみだろう。その結果は多様となる。非前進者は、そこで成功を収めている成員に対して、ただ敬意を払うのみであるか、生まれつき裕福な人に対しては妬むかもしれないし、あるいは自らの努力を倍加することによって成功者と張り合おうとするかもしれない。

　けれども、他人の成功の原因をその人の資質や長所に求めるよりも、むしろ欠点や欠陥に求めることの方が可能性は大きい。人は他人のようにうまく立ち回れないとき、それを合理化するために、しばしば次のように言う。「私は彼のように冷酷、無節操、卑屈な行動をとってまでも出世したいとは

思わない」と。成功の原因に関するこの種の帰属は、トンネル効果の成り行きという点では、長所、資質に帰属した場合と変わらない。このような帰属によって、非前進者は自らの生活状況に満足しきっていることがありうるし、または次の時点で、今までよりももう少し冷酷、無節操、卑屈等々になることだってありうる。すぐれた能力を示したり、勤勉であるよりは、卑屈であったり無節操であったりする方が易しいので、他人の成功の原因をその人の資質ではなく欠点に帰属せしめることの方がはるかに多いのである。

　ハーシュマンは、この帰属とトンネル効果の関係について、帰属理論の新しい成果を採り入れながら次のように結論している。

　　社会心理学の比較的新しい分野である帰属理論は、人間行動のこの部分に光を当てようとしている。事故の目撃者は、その事故の責任をどの程度まで、不運ではなく、事故に巻き込まれた人に負わせるかを研究するための数々の実験が工夫されている。一般に目撃者は、『防衛的帰属』(defensive attribution) に訴えるのが明らかになっている。つまり、彼は彼自身にこの不幸な出来事が起ころうはずがないという保証を得るため、この事故が関係者特有の欠陥によるものだという何か良い理由を捜そうとするのである（そのような理由が見つからない場合にのみ、言い換えれば、責められるべき人〔事故を起こした人〕が、自分と類似していたり、非常に類似した行動をとっていた場合にのみ、後者は前者を無罪とし、その代りとして運命のせいにしようとする）。他方、ある人が事故に巻き込まれるのではなく、幸運を経験しているとすれば、目撃者はその幸運を、その人の長所によるのではなく、運によるものだと考えがちであり、それによって、同様の幸運が自分を待ち受けているという希望を抱くのである。これらの調査結果は、人間性をありのまま映し出していると同時に、トンネル効果の作動に不均整を導入している。つまり、トンネル効果は、後方においてよりも前方において強力だという不均整であり、他人の前進にやがて自分も参画したいという期待は、退歩する他人を追いかけて

第5章　第三世界諸国における経済発展と政治発展の不均衡について

いくという予測よりも明らかに強いであろう。[36]

　以上のような帰属の仕方は、基本的にその社会の意思決定体制に依存する。意思決定体制が大体において分権化されていると人々によって感得されていれば、個人の前進は運、あるいは恐らく長所（ないしは短所）に帰属され、意思決定が集権化されていると知られていれば、そのような前進は不公正な依怙贔屓、あるいはまた長所に帰属されるだろう。前述したように、長所に帰属されることは、あまりありそうにないことなので、分権的意思決定は、成功の獲得が運によって説明されることを可能にし、それゆえトンネル効果を十分に機能させる一層の助けとなるのである。要するに、トンネル効果の発現条件に関するこれまでの議論をまとめて言えば、社会が非分割的で、なおかつ分権的な意思定体制を有している場合には、その社会はトンネル効果の発現する可能性がきわめて高いということである。

5．もう一つの可能性

　以上において考察してきたトンネル効果を一言で表せば、トンネル効果とは、個人Bが前進すると、それによって個人Aも彼自身の地位の向上を予測するようになる、その期待感のことである。また、不況が拡大しつつあるようなときには、逆のトンネル効果、つまりBの経済的後退によって、Aが不安を抱くという状況についても簡単に言及した。この二つのケースを混合したような状況が想像できる。Aはある状況の下で、Bの前進がA自身の厚生に否定的な影響を及ぼしそうだと感ずることがある。現実には、この種の想像はさほど無理なものではない。資源の利用が厳しい数量に限られている、ゼロサム・ゲームに自分たちが巻き込まれていると確信している成員から成っている社会では、こうした予測がなされる可能性がある。フォスター（Foster, George M.）は、農民社会の成員に一般に持たれている「有限財のイメージ」（image of limited good）[37]を定式化して、このような状況を説明する。

〔村民は〕自分たちの社会的、経済的および自然的宇宙（universes）—彼らを取り巻くすべての環境—を、土地その他の形態の財産、健康、友情、愛、男らしさ、名誉、尊敬、権力、影響力、安心、安全などの生活上望ましいほとんどすべてのものが、村民の最低限の欲求を満たすに十分でない絶対量において存在するそれだと見なしている。……財が有限量において存在するならば、そしてその体系が閉鎖的であるならば、個人ないし家族は、他人を犠牲にしてしかその地位を高めることはできない、ということになる。このため、財—特に経済財—に関する誰かのはっきりと目に見える向上は、その共同体全体の脅威と見なされるのである。一定量の財しか利用できないので、そう思おうと思うまいと、誰かが略奪されている。しかも、誰が失いつつあるのかに関して、それは自分自身であろうという疑念があるので、どんな暗示的な向上も、一個人ないし一家族に対する脅威としてではなく、すべての個人および家族への脅威として知覚されるのである。[38]

フォスターの言うこのようなイメージが実際に、ある社会に広がっているとしても、そのなかの相対的多数の人々（集団B）が自分たちの地位を改善し、他の人々（集団A）がそのままだとすれば、AおよびB集団ともこのイメージを捨て去ることになろう。しかし、過去の経験の結果として、集団Bの上昇も、集団Aの不変もすべて一時的なものだと見なされ、捨象されてしまえば、このようなイメージは保持される。さらに重要なのは、もし集団Bの前進が逆転不能であると思われれば、Aの生活が間もなく下降するはめに陥るという予測によってのみ、このイメージは保持されうる、という点である。フオスターは、このイメージの結果、「妬みの蔓延」（prevalence of envy）[39]が農民社会の特徴をなしているという。

けれども、Bの前進によってAの否定的なイメージが生まれるのは、妬むからではなく心配するからである。集団Aの人々は、彼の現時点での世界観

に基づいて、生活状態が直ちに悪くなるだろうと予測せざるを得ないのである。集団Bの前進によって、集団Aの人々が不幸になるとすれば、それは相対的剝奪が存在するからではなく、絶対的剝奪が予想されるからである。

　持続的な成長を経験していない社会において、一集団の成員がその経済的地位を高めつつ、他集団の成員が変動のないままだとした場合に、後者の人々のとりうる反応の仕方には、二通りが考えられる。一つは、低成長がこのまま引き続いて絶対的剝奪を予想するか、いま一つは、何かの拍子に経済的拡大が生じてその利益の分け前にあずかりたいと期待する、その二通りの反応である。どちらの反応がとられやすいかは、大体において、一集団の前進が他集団の成員によって逆転不能なものだと感得されるかどうかにかかっている。そのような感得は、社会が硬直的であるか流動的であるかによって決まる。前述のとおり、社会が分割的で、意志決定体制が集権的であれば、逆転不能だと感得される可能性は大きく、逆に非分割的で、分権的意志決定体制であれば、そのような感得はなされにくいと考えられる。前者であれば、非前進集団の成員には、「長期間にわたって築いてきた経済的基盤がまたたく間に失われてしまうかもしれない恐れ」が存在し、「革命的な心的状態」が充満する。それに引き換え、後者では、トンネル効果が作動して不平等耐性が高く、その作動期間中には、人々は体制に対してきわめて順応的となろう。しかし、トンネル効果が存在している間に、不平等の調整が政府指導者によってなされなければ、トンネル効果の反転状況が生じて、結果の点で前者と何ら変わらなくなる可能性をはらんでいる。

おわりに

　トンネル効果は、他人の前進によって生ずる喜びであり、この喜びがある限り、所得の不平等に対する耐性は相当に高く、この高い不平等耐性を利用して、政府は、成長と所得分配の平等という経済上の二大課題を連続的に解決できる可能性がある、というのがハーシュマンの以上の議論から導き出せ

る政策的結論である。「連続的に解決できる」とは、成長を持続させつつ、トンネル効果の作動している間を利用してその不平等の修正を図ることができることを意味している。しかし現実には、それはかなり難しいことであろう。トンネル効果の存在さえ気づかれない場合が多く、そのためにトンネル効果の枯渇によって生ずる反転状況に苦しむことになるのである。ブラジルやメキシコの例はその典型であった。

　他方、社会的、政治的あるいは心理的構造ゆえにトンネル効果が脆弱であったり、存在しない場合には、成長と所得の平等という二つの課題は一挙同時に解決が図られなければならない。しかしながら、二つの課題を一挙に解決することは、連続的に解決を図る場合よりもはるかに困難な企てである。そのような国は、西欧諸国が解決まで数世紀間を要したような難事業を、きわめて短期間のうちに解決を迫られているのである。その失敗例がナイジェリアの内乱であり、パキスタン分裂であると言えるだろう。

　以上のことから、発展途上国の「開発災害」、「政治災害」は、トンネル効果がそこに介在したか否かによって二種類に区別される。第三世界の政治的、社会的不安定状況を今後研究していく場合には、二種類の「災害」のありうることを認識した上でなされる必要があり、ハーシュマンのトンネル効果仮説は、第三世界研究における一つの指針を示すものでもある。また、トンネル効果仮説は、従来の貧困命題（poverty thesis）[41]―経済的、社会的後進性があらゆる不安定の原因であり、したがって近代化が安定への道を開くという命題―に重大な修正を迫るものでもある。

　近代化と政治的安定との間には何ら明白な因果関係のないことは、すでにハンチントンによって指摘されているところではあるが[42]、ハーシュマンはそれをさらに一歩押し進めて、トンネル効果の観点から発展途上国の「政治災害」の原因を究明しようとするのである。経済発展と政治的不安定の関係は、政治学と経済学の協力がなければ解明の糸口さえつかめず、またそれだけでも十分でないほど複雑な問題である。そのためハーシュマンは、既存の経済学が普通、取り上げることのない領域、相対的剥奪論、社会移動論、Ｊカー

第5章　第三世界諸国における経済発展と政治発展の不均衡について

ブ仮説、帰属理論にまで深入りする（trespass）ことになるのである[43]。

　他人の前進によって生ずる喜びや期待感は、本来は心理学で論じられるべき領域であろうし、どういう社会条件下でそれが生じやすいかを研究するのは、社会学および社会心理学の役目であるかもしれない。また、トンネル効果の反転状況としての政治変動や社会的コンフリクトは政治学、政治社会学が取り上げるべき問題だと言われるかもしれない。しかしながら、経済発展と政治発展の関係という、いわば学問領域の境界線上にある問題においては、そのような立て割り論は意味をなさない。ハーシュマンが他領域へ踏み込んでいったのは、言うまでもなく、開発災害、政治災害を含めた開発問題を理解するためのものである。彼の思考の中心には常に開発問題があり、そこを出発点としての他領域侵入であって、この点は強調されてしかるべきである。

　最後に、トンネル効果仮説における問題点を二点ほど記しておきたい。第一は、トンネル効果が衰微あるいは枯渇する時点を予測するための指標が、十分に提示されていない点である。ハーシュマンは、「所与の国が十分にトンネル効果を提供されるか否かを述べるのは不可能であろうし……現れた事実だけが物を言う[44]」としているが、もう少しキメの細かい分析が望まれるところである。第二は、トンネル効果の反転状況の記述に関してである。ハーシュマンは、反転状況の実例として、1968年のブラジルとメキシコを挙げているが、トンネル効果がどういう過程を経て反転状況へと移行するのか、具体的な記述がなされていない。そのため、この関係がいささか曖昧になっている感がぬぐえない。けれども、これらの点を云々するのは、枝葉末節の事柄であるかもしれない。トンネル効果仮説は、大筋においては非常に説得力があり、開発と政治的、社会的安定および不安定の問題を扱うすべての学問分野に重要な一石、しかもそれは、トクヴィル以来の貴重な一石を投じたものと評価できよう。

注

　（1）Alexis de Tocqueville (1856). *L'Ancien Regime et la Revolution.* 井

伊玄太郎訳（1974）『アンシャン・レジームと革命』りせい書房、301頁。邦訳書としてはこの他に、井伊玄太郎訳（1997）『アンシャン・レジームと革命』講談社学術文庫、および小山勉訳（1998）『旧体制と大革命』ちくま学芸文庫があるが、本章における引用は、りせい書房版によっている。

（2）Albert O. Hirschman (1981). *Essays in Trespassing: Economics to Politics and beyond.* Cambridge: Cambridge University Press, p.2.

（3）Samuel P. Huntington (1968). *Political Order in Changing Societies.* New Haven: Yale University Press. p.3. 内山秀夫訳（1972）『変革期社会の政治秩序（上）』サイマル出版会、5頁。ハンチントンは次のように指摘している。なお、国名の表記は、当時の呼称による。

　　第二次大戦後の20年間に、ラテンアメリカ20ヵ国中17ヵ国でクーデターが成功した（メキシコ、チリおよびウルグアイのみが立憲過程を維持していた）。北アフリカおよび中東では半ダースの諸国（アルジェリア、エジプト、シリア、スーダン、イラク、トルコ）、西アフリカおよび中央アフリカでも同数の国々（ガーナ、ナイジェリア、ダオメー、オートボルタ、中央アフリカ共和国、コンゴ）、そして様々なアジア社会（パキスタン、タイ、ラオス、南ベトナム、ビルマ、インドネシア、韓国）でクーデターの成功があった。革命暴力、暴動およびゲリラ戦が、ラテンアメリカではキューバ、ボリビア、ペルー、ベネズエラ、コロンビア、グァテマラ、ドミニカ共和国を、中東ではアルジェリアとイエメンを、アジアではインドネシア、タイ、ベトナム、中国、フィリピン、マレーシア、ラオスを苦しめていた。人種的、部族的ないし地域社会的暴力ないし緊張がギアナ、モロッコ、イラク、ナイジェリア、ウガンダ、コンゴ、ブルンジ、スーダン、ルアンダ、キプロス、インド、セイロン、ラオス、ベトナムを分裂させた。ラテンアメリカではハイチ、パラグアイ、ニカラグアのような旧式な寡頭独裁体制が、脆弱な警察基盤支配を維持していた。東半球ではイラン、リビア、アラビア、エチオピア、タイにおける伝統的政治体制が革命破壊に瀕してよたよたしながらも、自らを改革すべく紛闘していた。

（4）Hirschman (1981). p.20.

（5）Hirschman (1981). p.40.

（6）James S. Dusenberry (1949). *Income, Saving, and the Theory of Consumer Behavior.* Cambridge, Mass.: Harvard University Press. Ch.3. 大熊一郎訳（1955）『所得・貯蓄・消費者行動の理論』巌松堂。

第5章 第三世界諸国における経済発展と政治発展の不均衡について

（7）P．タウンゼンド（1977）「相対的収奪としての貧困—生活資源と生活様式」D．ウェッダーバーン編　高山武志訳『イギリスにおける貧困の理論』光生館、32頁。
（8）S. A. Stouffer, et. al. (1949). *The American Soldier Vol.1, Adjustment During Army Life*. Princeton, N.J.: Princeton University Press.
（9）森東吾・森好夫・金沢実訳（1969）『マートン・社会理論と機能分析』青木書店、152および155頁。
（10）森他（1969）、167頁。
（11）Hirschman (1981). Footnote 16, p.48.
（12）Hirschman (1981). pp.43-45.
（13）斉藤広志・中川文雄（1978）『ラテンアメリカ現代史1・世界現代史33』山川出版社、259頁。
（14）旧首都リオ・デ・ジャネイロは地理的にも国の端部に位置しており、首都の再配地はブラジル建国以来の憲政上の主要問題であった。しかしながら、資材を運搬する道路や鉄道などの社会基盤（インフラストラクチャー）がまだ十分にそろわないのに、クビチェックは新首都建設に踏み切ったために「狂気の沙汰」と評されたのである。斉藤他（1978）、260頁。
（15）斉藤他（1978）、260頁。
（16）マリオ・H．シモンセン著　永野一・堀坂浩太郎訳（1974）『ブラジル経済の奇跡』新世界社、34頁。
（17）Frank Bonilla. "Rio's Favelas: The Rural Slum within the City". in Hirschman (1981). p.44. 傍点はハーシュマン。
（18）1911年5月、独裁者ポルフィリオ・ディアス（Diaz, Porfirio）の国外追放によって成功を収めたメキシコ革命は、しかし1917年憲法の公布をまつで動乱が続き、その後も非常に不安定な状態が続いた。だが、1934年にカルデナスが大統領に就任すると、急進的な改良主義によって、経済的にも政治的にも、それ以後の安定の基盤を形成した。国本伊代・畑恵子・細野昭雄（1984）『概説メキシコ史』有斐閣、141頁。
（19）P．ゴンザレス・カサノバ著　賀川俊彦・石井陽一・小林良彰訳（1981）『現代メキシコの政治』敬文堂、125頁および165頁注（10）。
（20）国本他（1984）、159頁。
（21）David Barkin. "La persistencia de la pobreza en México: un análisis económico estruetural". in Hirschman (1981). p.44. 傍点はハーシュマン。

(22) 安田三郎（1971）『社会移動の研究』東京大学出版会、48頁。
(23) S. M. Lipset and R. Bendix (1959). *Social Mobility in Industrial Society.* Berkley and Los Angeles: University of California Press. pp.1-2. 鈴木広訳（1969）『産業社会の構造』サイマル出版会。
(24) Lipset, et. al. (1959). pp.260-262.
(25) ハンチントンは、社会移動と政治的安定・不安定の問題を必ずしも明言しているわけではないが、工業化を含む近代化（modernization）がむしろ第三世諸国の暴力状況の原因だと観察している。

「実際のところ、近代性（modernity）は安定をもたらすが、近代化は不安定をもたらすのである」「一方における貧困ならびに後進性と、他方における不安定ならびに暴力との外見上の関係は、見せかけのものである。政治的無秩序を生み出すのは、近代性の欠如ではなく、近代性を達成しようとする努力である。貧しい諸国が不安定であるように見えるならば、それは彼らが貧しいからではなく、豊かになろうとしているからである。純粋に伝統的な社会であれば、その社会は無知で、貧しく、そして安定的であろう。しかしながら、20世紀中葉までに、すべての伝統的社会は移行社会ないし近代化途上社会でもあった。世界中に暴力の蔓延を増大させたのは、正確には、世界中に近代化が進展していったことである」Huntington (1968). p.41. 内山訳（1972）、40頁。

(26) Lipset, et. al. (1959). p.262.
(27) 例えば、マーシャル（Marshall, Thomas H.）は、社会移動の安全弁としての機能を認めつつも、その重要性は容易に誇張されすぎると指摘している。そしてマーシャルは、移動が個人的に限定され、かつ競争的努力の結果に依存する場合には、次のような比喩的表現によって、社会移動の安全弁効果に制限を設けている。

「速き者がレースに勝てば、常に大多数の中にいる遅き者は、自分たちの毎度毎度の敗北にうんざりし、レースのまったく無かったときよりも、強い不満を抱くようになる。彼らは、このレースの賞品を受け取る権利があるにもかかわらず不正に剥奪されている、と見なし始める」T. H. Marshall (1938). The Nature of Class Conflict, in R. Bendix and S. M. Lipset (Eds.)(1954), *Class, Status and Power: A Reader in Social Stratification.* London: Routledge and Kegan Paul. p.87.

(28) トクヴィル著　井伊訳（1974）、304頁。

第 5 章　第三世界諸国における経済発展と政治発展の不均衡について

(29) Hirschman (1981). p.47.
(30) J. C. Davies (1962, February). Toward a Theory of Revolution. *American Sociological Review*, Vol.27, No.1, pp.5-19. デイヴィスは革命を、「一つの支配集団を別の広範な人民的支持基盤を有する集団に置きかえる暴力的な市民騒乱」と定義した上で、この仮説を以下のように図示した。横軸に時間を、縦軸に欲求をとり、欲求は無限に増大し続けるという意味で∞のマークが付されている。斜め横に伸びている破線が「期待した欲求満足」を表し、その下の実線部分が「現実の欲求満足」を表している。現実の欲求満足が順調に伸びてきて、それがある時点で急激に落ち込み、現実の欲求満足と期待したそれとの我慢できないギャップが生じると革命が勃発するというものである。そしてこの実線部分が「J」の字を斜め逆に描いていることから、「Jカーブ」仮説と名づけられた。

なお、P．カルヴァート著　田中治男訳（1977）『革命―暴力的政治変動の理論と歴史』福村出版、152～153頁および「訳者あとがき」255頁においても、「Jカーブ」仮説について若干の解説がなされている。

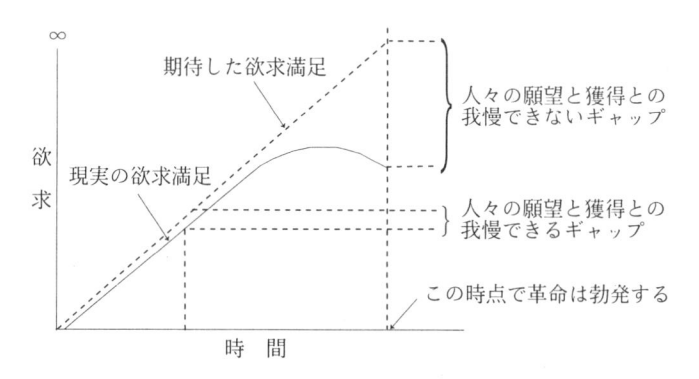

(31) Hirschman (1981). p.48.
(32) ブラジルでは1964年4月に、カステーロ・ブランコ（Branco, Castelo）による軍事独裁政権が誕生した。その後を継いだコスタ・エ・シルバ（Silva, Costa e）は、大統領に就任した翌年の68年12月に、「悪名高き」政令第5号を発令した。それは、(1)立法府の機能を停止させ、行政権が立法を代行する、(2)大統領は必要に応じて地方自治体の首長を罷免して執政官を任命することができる、(3)人身保護法を停止する、というまったくの独裁的、中央集権的、強権的内容のものであった。ブラジルにおけるこの抑圧的体制

は77年まで続いた。斉藤他（1978）、271～279頁参照。
(33) ナイジェリアは1960年10月1日、アフリカ最大の人口を擁する黒人国家として独立したが、その社会構成は、大きく分けて北部のハウサ・ブラニ族、西部のヨルバ族、東部のイボ族という宗教的あるいは文化的背景を異にする部族から成っており、本来融和しえない諸部族が一つに押し込められて作られた合成体以外の何物でもないと言われている。ナイジェリアはこのため、独立当初から部族的対立が存在し、それが石油の利権とからんで（アメリカおよびフランスの石油資本もこれにからむ）、内乱へと発展したものである。岡倉古志郎・鈴木正四（1984）『アフリカの世界―第三世界を知る③』大月書店、117～124頁参照。

なお、分割的社会におけるこの種の開発災害には、ナイジェリアの他に、1971年のパキスタンの「血の分裂」（バングラデシュ独立）の例もある。Hirschman (1981). p.39.
(34) ゴンザレス著　賀川他訳（1981）、126～131頁参照。
(35) 「帰属」は、社会心理学の用語として、他人の成功あるいは失敗を目撃した個人が、どのような原因でそれが生じたのかと評価することを意味している。帰属の体系化を試みた帰属理論（theory of attribution）は、社会心理学のなかでも比較的新しい分野であるが、これについては、J. I. Shaw and P. Skolnick (1971). "Attribution of Responsibility for Happy Accident". *Journal of Personality and Social Psychology*, Vol.18, No.3, pp.380-383およびK. G. シューバー著　稲松信男・生熊譲二訳（1981）『帰属理論入門―対人行動の理解と予測』誠信書房参照。
(36) ハーシュマンのここで取り上げている帰属理論は、Shaw and Skolnick (1971) の論文である。Hirschman (1981). Footnote 21, p.53.
(37) George M. Foster (1979). *Tzintzuntzan: Mexican Peasants in a Changing World* (Revised Ed.). New York: Elsevier North Holland. pp.122-152.
'limited good' は、フォスターの創案による概念で、土地や貨幣といった経済財の他に、幸運や健康のような非経済的、非金銭的要素も含んでいる。フォスターがgoodsではなくgoodとしたのは、その有限性を強調するためと考えられるが、本章では、goodにあえて「財」という訳語を当てた。
(38) Foster (1979). pp.123-124. 傍点はフォスター。
(39) Foster (1979). pp.153-55.
(40) Hirschman (1981). p.57.

第5章　第三世界諸国における経済発展と政治発展の不均衡について

(41) マクナマラ（Robert S. McNamara）は1966年5月18日、モントリオールでの演説で「……暴力と経済的後進性との間には反論の余地のない関係があることに疑問はあり得ない」と述べた。貧困命題は、このマクナマラの発言によって代表される考え方である。Huntington（1968）．pp.40-41参照。
(42) Huntington（1968）．p.41．
(43) ハーシュマンが他領域に侵入していった理由については、*Essays in Trespassing* のPrefaceにおいて次のように説明されている。「経済発展と政治発展の幾つかの主要な難問題をかかえながら進んで行くには、かなりの回り道をし、また他分野に侵入することが必要であると感ずるようになった……」と。吉岡秀輝（1985.3）「書評アルバート・O．ハーシュマン『超学問域論集―経済学から政治学、その他に』」日本大学商学部商学研究所『商学研究』第3号においてもこの問題を取り上げている。
(44) Hirschman（1981）．p.57．

第6章　最貧国における海浜リゾート開発の可能性とその問題点について

はじめに

　従来、発展途上国（developing countries）の開発をめぐる議論では、いかにしたら直接的にこれらの国々を工業化できるかという点に主眼が置かれていた。ハーシュマン（Hirschman, A. O.）によれば、初期の、つまり1940年代後半から50年代にかけて活躍した開発経済学者たちは、農村における過少雇用を低開発経済の決定的特徴と捉え、また工業化の遅れという事実の認識の上に立って、工業化の理論および概念を提示した。輸入代替工業化政策（import-substitution industrialization policy）が当時、多くの国で採用されたが、60年代以降は、世界貿易の急速な拡大に伴って、輸出志向工業化政策（export-oriented industrialization policy）が説得力を増すようになっていった。この輸出志向工業化政策は、後に新興工業経済地域（Newly Industrializing Economies; NIES）呼ばれるようになった香港、シンガポール、韓国、台湾などの目覚ましい発展によって、成功可能性が証明されるに至った。しかし、とはいうものの、他の多くの発展途上国は、いまだに低い水準の工業化しか達成していないのが実情であった。

　こうしたことから1980年代後期以降、発展途上国の間では、「観光」という別の角度から、つまり直接的に工業化を図ろうというのではなく、観光を梃子にして経済発展を、そして間接的に工業化を推し進めたいとの願望が強まってきている。事実、多くの発展途上国で、観光は雇用と投資を刺激し、土地利用と経済構造を修正し、国際収支にプラスの貢献をなしている。発展途上国のなかでも最貧国（least developed countries）の場合には、ほとんどこれといった天然資源を持たず、工業化を促す上での有利な条件に乏しいの

で、このような願望が特に強い。しかし、観光の成長には、経済、社会、文化および環境面でのマイナスの影響もあり、最貧国は特にその影響を受けやすいので、注意深い考察が必要となる。以下では、最貧国の場合には、観光開発のなかでも海浜リゾート開発がなぜ有利であるのか、またその可能性と問題点は何かということを探り、併せていろいろと問題の多い今日のわが国のリゾート開発について考える際の一つの示唆を得ることにしたい。

1. 最貧国の海浜リゾート開発の可能性

1971年、国際連合は、①一人当たりの国内総生産物（gross domestic product; GDP）が350ドル未満であること、②製造工業のGDPへの寄与率が10パーセント未満であること、③成人識字率が20パーセント以下であることの三つの基準から、最貧国として25カ国を指定した。[2] この25カ国は後に、表6-1のとおり31カ国に追加された。これらの国々のうちまったく海岸線を持たない内陸国は15カ国あり、残り16カ国が海浜を有する内陸国であるか島嶼国である（表6-2参照）。

ところで、最貧国の国民が行う国内旅行や、最貧国間の旅行は、まったく取るに足らない量である。発展途上国から最貧国への観光フローが若干見られるものの、それは例外的事例にすぎない。例えば、インド国民はネパールの観光入込客の28.17パーセント、バングラデシュの38.43パーセントを構成しているが[3]、これは主として職業的および家族的つながりや、あるいは宗教的巡礼によるものである。したがって、最貧国は概して、北アメリカ、ヨーロッパ、オーストラリア、日本からの観光入込客に大きく依存することになる（表6-3参照）。

第6章　最貧国における海浜リゾート開発の可能性とその問題点について

表6-1　最貧国（1982年度）

国　名	1982年度人口（百万人）	1982年GNPドル額	1982年度GDPに占める製造工業の割合（％）	1982年度成人識字率（％）
アフガニスタン	16.8	―	―	20
バングラデシュ	92.9	140	7	26
ベナン	3.7	310	7	28
ブータン	1.2	80	―	―
ボツワナ*	0.8	1,010	―	―
ブルンジ	4.3	280	10	25
カーボベルデ*	0.3	340	―	―
中央アフリカ共和国	2.4	310	8	33
チャド	4.6	80	4	15
コモロス	0.3	320	―	―
南イエメン	2.0	470	14*	40
エチオピア	32.9	140	11	15
ガンビア*	0.6	370	―	15
ギニア	5.7	310	2	20
ギニアビサウ*	0.5	190	―	25
ハイチ	5.2	300	―	54
ラオス	3.6	80*	―	43
レソト	1.4	510	6	52
マラウイ	6.5	210	―	25
モルディブ	0.1	―	20*	82
マリ	7.1	180	5	10
ネパール	15.4	170	―	19
ニジェール	5.9	310	8	10
ルワンダ	5.5	260	16	50
サモア	0.1	―	―	―
ソマリア	4.5	290	―	60
スーダン	20.2	440	7	32
タンザニア	19.8	280	9	79
ウガンダ	13.5	230	4	52
オートボルタ	6.5	210	12	5
イエメン	7.5	500	7	21

＊1981年。
出所　World Bank (1983 and 1984). *Development Report*, Table 1 and 3. 山上徹監訳（1989）『観光・リゾートのマーケティング―ヨーロッパの地域振興策について』白桃書房、42頁。

表6-2 内陸国・島嶼国の別

国 名	面 積 (1,000km²)	内陸国	島嶼国
アフガニスタン	647	×	
バングラデシュ	144		
ベナン	113		
ブータン	47	×	
ボツワナ	600	×	
ブルンジ	28	×	
カーボベルデ	4		×
中央アフリカ共和国	623	×	
チャド	1,284	×	
コモロス	2.2		×
南イエメン	288		
エチオピア	1,222		
ガンビア	11		
ギニア	246		
ギニアビサウ	36		
ハイチ	28		×
ラオス	237	×	
レソト	30	×	
マラウイ	118	×	
モルディブ	0.3		×
マ リ	1,240	×	
ネパール	141	×	
ニジェール	1,267	×	
ルワンダ	26	×	
サモア	2.84		×
ソマリア	638		
スーダン	2,506		
タンザニア	945		
ウガンダ	236	×	
オートボルタ	274	×	
イエメン	195		

出所 *Geographical Digest* (1983), pp.5-9. 山上 (1989)、45頁。

第6章　最貧国における海浜リゾート開発の可能性とその問題点について

表6-3　最貧国における出発地別観光入込客（1984年、％）

LLDCs観光地	北アメリカ	ヨーロッパ	南洋州	日本	四者の合計	中南米	アフリカ	南アジア	東南アジア	無指定
ブータン	27	46	3	21	97	na	na	na	na	3
ネパール	12	35	3	4	54	1	0.5	34	9	1
モルディブ	2	75	4	9	90	5	0.5	8	2	1
ガンビア*	na	91	na	na	91	na	na	na	na	9
ハイチ	59	na	na	na	59	na	na	na	na	41

注　na=個別数値として入手不能。このデータは最後列に包含されている。パーセント数値は、四捨五入のために必ずしも加算して100とならない。
出所　World Tourism Organization (1985). *World Travel Tourism 1983-84.* WTO, Madrid.
　＊1981年。International Tourism Quarterly (1983b). *The Gambia National Report* 85.
　山上（1989）、51頁。

　このように最貧国の観光が先進国の旅行者に依存している以上、それが産業として成長するかどうかの可能性を論じるに当たっては、先進国、特にヨーロッパ諸国は、国際観光入込客全体の約70パーセントを占めており、毎年、2億人近い観光客を国外に送り出していることから、ヨーロッパの観光形態ならびに動向を見極めておくことが必要となる。

　ヨーロッパの休暇市場の量産商品は、包括旅行（inclusive tour）ないしパッケージ・ツアーと呼ばれるものである。夏期には、航空移動によるホテル・ベースの、地中海に「太陽と楽しさ（sun and fun）」を求めたユーザー志向の休暇が利用されている。この種の観光は1960年代以来、休暇観光の成長において大きな部分を占めており、1955年から65年にかけて、スペインのコスタ・デル・ソルやコスタ・ブランカ、イタリアのリビエラ・ディ・ポネント、リビエラ・ディ・ルヴァント、アドリア海北部沿岸のリミニ、そして旧ユーゴスラヴィア（現在、クロアチア）のダルマチア沿岸に、新リゾートが開発された。65年以降は、スペインのコスタ・ドラーダ、バレアレス諸島（特にマジョルカ島）、ポルトガルのアルガルブ沿岸、ギリシャのコルフ島およびロード

ス島が開発されており、80年代にはモロッコ、チュニジア、トルコでも類似の開発投資が行われている。

このようなリゾート開発は地中海沿岸やその周辺地域に限らず、さらに進んでインド洋上の群島であるモルディブや、アフリカ大陸西端に位置するガンビアにも及び、しかもそれはきわめて成功を収めてきている。モルディブは、インド大陸の南、南北約740キロメートル、東西は最大約130キロメートルの範囲に散在している群島国で、その数は1,196に及ぶが、陸地総面積は約300平方キロメートルに過ぎず、1982年の人口は推定で10万人(6)と言われている。ガンビアは、周りをセネガルに囲まれ、国土全体がガンビア川流域に帯状に伸びた低地帯で、面積約11,000平方キロメートル、82年の人口は約60万人であった。モルディブの観光入込客数は、1978年では1万7千人を切ったのが、82年には5万2千人を超えており、他方ガンビアのそれも85年には6万人以上に達していた(8)。

モルディブやガンビア以外でも、最貧国の場合はほとんどが熱帯ないし亜熱帯地帯に位置しているので、当然日照時間も長く、海浜国であれば、サンラスト・ツーリスト（sun-lust tourist）、つまり太陽に飢えたヨーロッパ人の観光客を誘致するのに非常に有利な条件をそなえている。多くのヨーロッパ人観光客にとって、往復の旅費は考慮すべき要件であることに違いはないが、その点が克服できれば、訪問相手先の国はどこであろうとさして問題ではなく、彼らにとって最も重要なポイントは、確実な陽光と温暖な気温、ゆったりと寝そべるための砂浜や、海水浴に適した水温、清潔でしかも値段のあまり高くないホテルやレストランが保証されていることである。また、ヨーロッパ人のリゾート観は、豊かな余暇時間を非日常的な空間で、自己実現的に活用する点にあると言われており(9)、この意味でも最貧国の海浜リゾート開発は、ヨーロッパ人観光客を誘致する可能性が大きいと言えよう。なぜならば、最貧国の自然・環境条件は、ヨーロッパ人から見れば、いわばすべてが非日常的だからである。

ヨーロッパ人のサンラスト・ニーズを満たしたのが、ツアー・オペレーター

第6章　最貧国における海浜リゾート開発の可能性とその問題点について

なる旅行業者だと言われる。ツアー・オペレーターは、上述のような新たな観光地の開拓を積極的に行い、1960年代のマス・ツーリズム（mass tourism）の発展において主導的役割を果したのであるが、80年代以降は、そのマス・ツーリズムにも変貌が表われ始めている。つまり、ツアー・オペレーターが仕立てた、単なるホテル・ベースの、夏の地中海型の休暇から、キャンプ場やキャンピングカーなどを利用したホテル外休暇（extra-hotel holiday）、ウィンター・スポーツ観光、アドベンチャー観光などの重要度が相体的に増大してきている。しかもヨーロッパ人観光客の間には、近年、ヨーロッパ以外の観光市場に目を向けつつある兆候が確実に見られるのである。[10]

2．開発のための諸条件

　最貧国における観光開発のための諸条件は、国内、国際両面からの検討を要する。まず国内面では、提供施設やサービスの量と価格、またその組合せがきわめて重要である。観光はホテル、レストラン、レジャー施設といった、より明瞭な特徴に加えて、道路、発電所、上下水道、港湾、空港などの社会的間接資本の整備・充実も必要である。現代の観光のエネルギー要件は高く、エア・コン付きのホテルや、洗練されたサービスは、観光開発のための必須条件となっている。このため、発電能力に対する要件は特に大きく、観光産業の急激な拡大はしばしば電力業界に大きな負担をかけている。その結果、全面的夜間停電が頻繁に起きたり、送電制限がなされたりするが、ヨーロッパ人観光客にとっては、これはとうてい我慢できないところである。

　水の供給についても同様で、乾季には、ひどいときは干ばつになったり、それほどでないにても断水が生じたりする。水の供給設備が十分に完備したホテル施設で観光客が海水浴の後、気ままにシャワーを浴びるのを、もし地元住民が目の当たりにする一方で、1日にバケツ1杯分の水しか与えられない、実際、それほどの水不足をきたすことが珍しくなく、そうなれば、後ほど述べるような住民の側に大きな反感を招くことにもなろう。逆に雨季に入

ると、台風や洪水といった災害に見舞われやすい。低地帯で洪水が発生すれば、その間は、まったく海浜レジャー活動は不可能になるし、食料の汚染や、コレラ、マラリアなどの水に関連した疾病の脅威も出てくる。そのような災害を克服する努力がなされなければ、観光開発はとうてい成功にはおぼつかないだろう。

　観光開発に際して生じる、国内面での他の経済的隘路は、熟練労働や経営的専門知識の供給が限られている点である。経営的・専門的な職業機会は、観光の場合、比較的わずかしか創出しないが、必要な専門的熟練労働を国内で得ることができなければ、輸入労働に頼るしかない。そうなると、せっかく観光によって得た外貨も国外に流出してしまうし、開発のための資本不足をより一層きたすことになる。

　他方、国際面では、次の点が指摘できる。最貧国では、観光投資のための資本不足が、観光開発の重大な阻止要因になっている。最貧国は輸出品の提供が非常にわずかなので、輸入品の代金決済ができないほど資源基準が貧弱だという特徴を共通に見せており、第一次産品の実質価格の低落がこれらの国々の購買力を相当に低下させてきた。ほとんどの国では、開発プロジェクトに融資するために、貧弱な国内貯蓄を補足する対外資本源を必要としている。国内貯蓄と政府財政水準の低さが、観光産業への国内参入の度合いを制限している。そのため、最貧国の観光開発は、外国投資パターンのまったく意のままになってしまうのが実情である。しかし、もし何らかの理由で、最貧国が外国投資をまったく引き付けることがなければ、観光開発はスタートをきることができないであろう。いくつかの発展途上国においては、まさにそのような投資が行なわれているが、外国所有の度合いが、マクロ・レベルでは現地国側の稼得利益を減少させるとともに、ミクロ・レベルでは企業損益にマイナスの要因をもたらしている。現に発展途上国の観光に参入している組織の多くは、例えば、ホテル・チェーン、ツアー・オペレーター、航空会社、レンタカー会社、食品チェーンなどの産業は、外国所有ないし経営である場合が非常に多いのである。

第6章　最貧国における海浜リゾート開発の可能性とその問題点について

　しかし、観光開発の初期の段階で、大規模で局地的な開発を目論んだ、外国からの投資は、需要形態、マーケティング・チャネル、商品特性に関するかなりの知識と経験を伝播する。外国投資はこの段階でいったんピークを迎えるだろうが、現地企業が知識を得るにつれて、外国参入の度合いも低下するはずである。開発が進むにつれて政府の政策担当者は、社会的間接資本への投資を、小規模企業家や地域社会のニーズに調和させ始めることができるようになろう。政策担当者の焦点は、当初には観光客のニーズに合わせられていたものが、次には、どのようにすれば観光が地域発展に貢献できるようになるのか、そのことに移っていくのである

3．開発の問題点

（1）経済上の問題点

　観光は外国為替を獲得する上で有利な要因だと見なされているが、最貧国においては、それはかなり減殺されてしまう可能性が大きい。というのは、最貧国は資源水準の乏しさゆえに、観光に必要な材料や製品を大量に輸入しなくてはならず、大手ホテル・チェーンの集中的購入活動がその傾向に一層の拍車をかけているからである。前述したように、もし国内で必要な熟練労働を手配できず、外国人労働者を雇用することになれば、彼らによる所得の本国送金が、資金流出をさらに増大させるだろう。例えば、ガンビアでは、観光収入は輸出総額の58.1パーセントを構成するものの、海外漏出による減殺の度合いが大きく、国内に留保されるのは10パーセント程度だと算定されている。[11]

　また、観光は労働集約的な産業であるので、しばしば直接的、間接的雇用創出能力があるとも言われている。確かにそういう面はあるが、しかし一般的に言って、最貧国における観光雇用は低賃金で、熟練水準も低く、しかも季節的である。また、間接的な雇用創出があるにしても、きわめて脆い面を持っている。例えば、ホテルやその他の観光施設の建設に関連してかなりの

雇用を創出するが、産業基盤が弱いために、それが完了してしまった時点で、以後の雇用がまったく創出されないという事態がしばしば起きてきた。

さらに観光開発は、インフレ圧力を増大させ、消費者物価、地代、家賃を相当程度まで押し上げるのが通例である。社会的間接資本を改善するに当たっても、かなりの資金を必要とし、インフレ圧力を伴う。その改善にしても、住民全体の利益になりそうにない。というのは、それが都市に集中しがちであり、最も恩恵を受けるのが住民よりも、むしろ外国人観光客であることのほうが多いからである。

（2）社会面への影響

観光が社会に及ぼす影響として、よく言われる点に、デモンストレーション効果（demonstration effect）[12]がある。つまり、外国人観光客の消費パターンを目撃し、刺激を受けた観光地の地元住民は、自分たちの手が届きそうで届かない「豊かさ」に対して苛立ちをおぼえ、不安を感じるのである。結果的には、観光客のこれ見よがしの振舞いが、現地住民側の憤慨を招く場合が非常に多い。その上、彼ら住民は、自分たちの市場から自分たちが外国資本によって閉め出しを受けており、それを新たな植民地主義の表れだとも考えている。この憤慨は、現地側の敵意となって現れる。一方、敵意が生まれれば、外国人観光客はその地への来訪を思い止まるだろうという、思わぬ反作用となって現れるのである。

他にもデモンストレーション効果の影響として、その地の固有の道徳的価値観の崩壊とか、安価な労働を求めた女子や若年労働者の雇用による、伝統的地域社会や家族的紐帯の分解がありうる。観光開発は、このような社会的コンフリクトの可能性を多分に秘めている点を見逃してはならない。[13]

（3）環境面への影響

最貧国の熱帯ないし亜熱帯立地は、地勢面でのしばしば大きな拘束要因と相まって、結果的にきわめて脆弱な、難なく破壊されてしまうような生態系

第6章　最貧国における海浜リゾート開発の可能性とその問題点について

を形作っている。これはいったん、破壊されると、その破壊が急速に進行する性質を持つ。植物相に関して言えば、最も徹底しているのは、森林の伐採である。ホテルやその他の施設の用地に当てるために周辺の緑地がすっかり刈り取られたり、あるいは薪木用に樹木が大規模に伐採されたりしてしまうことがある。最貧国では、他に燃料がないために、またたとえあったとしても入手費用がかさむために料理用や湯沸かし用に大量の木材が消費されている。これはもちろん、主として家庭内での現象であるが、ホテルなどで燃料不足のときには、観光産業の側からの需要も決して少なくない。これに関連して、汚染の問題がある。生活廃棄物の過度の投棄による周辺汚染は、見た目が悪く不衛生であるばかりでなく、その土地の生態系をも損なうおそれがある。したがって、海浜リゾート開発に当たっては、海洋汚染、土壌侵食、生物生息環境の破壊、浅瀬・海岸からの貝や珊瑚の駆逐の脅威に注意を払わなくてはならない[14]。

　ところで観光と環境の問題に関しては、とかく開発か保全かという二者択一的な捉え方をされる場合が多い。しかし、この両者は対立的でも、二律背反的なものでもない。確かに観光客は、都会的な猥雑さをリゾート地に求めることがあるが、そういったものはいわば二次的で、どのリゾート地でも、作ろうと思えばそんなものは容易に作ることができる。リゾート地として真に観光客を引き付けるのは、素晴らしい景観であったり、マリン・レジャー楽しむための美しい砂浜や海水、そこに棲む魚や貝などの小動物や珊瑚礁である。そういった自然環境を保全せずに、荒廃するにまかせたならば、観光事業そのものが成立しない。したがって、逆説的に聞こえるかもしれないが、観光は第一に、観光客を誘致する魅力ある自然環境を保全する必要があり、政策担当者は、その保全に積極的に努めなくてはならず、それがひいては観光の成長につながるのである。観光開発には、環境的制約がつきものだが、その制約を認識したならば、観光の望ましくない打撃的影響から環境を守ることは十分に可能なはずである。

　本質的なことは、観光は分離して計画が立てられるべきではないというこ

とである。部門的に他の経済組織と統合されるべきであり、地域経済政策に調和し、かつ全体的な社会経済政策にも適合したものでなければならない。観光はこれまでも、そして現在も経済発展の切り札としてあまりにも過大な期待がかけられている。最貧国がよりバランスのとれた発展を期するのであれば、観光計画の改善以上のもの、つまり「平等が一段と支配的状況下にあるような、大修正された開発プログラムへの国家的コミットメントと、そしてもちろん国際的コミットメント」(15)が必要である。社会的、経済的本質ないしメカニズムが原因で生じている歪みに対して、観光はその一つの過程として作用しているのにすぎないのに、あまりにも多くの非難が観光に集中しすぎていると言わなければならない。

おわりに

以上、最貧国の海浜リゾート開発の可能性ならびに問題点について述べてきたが、この議論は一部、わが国の1990年代当時におけるリゾート開発計画についても当てはまる。

1950（昭和25年）の「国土総合開発法」以後、わが国は経済・産業の地方分散を中心とした地方経済の活性化を図ってきたが、それは十分な進展を見ず、東京の一極集中は強まるばかりである。このような東京の一極集中化に加えて、国際化の進展、国民の生活ニーズの多様化と高度化など、大きな環境変化に対応すべく、1987（昭和62）年6月、第四次全国総合開発計画（四全総、1986〜2000年を対象年度とする）が閣議決定され、これに連動して同年5月、総合保養地域整備法（リゾート法）が成立した。

同法は、「ゆとりある国民生活のための利便の増進並びに当該地域およびその周辺の地域の振興を図り、もって国民の福祉の向上並びに国土及び国民経済の均衡ある発展に寄与することを目的とする」(16)とあるように、国民の余暇ニーズに応えると同時に、地域振興を狙いとしている。またこれは、その前年に発表された「前川レポート」の、輸出依存型から内需主導型への経済

第6章　最貧国における海浜リゾート開発の可能性とその問題点について

構造の転換という提言を受けた形で成立したものでもあり、大型リゾート開発を通じて内需と景気の拡大を引き起こし、これによって輸入を増進して経常収支黒字を減らしていこうという意図の下に打ち出された法制化と言ってよい。こうした政府側の思惑と地方側の村おこし・過疎化対策といった思惑、さらには企業側の投資思惑とが絡んで、全国に空前のリゾート開発ブームを巻き起こした。

　ここで問題なのは、政府や企業の思惑がどうのこうのというのではなく、地域振興策の手段として、しかもあたかもリゾート開発以外には地域発展の見込がないかのようなとらえ方を、地方の側がしている点である。それはゴルフ場であったり、スキー場であったり、あるいはマリン・レジャーのための海浜の開発であったりするが、そこでは開発さえなされれば、雇用機会は確保され、流出し続ける人口にも歯止めがかかり、地元の商店は観光客による消費で、地方財政は観光企業の納付する税金で潤い豊かになると、すべてバラ色に描かれている。しかし、決してそうではなかった。本章で最貧国について述べてきた事柄の類推から、わが国各地のリゾート開発にも同じことが言える。つまり、そこでの雇用は、比較的未熟連の労働で、賃金水準も低く、しかも季節的で安定性に乏しく、観光から得られた利益は地元に留保される分はわずかで、大部分は観光企業の本社に還元されてしまうのではないかと考えられるのである。

　要は、最貧国も、日本の過疎地域も、観光開発によって直ちに経済発展を達成しようと考えがちだが、それは危険で誤った考え方だということである。観光開発は、本来、漸進的になされるべきであって、投資も10年ないし15年、あるいはもっと長期にわたってなされ続けなければならない場合もあるし、それだけリターンも長期を見越しておかなくてはならない。観光は経済発展の有力な一手段となりうるが、その効果は遅効的だという点を、認識しておく必要がある。

注

（1）Albert O. Hirschman (1981). *Essays in Trespassing: Economics to Politics and beyond.* Cambridge: Cambridge University Press. pp.7-12. 吉岡秀輝（1985.4）「書評・アルバート・O．ハーシュマン『超学問域論集―経済学から政治学、その他に』」日本大学商学部商学研究所『商学研究』第3号、123頁参照。

（2）1984年には、①文盲率が80パーセント以上、一人当たりの所得が427ドル以下、②文盲率に関係なく一人当たりの所得が356ドル以下、のいずれかに該当する国が最貧国と認定されるようになった。

　　また、2009年に定められた国連の認定基準では、①一人当たりの国民総所得（GNI）の3年平均推定値が905米ドル以下であること、②HAI（Human Assets Index）―カロリー摂取量、健康に関する指標、識字率に基づく指標―が一定値以下であること、③EVI（Economic Vulnerability Index）―農産物生産量の安定度合い、商品やサービスに関する輸出の安定度合い、天災により影響を受ける人口の割合など―の値が一定以下であること、となっている。この基準によれば、アジアではアフガニスタン、イエメン、カンボジア、ネパール、バングラデシュ、東ティモール、ブータン、ミャンマー、ラオスの9カ国、アフリカはアンゴラ、ウガンダ、エチオピア、エリトリア、ガンビア、ギニア、ギニアビサウ、コモロ、コンゴ民主共和国、サントメ・プリンシペ、ザンビア、シエラレオネ、ジブチ、スーダン、南スーダン、赤道ギニア、セネガル、ソマリア、タンザニア、チャド、中央アフリカ、トーゴ、ニジェール、ブルキナファソ、ブルンジ、ベナン、マダガスカル、マラウイ、マリ、モーリタニア、モザンビーク、リベリア、ルワンダ、レソトの34カ国、オセアニアがキリバス、サモア、ソロモン諸島、ツバル、バヌアツの5カ国、そして中央アメリカのハイチ1カ国、計49カ国が該当する。

　　「後発開発途上国」http://ja.wikipedia.org/wiki/（2013.02.02入手）

（3）Erlet Cater (1988). "The Development of Tourism in the Least Developed Countries", in B. Goodall and G. Ashworth (Eds). *Marketing in the Tourism Industry: The Promotion of Destination Regions.* London: Croom Helm, p.49. 山上徹監訳（1989）『観光・リゾートのマーケティング―ヨーロッパの地域振興策について』白桃書房、51頁。

（4）ヨーロッパ各国は、国際観光入込客の約70パーセントを占め、毎年、優に2億人を超える観光客を迎えており、そのうちの84パーセントはヨーロッ

第 6 章 最貧国における海浜リゾート開発の可能性とその問題点について

　パの別の国を出発地としている。Brian Goodall (1988). "Changing Patterns and Structure of European Tourism", in Goodall et. al. (1988). p.18. 山上 (1989)、17頁。
（5） 地中海に「太陽と楽しさ」を求めたパッケージ旅行は、sun、sand、sea、sexの頭文字をとって、別名4S休暇（4S's holiday）とも言われている。
（6） この当時、モルディブの正確な人口は不明で、一説には同年の人口が16万人とも言われている。国際連合『世界の人口推計2011年版』のデータに基づくモルディブの2010年推計人口は、315,885人であった。「国の人口順リスト」http://ja.wikipedia.org./wiki/ （2013.03.21入手）参照。
（7） ガンビアの2010年推計人口は、1,728,394人であった。「国の人口順リスト」参照。
（8） 集英社（1989）『最新ワールド・アトラス 1989』、21および100頁参照。
（9） 日本人のリゾートに対するニーズは、最近ではこの段階に達していると言われている。財団法人地域活性化センター（1988）『リゾート地域整備及び経営に関する調査研究報告書』、21頁参照。
(10) Goodall (1988). p.26. 山上 (1989)、26頁。
(11) Cater (1988). p.59. 山上 (1989)、60頁。
(12) デモンストレーション効果は、ジェームス・S．デューゼンベリー（Dusenberry, James S.）が消費者行動パターンを説明するために考案した概念で、これを国際間に援用したラグナー・ヌルクセ（Nurkse, Ragnar）の説明によると、「人々がより高級な財やより高級の消費の型に接したり、新しい商品とか旧来の欲望を充たす方法とかに接するようになると、彼らは程なくある種の動揺や不安を感ずるようになりやすい。彼らの知識は拡張され、想像力は刺激される。新しい欲望が起り、消費性向は上方へ移転する」という。R. Nurkse (1953). *Problems of Capital Formation in Underdeveloped Countries.* New York: Oxford University Press. 土屋六郎訳（1966）『後進諸国の資本形成（改訂版）』巌松堂、97頁。
(13) 日本での観光地における道徳的価値観や地域共同体意識の崩壊の一例は、山本浩一（1989．5．）「リゾート地域に見る住民生活破壊」『住民と自治』自治体問題研究所、第313号、14～17頁において紹介されている。
(14) モルディブはこの点、意識的に観光リゾートを中央マレ環礁とアリ環礁に限定し、観光活動による不利な効果を封じ込めておくことに成功している。モルディブは従来から、環境破壊に対してきわめて敏感で、例えば、アブド

ゥル・ゲヨーム（Gayorom, Abdul）大統領（当時）は、1987年10月の国連総会で、「1,196の島々の大多数はたかだか海抜2メートルという位置にあり、たとえ1メートルでも海水面が上昇すれば、台風が来た場合には同国が生き残るのはむずかしくなろう」と、地球温暖化による海水面の上昇の脅威を力説、熱弁した。レスター・R．ブラウン著 本田幸雄監訳（1989）『地球白書88～89―環境危機と人類の選択』ダイヤモンド社、26頁。

(15) Cater (1988). p.64. 山上 (1989)、67頁。

(16) 総合保養地域整備法（昭和62年法律第71号）、第1章。

第7章　中国の経済技術開発区と日系企業
―青島の事例を中心として―

はじめに

　わが国の産業空洞化が叫ばれて久しい。この問題は、1980年代後半の85年から88年にかけて、為替相場が1ドル240円から125円というほぼ2倍に跳ね上がる異常事態を示した結果、日本の製造企業が直接投資によって海外に生産拠点を移転する動きが活発化したことに端を発している。自動車やエレクトロニクスなど、わが国の代表的な産業の現地生産化に拍車がかかったのがこの時期であった。

　産業の空洞化は、わが国製造企業におけるグローバル展開の一側面であり、マクロ経済的に見れば、国際分業を推進するとともに、産業の高度化を促進してきた。しかし、その過程で、特にわが国の地方都市では、基幹をなす産業が海外に移転したために地域住民の雇用機会が失われ、人口の流失と減少を招き、地域経済そのものを衰退化させる要因にもなってきた。現在においてもなお、空洞化の勢いには歯止めがかからず、それは全国の自治体が開発し、誘致を進めている工業団地の立地状況を見ればわかる。

　例えば首都圏の北関東3県の場合、経済産業省が2003年3月にまとめた「2002年の工場立地動向調査」によると、茨城県の立地件数が前年比38.7パーセント減の38件、栃木県が19.4パーセント減の25件、そして群馬県が43.2パーセント減の25件で、3県の合計は35.8パーセント減の88件であったという。業種別では、金属製品、一般機械、電気機械の落ち込みが目立ち、これらはいずれも生産体制を中国にシフトさせている業種であった。

　わが国産業の中国シフトは、いつ頃から始まり、それを促した要因は何か。そして中国に進出した日本企業は、現地において成功を収めているのであろ

うか。あるいは、障害があるとすればそれは何か。本章では、前半において、中国の改革・開放政策に基づく経済特区ならびに経済技術開発区の建設に至る経緯について述べ、後半では山東省(サントン)の青島市(チンタオ)を事例として日系企業の実態を探ることにしたい。

1. 中国の外資導入状況

　1993年、日本企業の海外進出先は中国が231件で第1位、次いでアメリカが112件の第2位で、94年は中国318件、アメリカ59件となっており、両国の順位は不同であった。しかし、92年以前は、長らくアメリカが日本企業の進出先として首位の座を占めており、それが93年の時点で逆転現象が生じて、「中国ブーム」と言われるほど中国への進出が続いたのであった。これは、改革・開放政策によって外資導入に熱心になった中国側のニーズと、円高の進行と土地価格および人件費の高騰によって海外進出を余儀なくされ、コスト削減を図らねばならなくなった日本企業のニーズとが合致した結果に他ならない。

　ところで中国の改革・開放政策が正式に決定されたのは、1978年12月の中国共産党第11期中央委員会3回総会（3中全会）においてである。その3中全会のコミュニケでは、「……自力更生のもとで世界各国と平等互恵の経済協力を積極的に発展させ、世界の先進技術と先進設備の導入に力を入れ、さらに現代化実現に必要な科学と教育の仕事に力を入れる」とされ、中国はこれを契機にアメリカをはじめとする資本主義諸国との経済協力を推し進めるとともに、積極的に外資導入に乗り出していった。3中全会の決定は、アメリカとの国交樹立（79年1月1日）という歴史的一大イベントを目前に控えた中国政府による毛沢東路線との決別を表し、鄧小平の現代化路線の始まりを示すものであった。

　表7-1の外資導入の状況を見ると、1983年では、外国政府および国際機関からの借款が15億ドル、そして合弁事業などの直接投資の受け入れ額が19

第7章　中国の経済技術開発区と日系企業

表7-1　中国における外資導入状況

(単位：件、億ドル)

年	借款 世界 件数	借款 世界 契約額	直接投資 世界 件数	直接投資 世界 契約額	借款・直接投資 日本 件数	借款・直接投資 日本 契約額
1979~1982年累計	27	136	922	60		
1983年	52	15	638	19	64	9.4
1984年	38	19	2,166	29	154	8.5
1985年	72	35	3,073	63	138	18.7
1986年	53	84	1,498	33	107	34.0
1987年	56	78	2,233	43	124	38.7
1988年	118	98	5,945	62	253	34.1
1989年	130	52	5,779	56	295	17.3
1990年	98	51	7,273	66	341	16.5
1991年	108	72	12,978	120	607	22.8
1992年	94	107	48,764	581	1,809	33.0
1993年	158	113	83,437	1,114	3,506	57.0
1994年	97	107	47,549	827	3,020	60.0
1995年	173	113	37,011	913	2,946	104.0
1996年	117	80	24,556	733		36.9
1997年	137	59	21,001	510	1,402	34.0
1998年	51	84	19,799	521	1,198	27.5
1999年	104	84	16,918	412	1,167	25.9
2000年			22,347	624	1,614	33.3
合計	1,683	1,387	363,887	6,786	18,745	611.6

注　日本の1996年の件数は出所に記載されておらず不明、金額は契約額ではなく、利用額が示されている。
出所　中嶋誠一編 (2002)『中国長期経済統計』日本貿易振興会、491および492頁より作成。

億ドル(契約額ベース)で、対外投資は借款の1.62倍であった。以後、85年まで直接投資が借款を上回る状況が続いたが、86年から88年までの3カ年は逆に借款が直接投資を上回った。そして89年になると再び直接投資が上回るのだが、これは同年6月に「天安門事件」[6]が起こり、アメリカをはじめ先進

資本主義諸国が、中国政府による市民デモへの武力弾圧に抗議して、経済制裁措置を加えたために、直接投資が前年規模を下回っているにもかかわらず、借款と直接投資の逆転が生じたものと推測される。その後は一貫して直接投資が借款を上回り、特に93年には1,114億ドルと前年に比べてほぼ倍増した。94、95、96年も直接投資の高水準は続き、97年になって少し落ち着きを取り戻して、500億ドル前後で推移している。

　日本からの借款および直接投資の合計額は、1985年から増加し始め、同年は18億7,000万ドル、前年比120.0パーセント増、86年は34億ドル、前年比81.8パーセント増であった。そして、87年には38億7,000万ドル、88年34億1,000万ドルと、3年連続して30億ドル台を突破したが、89年にはやはり天安門事件が影響して17億3,000万ドルと半減した。この低調はしばらく続き、再び30億ドル台を突破するのは92年になってからである。しかし日本の場合は、以後の増加が急テンポで、93年に57億ドルと過去最高を記録し、94年は60億ドルであっさりと前年の記録を更新して、翌95年には100億ドルの大台を突破する104億ドルとなって「加熱」とも思える様相を呈した。そのような状況も97年からは、世界的な動向に歩調を合わせるかのように沈静化し、30億ドルを中心にして堅実な動きとなっている。

　なお、中国政府としては、債務問題が常に付きまとう借款よりも、諸外国からの直接投資を通じて工業化を実現する方を歓迎したのはもちろんのことであった。

2. 経済特区と経済技術開発区

　中国では1979年6月から7月にかけて第5期全国人民代表会議（全人代）第2回会議が開催され、刑法、刑事訴訟法などとともに「中外合資経営企業法」が採択された[7]。中外合資経営企業とは、合弁企業を意味する中国語表現であり、同法では、「中華人民共和国は国際経済合作及び技術交流を拡大するため、外国会社、企業、経済組織及び個人（以下外国合営者という）は、平

第 7 章　中国の経済技術開発区と日系企業

等互恵の原則に基づいて中国の政府の批准を経て、中国内に中国の会社、企業及び経済組織（以下中国合営者という）と共同で合弁企業を設立することを認める」[8]と規定し、これにより、外国企業の中国での合弁事業が可能となった。

　1960年以来、中国は「自力更生」をうたっており、外国からの借款を一切受け入れない方針を貫いてきたが、79年に「中外合資経営企業法」を制定したことは、中国にとって一大政策転換であった。そして外資導入と同時併行して採られた措置が経済特別区（経済特区）の設置である。80年8月、「広東省経済特区条例」が施行され、広東省の深圳、珠海、汕頭そして福建省の厦門の4カ所に経済特区が設置された。その後、88年に海南島が広東省から分離して海南省に昇格するのに伴い、それまでの準特区的扱いから全島が5番目の特区に指定された。

　中国政府は、経済特区を設置する上で台湾の高雄輸出加工区をそのモデルとした。高雄輸出加工区は、1966年12月、台湾政府経済部が産業界からの要請を受けて、組織条例および輸出加工区設置管理条例に基づいて設立し、設立当時の開発面積は約68ヘクタール、設立後わずか3年目にして入居率が100パーセントとなったほどの成功を見せた[10]。台湾の経済成長は、多分にこの高雄輸出加工区に負っており、その後、韓国とシンガポールもまた台湾の輸出加工区方式を採り入れ、70年にそれぞれ韓国は馬山輸出加工区、シンガポールはジュロン輸出加工区を設立し、著しい成長を遂げてアジアNIES（新興工業国・地域）と呼ばれるまでになった。中国の経済特区はこのアジアNIESの成長にならい、同様の成長パターンを歩もうと目論んで設置されたものと言われる[11]。

　中国はさらに、中国共産党中央書記処と国務院の決定により沿海都市座談会を1984年3月26日から4月6日まで開催し、大連、秦皇島、天津、煙台、青島、連雲港、南通、上海、寧波、温州、福州、広州、湛江、北海の14沿岸都市の対外開放を決定した[12]。これらの沿岸14都市には、その一角に経済特区に準じた経済技術開発区の設置が認められ、外資に対し経済特区並の優

遇措置が設定された。経済特区との違いは、経済特区がそのエリア外と境界線によって明確に区切られ、あたかも日本の江戸時代、鎖国政策下の長崎・出島のごとき性格を連想させるのに対し、経済技術開発区は国内に開放され、開発区における経済成長が内陸部へも波及することが期待されている点である。かくして経済特区の指定と、それに続く経済技術開発区の設置によって、中国の沿海部は点から線あるいは面への発展を遂げていくのである。

　ところで、中国に進出している外資企業は、その経営形態によって、合弁企業、合作企業、100％外資（「独資」とも呼ばれる）の三種類に分けられる。合弁企業は、既述のとおり、1979年に公布された「中外合資経営企業法」に基づいて、中国企業と外国企業のそれぞれが資本や技術、設備などを出し合って、新会社を組織し運営する企業形態である。通常、一定の合弁契約期限が設けられ、その契約期間における利益の配分、期限後の資産の清算は双方の出資比率に基づいて行なわれる。合作企業は、87年に公布された「中外合作経営企業法」に準拠し、合弁企業とは以下の点で差違が見られる。すなわち、「合弁は出資比率に基づいて、利益分配、清算が行なわれるのに対し、合作は契約に基づいて予め決めておく点に大きなちがいがある。また合作は、契約満了時にはその資産は基本的に無償で中国側に移管されることになっており、その点では合作は『期限付き国有化』される企業である」[13]と言われる。100％外資企業は、すべて外国企業側の資本や設備などによって運営される形態をいう。100％外資企業は、合弁および合作企業のように中国側企業の制約を受けることはないが、進出場所（土地）の選定や労働者の募集などを中国国内で自由に行なえるわけではない。しかし、経済特区や経済技術開発区内では、そのような規制をほとんど受けないので、そのことが諸々の優遇措置に加えて、100％外資の立地が特区や開発区に集中する一因となっている[14]。次節では、そのような経済技術開発区の一例として青島を取り上げ、そこに立地する日系企業の実態について論及してみたい。

第7章　中国の経済技術開発区と日系企業

3．青島経済技術開発区

（1）概要

　青島市は、中国山東省の南端にある省直轄市で、1999年現在、総人口703万人（都心部人口240万人）、面積10,654平方キロメートル、膠州湾（コウシュウ）に面した港湾都市である。[15] 外国企業による直接投資プロジェクトで青島市の認可したものは、98年までの累計で5,763件あり、契約ベースの投資額は93億3,000万ドル、実質投資額は43億1,000万ドルであった。[16] 青島市に進出した企業のなかには、コカ・コーラやデュポン、ネスレなどの欧米の大企業の他に、日本の三菱重工や松下電機産業（現在のパナソニック）、韓国の現代、三星なども含まれている。改革・開放後から98年までの間に青島市内で操業を開始した外資企業は2,917社にのぼり、それらは全体で38万人を雇用し、その輸出額は26億5,000万ドルに達した（98年実績）。[17]

　青島港は、青島既存港区、黄島（ファンダオ）オイル港区、前湾港区の3港区からなり、46バースを有し、1999年の貨物取扱量は7,257万トンであった（表7-2参照）。膠州湾環状高速道路、済南（ジーナン）青島高速道路、膠済（ジャオジー）鉄道の起点であり、これらのルートを通じて内陸部の華東、華北、西北、中南地区と結ばれ、そこを後背地として、約130カ国・地域の450あまりの港湾と貿易関係を結んでいる。国際コンテナ海上輸送の中継港としてコンテナ埠頭を有するとともに、年間取扱能力2,300万トンの石炭積み卸し施設が設置され、巨大タンカーも停泊可能な石油専用埠頭および60万立方メートルの石油タンクや、年間取扱能力1,600万トンの鉱石・石炭兼用埠頭も1998年に完成している。[18]

　その青島港に面して建設されたのが青島経済技術開発区である。経済技術開発区というのは、端的に言えば、外国企業の直接投資を促すために、所得税や関税などの税制上の優遇措置の他、輸出入手続き上の便宜を供与するとともに、誘致した企業が生産活動を遂行するのに必要なインフラを備えた工業団地である。[19] 青島市の黄島区に位置する青島経済技術開発区は、1984年10月に認可、翌85年3月から着工され、開発計画総面積は220平方キロメート

表7-2　主要港における貨物取扱量の推移

(単位：万トン)

		上海	広州	寧波	大連	秦皇島	天津	青島	全国合計
1978年	バース数	99	14		69	11	27	24	
	貨物取扱量	7,955	1,950		2,864	2,219	1,131	2,002	19,834
1980年	バース数	101	14	13	63	10	32	25	
	貨物取扱量	8,483	1,210	326	3,263	2,641	1,192	1,708	21,731
1985年	バース数	98	28	23	67	16	34	29	
	貨物取扱量	13,321	4,735	2,002	4,853	5,812	2,109	3,109	43,814
1990年	バース数	215	118	45	75	35	57	40	1,200
	貨物取扱量	13,959	4,163	2,554	4,952	6,945	2,063	3,034	48,321
1995年	バース数	227	127	54	62	44	68	47	1,282
	貨物取扱量	16,567	7,299	6,853	6,417	8,382	5,787	5,103	80,166
1996年	バース数	226	144	52	62	44	70	47	1,539
	貨物取扱量	16,402	7,450	7,639	6,427	8,312	6,188	6,003	85,152
1997年	バース数	238	138	59	65	48	70	43	1,606
	貨物取扱量	16,397	7,518	8,220	7,044	7,862	6,789	6,916	90,822
1998年	バース数	234	136	62	71	48	72	46	1,608
	貨物取扱量	16,388	7,863	8,707	7,515	7,792	6,818	7,018	92,237
1999年	バース数	134	105	45	73	29	62	46	1,392
	貨物取扱量	18,641	10,157	9,660	8,505	8,261	7,298	7,257	105,162
	シェア(%)	17.7	9.7	9.2	8.1	7.9	6.9	6.9	100.0

出所　中嶋 (2002年)、455頁より作成。

ルで、重化学工業区、臨港工業区、国際貿易区、商業区、観光リゾート区、行政サービス・センター区に分けられ、人口25万人を擁している。1999年までの累計で、合計51カ国・地域から外国企業が進出し、1,167件の投資プロジェクトが批准され、投資総額は33億4,000ドルに達していた。[20]

　青島市には、この国家レベルの開発区の他に、山東省人民政府が1992年に認可し、管轄する省レベルの開発区、すなわち青島環海経済開発区(ハンハイ)、即墨市(ジイモ)経済開発区、莱西市経済開発区(レシ)、平度市経済開発区(ピンド)、膠南市経済開発区(ジャオナン)、膠州市経済開発区(ジャオジュ)の6区がある。これらの開発区では、現地の表現で「五通一平」(上水道、下水道、道路、電力供給および通信施設の五つのインフラが完備

138

し、かつ土地が工場や倉庫、社屋の建設用に平らに整地されている状態）が実現されており、国家レベルの開発区と遜色ない機能を有していることが宣伝されている。このなかでも日系企業が集中しているのは環海経済開発区で、同区は計画面積6.7平方キロメートル、青島市城陽区にあって、西は膠州湾に臨み、東は膠済鉄道と青島市街地に通ずる幹線道路に近く、青島国際空港からは自動車で30～40分のところにある、至って交通便利な場所に位置している。

（2）日系企業の実態

筆者は1997年（予備調査）、98年（本調査）、99年（同）と、ごく短期間の滞在ではあるが、三度、青島市を訪れ、現地調査を行った。[21]そして99年9月には、黄島と環海の二つの開発区に立地する日系企業26社から、直接ヒアリング調査を行った。質問項目数は、細項目を含めると60項目に及び、その回答結果について要点を整理すると、以下のとおりとなる。[22]

（a）設立年、設立の動機

調査対象企業のうちで、設立が最も早かったのは1986年5月設立の企業で、逆に最も遅いのが97年12月であった。本調査を開始した98年8月の時点で、

　　設立後1年未満1社　　1年以上2年未満3社　　2年以上3年未満7社
　　3年以上4年未満6社　　4年以上5年未満2社　　5年以上6年未満1社
　　6年以上7年未満0社　　7年以上8年未満0社　　8年以上9年未満1社
　　9年以上10年未満2社　　10年以上1社

となっており、設立後2、3年の企業が最も多い。

設立の動機については、「日本における賃金コストの上昇のため、賃金コストの低い中国に進出した」という答えが最も多く（8社、33パーセント）、次いで「本社事業部門の海外拠点としてグローバル化のために進出した」、「日本国内の主要な客先が青島に進出したので、それを追って進出した」、「製品の品質を維持、向上させるため進出した」が同数（5社、21パーセント）で続いた。その他の動機としては、「原料の仕入れが容易なために進出した」、「生産量を拡大するために進出した」という回答もあった。

(b) 業種

　青島経済技術開発区では、ハイテクからローテク産業に至るまでほとんどすべての業種に関して外国投資が奨励されているが[23]、これらの業種はすべてわが国の得意とする分野である。そこで、実際に進出している日系企業の事業分野はどうなのかを見てみると、次のような結果になった。

　　繊維業 5 社　　　　化学 4 社　　　　電気機器 4 社
　　食料品 3 社　　　　窯業・土石 2 社　　運輸業 2 社
　　金属製品 1 社　　　自動車・部品 1 社　パルプ・紙 1 社
　　ゴム・皮革 1 社

　この中には、今日、わが国では、かなり以前に姿を消した業種、例えば、魚焼きや餅焼き用の金網を製造している会社もあった。かつて、高度経済成長期の初期の頃まで、東京や大阪に数多く見られた零細な町工場が、人件費および土地価格の上昇などのために維持しきれなくなって、地方に分散していった経緯があるが、今日、それが中国にまで拡散していると見てとることができる。

(c) 投資形態および資本金

　中国では外資企業は「三資企業」と別の言い方もされる。三資とは、合弁企業、合作企業、100％外資企業のことを指すが、調査結果では、対象企業24社のうち合弁企業が 8 社、100％外資企業14社、合作企業 0 社、不明 2 社で、100％外資の形態が過半数を占めていた。

　資本金額は、最高で15億円、最低が2,100万円で、対象企業の資本金総額は73億4,100万円であった。その内訳は、

　　1 億円未満 5 社　　　　　　1 億円以上 2 億円未満 6 社
　　2 億円以上 3 億円未満 4 社　3 億円以上 4 億円未満 2 社
　　4 億円以上 5 億円未満 2 社　5 億円以上10億円未満 2 社
　　10億円以上 2 社　　　　　　不明 1 社

であり、資本金 3 億円未満の中小企業が大半を占めていた。

第7章　中国の経済技術開発区と日系企業

（d）従業者数

　従業者数は、最も多いところが1,043人、最も少ないところが20人で、対象企業の従業者総数は3,377人であった。内訳は、

　　50人未満 5 社　　　　　　50人以上100人未満 6 社
　　100人以上150人未満 2 社　150人以上200人未満 3 社
　　200人以上250人未満 1 社　250人以上 3 社
　　不明 4 社

である。

　設立動機の箇所でも触れたが、日系企業の多くは、賃金コストの削減を意図して進出してきており、したがって、董事長（社長のことを意味する中国語）や、副董事長など現地の日本人管理者は、賃金を含めた労務管理一般に細心の注意を払っている。また、労務管理の善し悪しが品質水準の維持にかかわってくるのは言うまでもないことで、彼ら日本人管理者が、この問題にどのように対処しているか、3 社合同のヒアリング調査を別途に行ったので（1999年 9 月10日実施）、その結果概要を表 7 - 3 に示しておく。表中の 3 社は、

表7-3　労務問題に関する3社調査

募集・採用	M社	常時募集（補充目的ではなく業務拡張のために募集）。募集に際して、年齢制限は特になし。
	N社	新卒者を募集（年度末の 5 月頃から近隣の中学校へ募集要項を配付。応募者に対し適性検査を実施する。評価Aの者から採用枠の 2 倍程度を確保し、その後、健康診断等を通して採用を決める）。
	R社	特別に募集活動は実施せず。
教育・訓練	M社	作業適性に関する現地での経験則に基づき、女子はアセンブリー・ラインへ、男子は加工へ配置している。社内で資格試験ならびに技能試験を実施。各作業工程はマニュアル化されており、手当付きの認定制度を実施。
	N社	技能試験の実施。技能レベルは 5 段階に分けられる。各技能レベルは技能給とリンクしている。現地労働者は班長および係長まで昇格が可能である。より上位の職位には日本人スタッフを当てる。
	R社	第 1 ステップ＝就業規則の厳守。第 2 ステップ＝98年度から、生産量、生産性、QC、安全性などの項目ごとに目標管理を導入。福利厚生の充実にも力を入れ、帰属意識も高まっている。

ともに黄島の経済技術開発区に立地する企業で、業種は、M社が電気機器、N社およびR社が繊維業である。M社は、青島の日系企業のうちでも、最多の労働者を雇用しており、N社、R社も雇用労働者数では上位に位置付けられる企業である。

おわりに

青島の開発区では黄島においても環海においても、あらゆる業種からの投資を期待しているが、開発区側が最も必要とし望んでいるのは、エレクトロニクスやITなどのハイテク産業である。上記の調査においては、実際のところ、進出している日系企業は、数の上では繊維業、食料品といった軽工業の部類に属する業種が目立つ。しかし資本金額を見ると、電気機器が26億円で、資本金総額に占める比率は35パーセントであり、その従業者数は1,414人、従業者総数の42パーセントに達している。また、化学業種に分類された4社のうち2社は、電子部品用のプラスチック製品を生産しているので、電気機器の関連企業と見なすことができる。この2社を含めると、電気機器は資本金で29億6,800万円、構成比40パーセント、従業者数が1,692人、構成比50パーセント以上となる。このことから、青島の開発区は、電気機器を中心にした日系企業の産業集積が見られ、それが大きな特徴をなしていると言える。

これらの企業は、かつては日本の各地に立地し、地域経済の発展に寄与してきたものである。それが中国に移転し、わが国産業構造の空洞化を招いているのであるが、空洞化に歯止めをかけ、さらには移転した企業を再び日本に戻ってこさせることは可能なのかという根本問題にここで突き当たる。結論的にいえば、現状では不可能と言わざるを得まい。なぜならば、はじめに述べたように空洞化はグローバル化の一側面であり、グローバル化を促進する要因は、それを抑制する力よりも強いと考えられるからである。中国における生活水準が向上し、それに伴って人件費も上がり、また何らかの理由で輸送コストの上昇が見られるなどして、現地生産が採算ベースに乗らなくな

れば、回帰現象も現れるかもしれない。あるいは、採算ベースに乗るような別の進出先を企業は求めるかもしれない。後者のケースの方が、可能性としてはより大きいだろう。

　実際、こういう事例が報告されている。アメリカのアロー・シャツ社（Arrow Shirt Company）は、1950年代に日本での調達を開始した。日本の賃金および不動産コストが上昇するにつれて、生産拠点を香港に移し、その後、台湾、韓国に移した。70年代から80年代には、中国、インドネシア、タイ、マレーシア、バングラデシュ、シンガポールへと生産拠点を移し続けたが、併行してアメリカの工場施設を自動化し、輸入を徐々に削減していく方針を採用したという[24]。しかし同社のアメリカ回帰は、雇用問題の解決には何ら益するところがなかった。アロー・シャツ社は、工場施設を自動化した後に、4工場を閉鎖して400名のアメリカ人労働者を解雇したからである[25]。かくして空洞化に歯止めがかかったとしても、それがストレートに雇用の確保にはつながらないことを同社の経験は実証している。したがって、今日の日本経済の停滞を打破するのは、空洞化に歯止めをかけることよりも、むしろ雇用を生むような新しい産業を育成することにある。明治期から現代に至るまでのわが国の産業経営史を概観すると、そのような新しい産業を興した数多くの経営者が現れ、イノベーションと斬新な企業家精神とが融合しているのがわかる。

注
（1）内閣府（2002）『平成14年度　年次経済財政報告（経済財政政策担当大臣報告）―改革なくして成長なしⅡ―』http://www5.cao.go.jp/j-j/wp/wp-je02/wp-je02-00301.html
（2）『日本経済新聞』（首都圏経済版）2003年3月28日付。
（3）高橋志津子（1994）「赤い資本主義の大海に飛び込んだ日本企業の課題とは」『中国進出企業総覧'95』東洋経済新報社、16頁参照。
（4）稲垣清（1989）「対外経済関係と政策の変動」『岩波講座現代中国第2巻・中国経済の転換』岩波書店、260頁参照。
（5）『北京周報』1979年1月2日付。稲垣（1989）、260頁。

（6）1989年当時、鄧小平が推進した価格体系改革の失敗により、物価が高騰し、失業者が増え、農村から都市に労働者が流出して社会不安を招いていた。そのようななかで、同年4月15日、胡耀邦中国共産党元総書記が心臓発作で死亡した。民主化・自由化に向けて積極的に改革に取り組んだ胡耀邦の死は、学生たちによる民主化運動を再燃させるきっかけとなり、北京は連日100万人規模のデモで揺れ動いた。危機感を抱いた中国政府は、武力制圧に乗り出し、6月4日、北京・天安門広場の学生らに無差別発砲し、戒厳部隊が広場を完全に制圧して学生・市民ら3,000人以上が死亡し、約1万人が負傷したと推定されている（中国政府の発表では、死亡者の数は319人となっている）。大貫啓行（1999）『現代中国の群像―歴史はこうして創られる』麗澤大学出版会、268～269頁参照。
（7）岡部達味・安藤正士編（1996）『原典中国現代史別巻・中国研究ハンドブック』岩波書店、370頁、「年表」参照。
（8）「中華人民共和国中外合資経営企業法」(1979年7月1日、第五期全国人民代表大会第二回会議採択　1990年4月4日、第七期全国人民代表大会第三回会議改訂）http://www.shanghaiinvest.com/jp/viewfile.php?id=83（2013.03.23入手）
（9）厦門のように、読み方が難解と思われる地名についてはふり仮名を付けた。ただし、その表記は、例えば厦門であれば、日本式の「アモイ」と中国式の「シアメン」の二通りがあるが、日本国内で普及している方を優先し、そうでない場合に限って中国式に従った。
（10）（財）交流協会高雄事務所「情勢調査報告（台湾の工業発展と輸出加工区）」http://www.koryu.or.jp/trade/1_09base.html
（11）小島麗逸（1998）「経済特区」『CD-ROM版　世界大百科事典（第2版）』日立デジタル平凡社、参照。
（12）岡部他（1996）、393頁。
（13）稲垣（1989）、265頁。
（14）合弁、合作、100％外資それぞれの企業の特徴は、稲垣（1989）、265～267頁参照。
（15）http://www.lizi.com/qingdao/qincity.html.
（16）青島市対外経済貿易委員会編（1999）『青島投資案内1999』青島出版社、2頁。
（17）青島市（1999）、2頁。

第 7 章　中国の経済技術開発区と日系企業

(18) 青島市（1999）、6 頁。
(19) 経済技術開発区において外資企業が受けられる優遇税制措置の要点は、以下のとおりである。
　　1．法人税の優遇措置
　　①国内企業、外資企業を問わず、企業所得税率は33パーセントに統一されているのが15パーセントに減免される。②2 免 3 減。経営期間を10年以上とする企業に対して、経営が黒字になった時点から数えて、最初の 2 年間はその法人税が全額免除され、その後の 3 年間は半額免除（7.5パーセントの法人税率が適用）される。③2 免 3 減の優遇政策の期限満了後、当該年度において総売上の70パーセントに相当する金額の商品が輸出された場合、法人税は10パーセントに減免される。④当該企業が先端技術を有する企業として開発区に認定されれば、2 免 3 減の優遇政策が期限満了後もさらに 3 年間、法人税半額の優遇措置が受けられる。⑤営業利益から当該企業の増資あるいは再投資された場合、かつ経営期間を 5 年以上とする企業に対して、すでに納付された法人税の40パーセントが税務署の審査を経た上で還付される。
　　2．増値税の優遇措置
　　①生産された商品が海外へ輸出される場合、その増値税は免除される。②農業、林業、養殖業などの第一次産業に属する生産者に対しては、販売された商品の増値税が免除される。http://www.qingdao-b.com/menu/yugu.html参照。
(20) http://www.shanghai.or.jp/osaka-city/kaihatsuku/n018.html.
(21) 北海学園研究助成よる北海学園北見大学研究プロジェクトで、吉田省一（研究代表）、菊池均、小堀雅浩、元山啓、吉岡秀輝の 5 名（いずれも当時、北海学園北見大学に所属）がそのメンバーに参加した。
(22) ヒアリングを実施した対象企業26社のうち 2 社は、質問票が未回収であるため、ここでは、24社の回答結果を集約している。なお、本調査報告は、吉岡秀輝（2000）「青島経済技術開発区における日系企業」日本港湾経済学会編『日本港湾経済学会年報　港湾経済研究』第38号が初出であり、本章ではそれを加筆修正した。
(23) 奨励されている業種に関する詳細は、吉岡（2000）、204頁を参照。
(24) Warren J Keegan (2002). *Global Marketing Management*. 7th ed. New Jersey: Prentice-Hall International. p.234.
(25) Keegan (2002). p.233.

第8章 グローバル・マーケティングの理念と事例

はじめに

　18世紀後期から19世紀中葉にかけて、イギリスに産業革命が起こり、蒸気機関が考案されて、船舶が帆船から蒸気船の時代になると、貿易量は飛躍的に増大した。産業革命による技術革新は、やがてドイツやアメリカなど他の国々にも伝播していくわけだが、これらの国々の貿易量も増大させ、そして第二次世界大戦後、国際貿易は量的拡大を続けて、今日の隆盛を見るに至っている。

　貿易、特に輸出とグローバル・マーケティングは密接な関連があるが、しかし、グローバル・マーケティングの問題が注目され始めたのは、それほど古いことではない。ウォーレン・キーガン（Keegan, Warren J.）によると[1]、グローバル・マーケティングをめぐる議論は、1983年に発表されたセオドア・レビット（Levitt, Theodore）の画期的な論文によって端緒が開かれたという[2]。そのレビットが、マーケティングの本質をこう述べている。

　「マーケティングは、製品とサービスを押し出す以上のことを行う。単に押し出すだけなら、それは販売の仕事である。マーケティングの仕事は、もっと広い分野にまたがる。販売は、一方通行の行為―企業が顧客に手渡したいと思うものを外に送り出す行為である。一方、マーケティングは双方通行の行為―顧客の欲しているものに関する情報を会社に送り込み、それにぴったり合うよう開発された製品やサービスを送り出す行為である」と[3]。

　マーケティングが双方向の行為であるとすれば、グローバル・マーケティングは、企業と顧客間の双方向の行為が世界的な規模で展開されなくてはならないことになる。言うまでもなく、マーケティングの主体は企業であり、

客体は商品である。本章では、主体が客体をどう扱えば、グローバル・マーケティングが形成されるのかを見極めることにする。そこでまず、類似した用語である「国際化」と「グローバル化」の対比から始めて、グローバル・マーケティングの含意を議論し、グローバル企業の経営志向ならびにマーケティング戦略を特徴付けた後、最後に、グローバル・マーケティング戦略に関する一つの事例を紹介して、その意義を考察することにしたい。

1．グローバル・マーケティングの含意

（1）用語の吟味

「国際化」と「グローバル化」という用語は、しばしば同義に用いられることがあるが、もちろん厳密には、異なる意味、内容を有する。今ここで両者を対比すると、次のように表すことができよう。

表8-1　国際化からグローバル化へ

	国際化	グローバル化
相違点	二国間以上	多国間
	国境の意識	国境の無意識
	国籍が基本	無国籍あるいは超国籍化
	国際貿易	グローバル・ビジネス
共通点	国内から国外に機会を求める	

「国際化」も「グローバル化」も、国内だけでなく国外にも機会を求めるという点では共通しているが、最大の違いは、国境意識の持ち方にある。例えば、日米関係とか日中関係といったように、国際関係という言葉は存在するが、「グローバル関係」なる言葉は意味を成さない。国際関係は、自国と相手国との諸々の交流であったり、あるいは第三国同士の関係であったりするが、その内容が政治的であろうと経済的であろうと、国境意識が根底にある。これに対し、「グローバル」は、世界全体、地球的規模の見地から物事

第8章　グローバル・マーケティングの理念と事例

を考え、実践することを意味するわけであるから、国境意識は希薄となる。日本人なら誰でも、SONYやPanasonicが日本企業のブランドであることを知っている。しかし、世界には、SONYもPanasonicも、アメリカやその他の日本以外の国のブランドだと思い込んでいる人が少なくないかもしれない。世界の顧客に対して、日本という国籍を意識させないソニーもパナソニックも、その意味では、グローバル戦略において大きな成功を収めているということになる。

　今日のビジネス界では、その有する商業的潜在力を十分に実現するために、グローバル・マーケティングに目を向けている。企業がなぜグローバル・マーケティングを取り入れなくてはならないのかと言えば、それは、生き残るためである。もちろん、その必要のない企業もあるかもしれない。しかし、グローバルな視点が欠落している企業は、事実として、より低いコスト、より豊富な経験、より良質の商品を有する競合他社に、国内でのビジネス基盤さえ奪われかねない。雑誌『フォーチュン』(Fortune)は、毎年、グローバル企業500社のランキング付けを行っているが（表8-2参照）、1975年から95年の間に、掲載企業の60パーセントが姿を消し、他の企業に入れ替わっているという。[4]

(2) マーケティング・コンセプトの変容

　マーケティング・コンセプトは、50年以上もの長きを経て劇的な変化を遂げた。1950年代以前、60年代から80年代まで、そして90年代以降の3期に大きく分けて、その特徴を示すと、表8-3のとおりとなる。

　50年代以前には、焦点、つまり企業が注意を集中させる対象は、国内の標準および価値により強く結びついた商品、または「より良い」商品を作ることに当てられていた。目標は利潤にあり、そしてその目標を達成するための手段は、販売活動であった。

　60年代に入り、マーケティングの「新しい」コンセプトが出現すると、それは、マーケティングの焦点を商品から顧客に転換させた。目標は利潤に置

表 8-2 『フォーチュン』グローバル企業上位25社　2012年版

(単位：百万ドル)

順位	会社名	国・地域	業種	売上高	利益
1	ロイヤル・ダッチ・シェル	イギリス・オランダ	石油・ガス	484,489	30,918
2	エクソンモービル	アメリカ	石油・ガス	452,926	41,060
3	ウォルマート・ストアーズ	アメリカ	複合小売り	446,950	15,699
4	BP	イギリス	石油・ガス	386,463	25,700
5	シノペック・グループ	中国	石油	375,214	9,453
6	中国石油天然気集団	中国	石油・天然ガス	352,338	16,317
7	国家電網公司	中国	電力	259,142	5,678
8	シェブロン	アメリカ	石油・ガス	245,621	26,895
9	コノコフィリップス	アメリカ	石油・天然ガス	237,272	12,436
10	トヨタ自動車	日本	自動車	235,364	3,591
11	トタル	フランス	石油	231,580	17,069
12	フォルクスワーゲン	ドイツ	自動車	221,551	21,426
13	日本郵政ホールディングス	日本	郵便・金融・保険	211,019	5,939
14	グレンコア・インターナショナル	イギリス・スイス	商品取引	186,152	4,048
15	ガスプロム	ロシア	天然ガス	157,831	44,460
16	E.ON	ドイツ	電力・ガス	157,057	−3,085
17	エニ	イタリア	石油	153,676	9,539
18	INGグループ	オランダ	銀行・保険	150,571	6,591
19	ゼネラルモーターズ	アメリカ	自動車	150,276	9,190
20	サムスン電子	韓国	電機	148,944	12,059
21	ダイムラー	ドイツ	自動車	148,139	7,880
22	ゼネラル・エレクトリック	アメリカ	コングロマリット	147,616	14,151
23	ペトロブラス	ブラジル	石油	145,915	20,121
24	バークシャー・ハサウェイ	アメリカ	保険	143,688	10,254
25	AXA	フランス	保険	142,712	6,012

注　「国・地域」および「業種」は、『外国会社年鑑』日本経済新聞社（2006年版をもって廃刊）および『ウィキペディア』(http://ja.wikipedia.org) のデータをもとに筆者が追加記入したものである。

出所　2012 Cable News Network. A Time Warner Company. http://money.cnn.com/magazines/fortune/global500/2012/full_list/index.html（2012.11.19入手）

表 8-3　マーケティング・コンセプトの変容

	焦　点	目　標	目標達成手段
50年代以前	国内の標準や価値により強く結びついた商品	利　潤	販売活動
60～80年代	顧　客	利　潤	4Ps
90年代以降	より広範な外部環境という文脈での顧客	利害関係者の利益	戦略的マーケティング・コンセプト

かれたままだが、その目標達成手段は広がりを見せ、全体的なマーケティング・ミックス、すなわち「4Ps」を含むようになった（商品 product、価格 price、場所 place およびプロモーション promotion の頭文字をとって 4Ps と呼ばれる）。

90年代になると、戦略的コンセプトが時代の要請となった。これは、マーケティング思想史上の一大進化と言われ、マーケティングの焦点を顧客あるいは商品から、より広範な外部環境という文脈での顧客に転換させた。つまり、単に顧客について知っているだけでは不十分で、競争、政府の政策および規制、そしてより広範な経済的、社会的、政治的マクロ諸力を含めた文脈での顧客を知る必要が出てきたということである。さらに、マーケティングの目標が利潤から利害関係者（stakeholder）の利益へと転換した。利害関係者とは、ある企業の活動に対して利害を有する個人あるいはグループのことを指し、それには、従業員および経営者、顧客、社会、政府などが含まれる。この利害関係者の利益を創造するという目標にとって欠かせないのが、戦略的マーケティング・コンセプトである。マーケティングと他の管理機能とを統合した戦略的経営では、事業に投資するための、そして利害関係者に報酬を与えるための資金の源泉たりうる利潤を生み出すことは、課せられた任務の一つであるが、利潤は、この場合、それ自体が目的なのではない。マーケティングの目標は、あくまでも利害関係者のために価値を創造する点にあり、そして主たる利害関係者は顧客である。

（3）マーケティングの原則

　グローバル・マーケティングを成功させるためには、マーケティングの原則を正しく理解することが前提となる。それでは、マーケティングの原則とは何か。それは、三つに要約される。第一は、マーケティングの任務である。競合他社が創り出すよりも大きな顧客価値を創造することが、マーケティングの任務と言える。企業は、商品から得られる顧客の便益を拡大もしくは改善することによって、あるいは価格を引き下げることによって、さらにはこれらの要素を組み合わせることによって、顧客により大きな価値をもたらしうる。コスト優位を持つ企業であれば、価格を競争上の武器とすることが可能だが、商品の便益が十分に強固で、顧客によってそのことが高く評価されているのであれば、顧客獲得の手段として、企業は必ずしも低価格で競争する必要はない。

　第二は、競争優位である。競争優位は、関連の競争に対する総合的なオファーであり、顧客にとってより魅力的なものである。このような優位は、商品、価格、広告および店頭プロモーション、商品の流通など、当該企業のオファーにおけるどの要素にも存在しうる。外国市場に新たに参入していく上で最も強力な戦略の一つは、優れた商品をより低い価格でオファーすることである。価格優位は顧客の直接的な注意を引き、優れた品質は、その商品を購入した顧客に感銘を与える。

　第三の原則が焦点である。競争優位の下で顧客価値を創造するという任務を成功に導く上で、焦点が重要な役割を果たす。規模の大小を問わず、優れた企業が成功を収めているのは、すべからくこの原則を理解し、応用しているからである。例えばIBMは、よく知られていることだが、初期の頃のデータ処理業界において、他のどの企業よりも明確に顧客のニーズと欲求に焦点を合わせたために成功を収めたのであり、やがて世界でも有数の大企業にのし上がっていったのである。

　ところで、上記のマーケティング原則は普遍的であるけれども、市場と顧

第8章　グローバル・マーケティングの理念と事例

客はきわめて多様である。これは、国によって違ったやりかたでマーケティングを実践しなくてはならないことを意味する。したがって、グローバル・マーケティングは、世界のどの国、どの市場においても適用可能な画一的なプロセスではない、という点が基本的に認識されなくてはならない。各人各様であると同時に、各国各様である。現実として、そのような相違がある限り、一国で経験した事柄をそのまま別の国に当てはめることはできない。顧客、競合他社、流通チャネル、利用可能なメディアが異なれば、マーケティング・プランの変更を迫られるのは、当然のことである。

2．経営志向

　企業がグローバル市場におけるビジネス・チャンスをどう捉えるかは、経営陣の世界観によって決まる。経営陣が世界の本質を、意識的であるにせよ無意識的であるにせよ、想定ないし確信する仕方には、四つのパターンがあり、ハワード・V.パールミュッター (Perlmutter, Howard V.) は、それらを本国志向 (ethnocentric)、現地志向 (polycentric)、地域志向 (regiocentric) および世界志向 (geocentric) という呼び名で表した。パールミュッターによるこの類型化は、それぞれの頭文字をとってEPRGプロファイルと呼ばれ、その概要を示すと図8－1のようになる。

（1）本国志向

　本国志向とは、経営陣が市場の類似性しか見ず、彼らの商品やビジネス慣行の優越性を想定していることを意味する。このような企業の中には、国内志向を、母国以外でのビジネス・チャンスは無視してもよいと考えているものもあり、そのような企業は「国内企業」と呼ばれることがある。また、本国志向企業でありながら、母国以外でもビジネスを行っている企業は、「国際企業」と呼ばれる。この種の企業は、母国で成功した商品が優れており、したがって、自社の商品をどんな国においても、何ら適合させる必要もなく

153

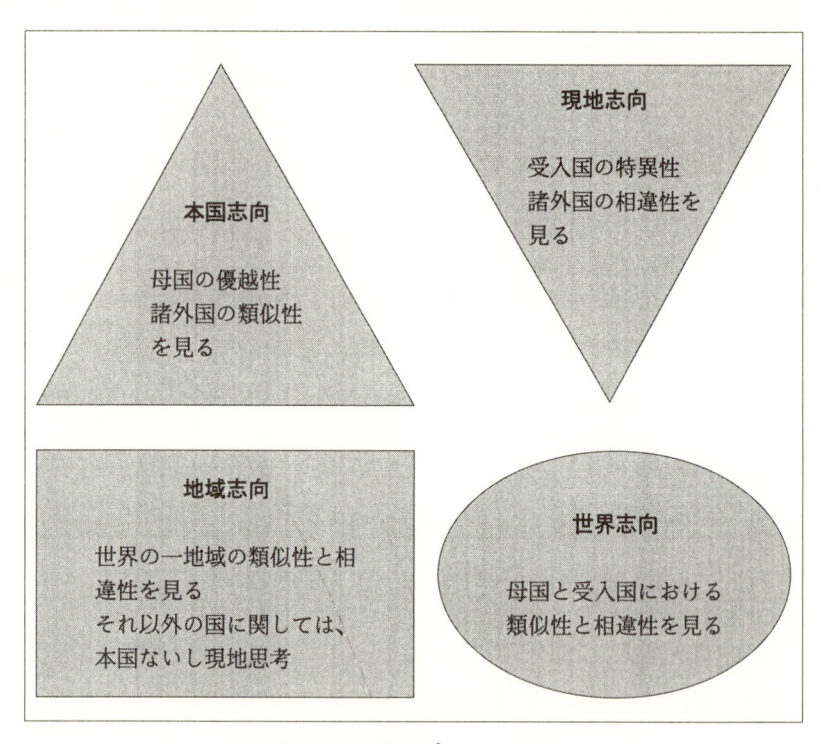

図8-1　EPRGプロファイル

本国志向
母国の優越性
諸外国の類似性
を見る

現地志向
受入国の特異性
諸外国の相違性を
見る

地域志向
世界の一地域の類似性と相違性を見る
それ以外の国に関しては、本国ないし現地思考

世界志向
母国と受入国における類似性と相違性を見る

出所　Warren J, Keegan (2002) *Global Marketing Management*, 7th ed., p.12.

販売できるという考えに固執している。

　国際企業においては、外国でのビジネスは、二次的、副次的ビジネスと見なされがちである。本社 (headquarter) の有する知識と組織力は、世界中どこでも適応可能だと想定して業務が遂行される。このような想定は、当該企業にとって有利に作用することもあれば、現地市場で得た貴重な経営知識と経験とに気付かない恐れもある。その企業が製造業であれば、外国市場は、国内で余剰となった商品の輸出捌け口と見なす傾向が多分にある。

（2）現地志向

　現地志向は、本国志向の対極にある概念である。経営陣は、ビジネスをする相手国の事情が各国まちまちであると想定している。この想定は、各子会社が成功を収めることを目的として、独自の事業戦略とマーケティング戦略を開発する下地を作っており、「多国籍企業」は、このような組織構造を示すための用語である。

　現地志向の興味深い例として、かつてのシティコープ（Citicorp）[7]が挙げられる。シティコープのある重役は、「当社は中世のような状態であった。国王と彼の廷臣たちがいて、彼らが指揮をとっていた。そのとおりだろうか。答えはノーだ。指揮をとっていたのは、現地の男爵たちであった。国王と彼の廷臣たちは、あれやこれやの宣言を発するだろうが、その宣言を実行に移すのは、現地の男爵たちだった」[8]と述べている。シティコープは、現地志向からの脱皮を図り、後述のような世界志向を全社的に浸透させるための方策を講じていった。

（3）地域志向

　地域志向を有する企業においては、経営陣は、地域には特異性があると見なす。例えば、北米自由貿易協定（NAFTA）の加盟国―アメリカ、カナダおよびメキシコ―に焦点を合わせているアメリカ企業には、地域志向があるという。同様に、EUとかヨーロッパに注意を集中させている欧州企業も地域志向である。経営陣が地域志向なり、世界志向なりを有している場合、その企業は、しばしばグローバル企業あるいは超国籍（transnational）企業と言われる。

（4）世界志向

　世界志向は、本国志向と現地志向の合成を表している。すなわち、市場および国の類似性と相違性を理解する世界観であり、現地のニーズと欲求に十分反応するグローバル戦略を創造しようとする。世界志向を有する企業は、

世界全体が潜在的市場だと見なしており、統合的な世界市場戦略を開発しようと努力する。企業経営者の中には、このような世界志向を持たなくてはならないにもかかわらず、ある調査研究によると、競争環境の変化に応じてグローバルな反応ができるよう直接的な措置を講ずるよりは、むしろ地域的な競争力の強化に努めている場合が多いという。[9]

3．グローバル・マーケティング戦略

表8-4は、主なグローバル・マーケティング戦略と、それを採用している代表的企業を列示したものである。グローバル・マーケティング戦略[10]は、ブランド・ネームをはじめ、製品あるいはシステムのデザイン、製品ポジショニング、包装、流通、顧客サービス、調達などの要件に基づくものであり、以下にその特徴を示すことにする。

ブランドとは、企業が販売または提供する製品もしくはサービスを競合商品と識別させるために用いる言葉であり、マーク、シンボル，デザインまたはそれらの結合体をいう。現在、世界で最も有名かつ最強のブランドは、「コーク」だと言われており、コカ・コーラは、現在、約200カ国以上で500種類以上のソフトドリンクを販売している。[11]また、自動車では、「メルセデス」と「BMW」のエンブレムは世界的な認知を獲得している。

製品デザインを巧みに操って効果をあげている例にマクドナルドがある。日本にマクドナルドの第1号店が登場したのは、1971年夏、東京銀座においてであった。当時の日本の飲食業界では、大方がマクドナルドの失敗を予測したが、日本マクドナルド社は6カ月間で2億円もの売上げをあげた。同社の成功には、日本人に深く根づいている「舶来品コンプレックス」の潜在意識をつく戦略が大きくかかわっていたという。ファッショナブルな銀座通りをぶらぶら歩きながら、アメリカの若者ように、「アメリカン・スタイルの」ハンバーガーを楽しむ日本の若者を「創り出そう」として、まったく新しいスタイルの食生活を日本に導入しようとした試みが、結果的に、大成功につ

第8章　グローバル・マーケティングの理念と事例

表8-4　グローバル・マーケティング戦略

グローバル・マーケティング戦略	企業名
ブランド・ネーム	コカ・コーラ、フィリップ・モリス、ダイムラー、BMW
製品デザイン	マクドナルド、トヨタ自動車、フォード・モーター、シスコ・システム
製品ポジショニング	ユニリーバ、ハーレー・ダビッドソン
包　装	ジレット
流　通	ベネトン
顧客サービス	キャタピラー
調　達	トヨタ自動車、ホンダ、ギャップ

出所　Keegan（2002）p.7. 一部修正。

ながったのである[12]。

　製品ポジショニングとは，各種ブランドに対する消費者の知覚の仕方の違いだけではなく、各種ブランドに対する消費者の差異を調査することによってブランドの差別化を図ることをいう。英語のpositionには、人や物を適切な地位あるいは場所に「置く」という意味があるが、自社商品を競合商品と明確に区別するために行う市場での「位置付け」を、マーケティング用語でポジショニングという。ハーレー・ダビッドソンのオートバイは、「完全にアメリカ製のバイク」としてのポジショニングで世界中に宣伝されている。

　包装（パッケージング）の本来的な目的および機能は、輸送中の揺れによる形状の変化や紛失などを防ぐという内容物の保護にあるが、他方、販売促進の手段としても用いられる。包装は、「無言のセールスマン」とも言われ、セルフ・サービス方式で販売される事前包装の商品では、事実上、包装そのものが商品を販売する。消費者にアピールする魅力的な包装デザインが要求される。

　イタリアのベネトン社は、同国北部のトレヴィソにあるコンピュータ化された倉庫から、世界中に広がる同社の店舗ネットワークに最新ファッション

を直接出荷する、迅速な配送システムを作り上げている。ベネトン社は、店舗から注文が来るまでは一着も洋服を作らない受注・製造方式を採用しているという。このような方式を可能にしているのは、同社の洗練された、高い精度の流通システムが機能しているからである。

キャタピラー社は、世界最大の土木・建設機械メーカーで、本社はアメリカ・イリノイ州にある。キャタピラー社の製品の販売に当たる独立ディーラーは、アメリカ国内外におのおの100社以上あり、生産拠点として、アメリカ国内の他にカナダ、オーストラリア、南米およびヨーロッパに全額出資の生産子会社がある。同社がグローバルな成功を収めた背景には、ディーラー・ネットワークを整備し、世界中どこでも「1日24時間、部品とサービス」を受けられる体制を保証した顧客サービスにあった。

ホンダとトヨタ自動車の世界市場での成功は、当初、日本の工場からの自動車輸出に基づいていたが、日米自動車摩擦が顕在化し始めてから、両社とも、アメリカその他の国で製造工場を建設するための投資を行い、工場の操業開始後は、そこから両社の製品が輸出されるようになった。また、アメリカのカジュアル・ウエア小売チェーン店であるギャップは、低賃金国のアパレル工場に依存して、同社の衣類の大半を仕入れている。

4．事例―BMWのブランド戦略

メルセデス・ベンツと並んで日本で最も人気の高い自動車ブランドの一つに、BMWがある。ここでは、BMWのブランド戦略の意義について言及したい。

2002年のBMWの販売台数は、前年比17パーセント増の105万7,000台と初めて100万台を突破し、他方、ダイムラークライスラーのメルセデス部門も、同年、乗用車の販売台数が123万2,600台で、過去最高に達したと報じられた。BMWとダイムラーは、従来から高級車市場で競争を演じてきたが、BMWは常にダイムラーの後塵を拝する結果に終わってきた。その巻き返しを図る

第8章 グローバル・マーケティングの理念と事例

ため、BMWは、新たなブランド戦略に打って出た。

　BMWは、1995年から2002年までの8年間にわたり増収を続けてきた。その源泉となっていたのは、「プレミアム・セグメント」と呼ばれる、医者や弁護士など社会的地位の高い層に焦点を合わせた戦略である。プレミアム・セグメントに的を絞って販売すれば、BMWのブランド・イメージは、ある程度、維持されるだろう。しかし、長い間には、人々の価値観は変化するものなので、他にもブランド力を維持する努力が必要となる。その努力を怠れば、BMWといえども、顧客から見放されていくのは必定である。BMW社長（当時）のヘルムート・パンケ（Panke, Helmut）は、『日経ビジネス』誌とのインタビューで、同社のブランドについてこう語る。「我々にとってブランドとは『約束』です。我々が顧客に製品やサービスについて約束するわけです」[17]と。これは、BMWの企業哲学を表している。顧客がBMWに何を期待しているのかを正確につかみ、その期待に応えることが、顧客との「約束」を果たすことになるので、その約束が果たされる限り、BMWのブランドは維持されうるという哲学が、パンケのこの言に凝縮されている。

　ところで、ドイツは、言わずと知れた廃棄物処理政策の先進国である。その風土のなかで、BMWも環境問題に配慮してきた。リサイクルによる環境保全が、BMWに対する顧客の、そしてより広く社会の期待であれば、それを裏切ることはできない。なぜならば、期待を裏切れば、ブランドのイメージ・ダウンに直結するのはもちろんのこと、社会の不特定多数の中に存在する同社の潜在的顧客をも失うことになるからである。このためBMWでは、設計段階でリサイクル可能な部品をできるだけ多く採用し、廃車のリサイクル協定工場を認定するなど、様々な環境問題への取り組みを通じて、ブランド力を高める努力を続けている。

　環境に配慮するという地道な戦略と並行して、BMWは、既存の自動車ブランドを取得するといった積極的な戦略も講じてきた。表8-5は、その経緯を示したものであるが、2003年1月、同社は、世界の超高級車ブランドであるロールスロイスの商標権をフォルクスワーゲンから獲得して、ブランド

表8-5　BMWのブランド戦略の歩み

1991年	英ローバーの株式80％を取得 ローバー、MG、MINI（ミニ）などのブランドを得る
1998年	オンライン受注システムの導入を開始 フォルクスワーゲンがロールスロイスの販売権を獲得 その後、2003年から販売権がBMWに移ることが決まる
1999年	ローバーとMGなどを売却、MINIのみを手元に残す はじめてのSUV（多目的車）を発売
2000年	新型MINIを発売
2003年	ロールスロイスの販売権を取得し、新型を発売

出所：『日経ビジネス』2003年1月6日号。

　戦略の転換期を迎えた。
　BMWは、ロールスロイスの獲得から遡ること12年前の1991年に、MINIのブランドを取得している。そのMINIとロールスロイス、それに本体であるBMWのブランドを合わせると、三つのブランドを保有することになったわけで、それが持つ意味を、パンケはこう語る。
　「我々は顧客層を絞り込んでいますが、一つの商品に寄りかかっているわけではありません。この顧客層が欲しいと思っている商品を用意し、彼らの成長に合わせて次々と紹介していく。我々は、まず顧客を限定し、次に彼らの期待に100パーセント応えるものを作り出すことを考えているのです」[18]
　BMWは、プレミアム・セグメントのなかでも若年層を対象にした新型MINIを発売し、2002年の販売実績は14万台以上に達したという。[19]ロールスロイスの投入がこれに加わって、長年の宿敵とも言えるダイムラーの牙城を崩す機会が訪れた。BMWのこの新たなブランド戦略は、1998年のダイムラーとクライスラーの合併と並びうる非常に大きなインパクトを、世界の自動車業界に及ぼしている。

第8章　グローバル・マーケティングの理念と事例

おわりに

　競合自動車メーカーが、BMWに劣らぬ高性能で、しかも低価格の自動車を発売したとする。このとき、BMWの顧客は、BMWから離れて、低価格車の方を選択するだろうか。そういう場合もあれば、依然としてBMWを選択する顧客もいるだろう。後者の場合、顧客は、価格差以上の価値を、BMWというブランドに見出している。要するに、ブランドは価値である。

　同様のことは、コカ・コーラについても言える。コークの製法は、長年、秘中の秘として扱われているが、そのシロップの中身の99パーセントは、単なる砂糖水であり、1杯のコーク価格に占める原料費の比率は、高が知れている。単にのどの渇きを癒すだけであるならば、「水」で十分である。にもかかわらず、われわれは、なぜコークを購入するのだろうか。言うまでもなく、われわれは、コークのあの独特の味覚に代金を払っている。コークの味覚はブランドであり、われわれはブランドを買っているのである。

　本章の冒頭で、「グローバル・マーケティングは、企業と顧客間の双方向の行為が世界的な規模で展開されなくてはならない」と述べたが、その前提になっているのは、世界的な規模でのニーズの把握である。しかし、世界の国々、市場は様々であるため、そのニーズも多様である。それでは、グローバル・マーケティングの実践者は、どのようにしてニーズをつかみ、それを商品に反映させることができるのか。その答えを一言で表せば、「グローカリゼージョン」である。日本でもこの言葉は、非常によく知られているが[20]、コカ・コーラは、以前から、「グローカリゼーション」の実践者であった。というのは、コカ・コーラは1960年代、日本の国内市場で急成長を遂げるようになったが、その要因は、同社が日本の国内企業と同程度のインサイダーになる、すなわち「グローバルに考え、ローカルに行動する」能力にあったからである。

　最後に一つ注意を喚起しておきたい。本章で示したかったのは、大半の企業が、生き残るためにグローバル化する必要があるということで、すべての

企業がグローバル化しなくてはならないということではない。純然たる国内企業で、十分に成功を収めている企業もあり、サウスウエスト航空（Southwest Airlines）[21]は、その典型であろう。同社は、ユナイテッド航空（United Airlines）やアメリカン航空（American Airlines）など、並み居るグローバル・エアラインが、2001年9月の同時多発テロ以降、客足が戻らず、苦境にあえいでいるなかで、着実に業績を伸ばした。したがって、現時点で、同社が直ちにグローバル化する必然性はない。しかし、時が移り、ビジネス環境に変化が生ずれば、グローバル・エアラインに脱皮することが、同社にとってより大きな収益源となりうることが十分に考えられる。その場合でも、グローバル・マーケティングの要諦は、「グローカリゼーション」を遂行する能力であることに変わりはない。

注

（1）Warren J. Keegan (2002). *Global Marketing Management*. 7th ed. New Jersey: Prentice-Hall International., p.6.

（2）T., Levitt (1988) "The Globalization of Markets", *Harvard Business Review*, 1983.

（3）土岐坤・DIAMONDハーバード・ビジネス・レビュー編集部訳（2002）『レビットのマーケティング思考法―本質・戦略・実践―』ダイヤモンド社、225頁参照。

（4）Keegan (2002). p.11.

（5）Keegan (2002). pp.4-5.

（6）D. A. ヒーナン　H. V. パールミュッター著　江夏健一・奥村皓一監修（1990）『グローバル組織開発―企業・都市・地域社会・大学の国際化を考える―』文眞堂、16〜27頁参照。

（7）シティコープは、1967年、ファースト・ナショナル・シティ・コーポレーション（First National City Corporation）として設立され、74年からシティコープに改称された。シティバンク（Citibank）を傘下に持つ持株会社で、98年10月、トラベラーズ・グループ（Travelers Inc.）と合併してシティグループ（Citigroup）となる。合併当時、世界約100カ国・地域に3,000余りの営業拠点を持ち、合併前年の97年の収入は346億9,700万ドル（前年比6.4

%増)であった。『日本経済新聞』1998年4月7日付。
（8）シティコープの重役、ジェームス・ベイリー（Bailey, James）の言葉。Keegan (2002). p.13.
（9）Keegan (2002). p.14.
（10）本節で取り上げているグローバル・マーケティング戦略のうち、ブランドおよび製品ポジショニングの意味、解説は、徳永豊　D. マクラクラン・H. タムラ編（1989）『詳解マーケティング辞典』同文舘を、また包装のそれについては、出牛正芳編（1995）『基本マーケティング用語辞典』白桃書房を参照した。
（11）http://www.coca-colacompany.com/ （2013.02.03入手）
（12）廣原真由子　B. バクスター編（1996）『ビジネスとアメリカ文化』成美堂、27〜29頁参照。
（13）G. S. イップ著　浅野徹訳（1995）『グローバル・マネジメント─グローバル企業のための統合的世界戦略─』ジャパンタイムズ、177頁参照。
（14）徳田賢二「キャタピラー」（1998）『CD-ROM版　世界大百科事典（第2版）』日立デジタル平凡社、1998年参照。
　　なお、キャタピラー社は、1963年に三菱重工業と折半出資でキャタピラー三菱を設立し、主要商品としてホイールローダー、ブルドーザー、ディーゼル・エンジンなどを生産していたが、2012年3月、三菱重工が、その保有するキャタピラージャパンの株式をすべてキャタピラー社に譲渡し、これによって、両社の合弁事業は解消された。
（15）Keegan (2002). p.7.
（16）『日本経済新聞』2003年1月8日付。
　　なお、ダイムラークライスラーは、1998年11月の発足から約9年後の2007年8月に、クライスラー部門をアメリカの投資会社に売却し、社名をダイムラー・アーゲー（Daimleler AG）に変更した。ダイムラー社とクライスラー社の合併は、これをもって解消された。
（17）『日経ビジネス』2003年1月6日号、147頁。
（18）前掲書、146頁。
（19）『日本経済新聞』2003年1月8日付。
（20）平松守彦が熊本県知事を務めていた当時、1997年に地域の活性化を目指して「一村一品」運動を開始し、「ローカルにしてグローバル」な産品を提唱して以来、よく知られるようになっている。

(21) サウスウエスト航空の成功の秘訣については、ケビン＆ジャッキー・フライバーグ著　小幡照雄訳（1997）『破天荒！サウスウエスト航空―驚愕の経営―』日経BP社に詳しい。

第9章　アメリカ航空貨物業界と規制緩和

1．規制緩和論の台頭

　アメリカで「規制緩和」(deregulation) が特に強調されるようになったのは、レーガン (Reagan, Ronald W.) が政権を取ってからのことである。レーガンは1981年1月、大統領に就任すると、ただちに「新しいアメリカの出発」と題する経済再建計画を発表した。レーガノミックス (Reaganomics) と呼ばれたその政策は、福祉予算を中心とした歳出の削減、個人所得税および法人税の大幅な税率の引下げ、インフレーション抑制のための安定的な金融政策、政府規制の可能なかぎりの緩和の4項目を基本的内容としていた。規制緩和はこの線に沿って、運輸事業、通信・放送事業、石油・天然ガス事業、金融部門などで強力に推し進められていった。

　このような規制緩和の波は、アメリカにとどまらず、わが国にも押し寄せてきた。1985 (昭和60) 年4月の電気通信事業法改正に伴い、電電公社が日本電信電話株式会社 (NTT) と株式会社化され、競争原理の導入によって民間の電気通信事業が認められるようになった。87年4月には国鉄が民間JRグループへ移行し、民営化とともに国鉄法という規制が解かれて、新規事業への道が開かれた。また同年9月、日本航空 (JAL) を完全民営化するための「日航法廃止法案」が公布された。これによって、航空業界にもよりいっそうの競争が導入される見通しとなった。

　このように規制緩和はアメリカでも、またわが国でも (他の西欧諸国も同様)、時代の趨勢になってきている。しかし、規制緩和が完全に実施されている部門は意外と少なく、規制緩和の先進国であるアメリカでさえ、それはわずかな数でしかない。したがって、規制緩和は新しい、未経験な部分を多分に含

165

んでおり、規制緩和がいかにして望ましい目標に達するかという点に関する理論的基盤もなお弱いと言わざるをえない。そのようななかで、アメリカ航空貨物業界は、すべての経済規制が廃止された数少ない部門の一つである。それゆえ、アメリカ航空貨物業界が規制から規制緩和へと移行していった経緯を概観することによって、わが国でも議論の的になっている諸規制緩和問題について、教訓なり示唆が得られるように思う。

以下では、アメリカ航空貨物業界が規制緩和によってどのように変化していったか、その変化の方向をおおまかながら読み取り、わが国の規制緩和問題を考えるうえでの一助としたい。[4]

2. 規制緩和の経緯

アメリカにおいて航空貨物業界が近代的産業としてスタートしたのは、当時、まだ軍によって優先的に配備されていた新機材が、民間航空会社にも入手可能になった第二次世界大戦末期のころである。1944年から47年にかけて、安価な余剰機材が、規制なしに購入できたので、航空貨物業界には大量の参入があった。しかし、これらの新規参入者のほとんどは、未知の収益潜在力 (revenue potential) を有する未開拓市場の需要を満たそうとした、零細な貨物専門航空会社 (all-cargo airlines) であった。輸送力 (capacity) は明らかに過剰状態となり、多くの運送事業者が多額の損失を生じ、破産した。そしてそれと同時に、安全性も悪化するにいたった。

このような状況のなかで、アメリカ民間航空委員会 (Civil Aeronautics Board; CAB) は、1947年、旅客サービスに適用される諸管理と並行して、貨物を輸送するすべての航空会社の路線および運賃の柔軟性 (flexibility) について制限を加え始めた。貨物サービスに対する運賃水準と運賃構造とを設定し、路線を割り当てて直接的に航空貨物業界に介入し、間接的には、旅客航空輸送に対する価格と参入を規制して、コンビネーション機 (combination aircraft)[5]の下部貨物室内で運送される輸送力コストに影響を及ぼした。

第9章　アメリカ航空貨物業界と規制緩和

　CABは貨客ともに料金平均化（rate averaging）を設定していたが、貨物料金平均化は、もっぱら積送品の大きさと距離に基づき全国標準となっていた。この運賃はサービスを促進するために割り引かれることも、あるいは危険品（hazardous goods）や破損しやすい品目（fragile goods）に対しては引き上げられることもあった。参入規制を所与とすれば、標準運賃の意味するところは、市場間のコスト格差が運送事業者間の収益格差、ないしサービス格差に置き換えられることであった。効率的機材と高いロード・ファクター（load factor 利用率）[6]とがより多くの収益をもたらした。しかしそれでも、運賃制限は、運送事業者が特定の高コスト市場（例えば、往路か復路のどちらかにほとんど貨客利用のない閑散市場）で十分なサービスを提供することを困難とした。

　参入規制も運賃規制と同様に厳しかった。連邦航空法（Federal Aviation Act of 1958）の定めるところによれば、新規の申請者（new applicant）は、当該サービスが「公共の便宜と必要性」（public convenience and necessity）というテストに受かっていることを明示する立証責任を負わなければならなかった[7]。これは実際上、既存の運送事業者（incumbent carrier）が自己の路線への他者による参入を阻止できることを意味した。実際に貨物専門運送事業者は、旅客運送事業者と直接に競争することがないように、1940年代末から50年代初頭にかけて初めて免許を取得したときの路線に運航を限られていた。また、旅客航空会社（passenger airlines）に許可された旅客および貨物権の拡大が制限されたために、最優良時間帯（prime-time）[8]の貨物輸送力はほとんど増加しなかった。

　こうして貨物サービスに対する価格および参入の規制は、生産上の非効率と利潤率の低下、サービスの悪化をもたらしていると思われるようになった。そこで新たな規制についての模索が始められ、一つの合意が、立法府議員、業界団体、学者および消費者（荷主）のあいだで得られることになった。1977年10月20日、ハワード・キャノン（Cannon, Howard）上院議員は、「1958年連邦航空法第8章を修正するために……およびその他の目的のために」修正

案を提出し、「その他の目的」のなかには、「本修正は貨物専門航空輸送形態の規制緩和を望むものである」という1項目があった[9]。本修正案は口頭で承認され、議会から二、三の変更を受けて10月28日上院で、11月2日下院で可決された。これにより国内運賃がまず規制緩和され、参入規制についても、翌78年1月9日、既存の定期運送事業者に対する国内定期貨物サービスの参入規制が廃止された（チャーター航空会社に対してはその数カ月後に廃止された）。そして1979年5月初旬には、適合性（fitness）、意志（willingness）および就航能力（ability to serve）というテストを受けるだけで、新規運送事業者も航空貨物事業に参入できるようになった。

3．規制下の航空貨物業界

航空貨物規制のもとでは、コンビネーション機の運航は旅客運送事業者だけに許され、フレイター機（freighter aircraft 貨物専用機のこと）は旅客運送業者も貨物専門運送事業者もともに定期サービスに使用できた。小型機の運航は規制を受けていなかったので、小型機による参入は自由であった。トラックの使用はすべての航空運送事業者に対して制限された。そのために航空運送事業者は、行程中の少なくとも一部は地表手段によって、より経済的に移動させることのできた積送品を、航空輸送せざるをえなかった。コミューター運送事業者（commuter carrier）は、機材制限のために短距離路線上でしか競争できなかった。コミューター運送事業者は実際には、フィーダー運航（feeder operation）や小包速達業務（small parcel express business）を行っていた。貨物専門運送事業者や補足的運送事業者（supplemental carrier）[10]はまた、とりたてて明確な路線免許を必要としなかったので機材を大手荷主に定期チャーターしたり、あるいは他の（通常は外国の）運送事業者にリースしたりして、参入規制を回避しようと努めた。航空会社のこれらの機能分化は、価格および参入規制の産物であって、もし規制がなかったならば、機材や施設などの生産要素をめぐる、このような特化（specialization）は起こら

第9章　アメリカ航空貨物業界と規制緩和

なかったであろう。規制は総じて、運送事業者の使用の許された生産要素に応じた特化に帰着した。

（1）規制初期の成長とその後の抑止要因

　1947年に規制がしかれて以来、最初の20年間、航空貨物業界は比較的順調な成長を示した。少なくとも、それによってひどい妨げを受けることはなかった。1950年代と60年代に航空貨物は著しい割合で増加し、実質産出量 (real output) は50年代には年9パーセント、60年代には年17パーセント以上増加した。[11] アメリカの国民所得の上昇と、高価値製品の国内外取引の増大とが、航空貨物業界におけるこのような拡大に寄与した。一方、供給側の変化も急速で、需要側のそれよりもむしろ大きかったと言える。というのは、航空貨物業界はこの期間を通じて、より大容量、効率的な機材の供給を相いで受け、それが実質コストを低く抑えるとともに、輸送力を急速に拡大させる一因になったからである。

　しかし、規制は、1970年代の諸変化、つまり需要の地理的移動、ジェット燃料価格の上昇、旅客運送事業者およびコミューター運送事業者の航空貨物サービスの変化、などに対応できなかった。ベトナム戦争の終結とともに、東南アジアへの民間航空需要は減少し、他方、国内では、航空貨物サービスの集中していた北部、中西部の工業地帯が南部および南西部に人口と産業を奪われつつあった。チャーター・サービス需要は1969年以降、それに先立つ数年間に急上昇したのと同じくらいの速さで急落し、定期業界の成長も以前の4分の1に落ち込んでいった。[12]

　1974年以降の燃料価格の上昇は、航空貨物業界にとりわけひどい打撃を与えた。73年の貨物専門運送事業者の税込み利潤 (pretax profit) は3,590万ドルであったのに対して、翌年には同じ輸送量で750万ドルしか得られなかった（旅客運送事業者は同時期に、輸送量増加分を含めずに、3億2,560万ドルから5億3,230万ドルに利潤が増加した）。[13] コストも名目で上昇し始めていたし、インフレーションは高進しつつあった。ジェット機による効率性の改善ももは

169

や利潤増大に寄与できなかった。これらのコスト上昇は、運送事業者に運賃の値上げか、サービスの切りつめを余儀なくさせ、早晩、規制の束縛と衝突せざるを得なかった。1970年代の初頭にはまた、旅客運送事業者は、旅客輸送力に対する貨物輸送力の比率が旧型コンビネーション機よりも数段大きな広胴機（wide-body aircraft）の使用を始め、このためフレイター編成をふやさなくなった。貨物専門運送事業者も新機材の追加をやめていた。

　こうして、定期運送に占めるフレイターの割合は、1970年に増加したものの、その後は規制緩和までは、変わるものでなかった。規制緩和期の始まる前年の77年に、定期免許航空サービスから得られた国内貨物収入（domestic revenue）は13億ドルであったのに対し、エア・フレイトにもっとも接近した代替手段をなす都市間自動車貨物運送事業者（intercity motor freight carrier）は、310億ドルの収入をあげていた。規制対象外のコミューター運送事業者は、70年代に貨物運航を急拡大させ、70～78会計年度までの間に、平均年率17パーセントの割合で輸送量が増加したものの、規制緩和時に、規制対象外の運送事業者による国内航空貨物輸送量は全体の5パーセント未満にすぎなかった。

（2）サービスの歪み

　旅客航空会社とCABは、コンビネーション機が旅客の利益のために定期運航されることに同意し、貨物サービスから得られる余剰収入は、旅客サービスを補助するための資金に当てられるものとした。その結果、下部貨物室に余剰があるかぎり、貨物が旅客航空会社から貨物専門運送事業者に運送転換されることは、旅客運賃がより割高になる可能性のあることを意味した。確かに、効率性の観点からは、貨物を可能な限りコンビネーション機の下部貨物室で輸送することが求められた。

　しかし、コンビネーション機が最優良時間帯の貨物サービスを提供するうえで劣っていることを見落としてはならない。CABは、フレイター機ならびに貨物専門運送事業者の固有の役割を軽視していた。貨物専門運送事業者

第9章　アメリカ航空貨物業界と規制緩和

はオーバーナイト貨物の多くを輸送できたのに、参入機会が絶たれていたので、そのために多くの市場で非効率が生じた。価格規制がなければ、最優良時間帯の貨物運賃はフレイター供給価格（freighter supply price）以上に上昇しただろうし、輸送力水準はフレイターの提供するそれ以下の水準のままであったろう。(18)実際には、価格規制のもとで、超過需要は旅客便の最優良時間(19)帯サービスによる高い貨物負荷、したがって、サービスの質的低下となって現れていた。

　当時の旅客運送事業者の利潤極大化戦略は明瞭であった。すなわち、貨物専門運送事業者のフレイター・コストか、それ以下に価格を設定しておくことであった。そうすれば大半の貨物は下部貨物室で、したがって高い収益率で輸送されることになった。ただ大手フォワーダーの業務を引き止めておくために、最低限のフレイター・サービスが旅客運送事業者の赤字覚悟で提供された。他方、貨物専門運送事業者についても特有の反応が見られた。平均フレイター・コストを補塡するのに十分な高運賃を設定するようCABに請願すること——たとえ旅客運送事業者の利潤をいっそう高めることになったにせよ——と、最大の利潤をあげるよう最も効率的なフレイターを運航することが、それであった。貨物運賃は業界平均コスト（industry average cost）に従って定められていたので、平均以下のコストしかかからない運送事業者は、より良いサービス、より多くの割引、より高い収益率の組合せを獲得することができた。高コスト運送事業者と低コスト運送事業者とが競争していた市場では、後者が価格、量、質の水準をことごとく決定した。

　しかし、下部貨物室の利用可能性は、低コスト・フレイター運航者の得るべき超過収益の拘束要因として作用した。高コスト運送事業者だけが就航していた市場——例えば、若干の貨物専門運送事業者が参入しようとして不成功に終わった、南部および南西部の市場——では、サービスの質的水準は低く、利潤もまた低水準であった。参入規制はこのように非効率な技術体系に保護を与えていた。結局、フレイター便は多くの市場から排除された。下部貨物室のスペースが利用可能な場合、荷主はますます昼間時間まで積荷を遅らせ

171

なければならなかった。ドア・ツー・ドア運送に要する経過時間（elapsed time）は2倍になったが、価格は通常、同額のままだった。

　規制が輸送力にこのような結果をもたらしたために、地表移動ないしオフ・ピーク航空移動に転換された最優良時間帯運送は、国内エア・フレイト全体の3～7パーセントに達した。適切な航空輸送体系が欠落していたために、国内定期貨物運送量は1977年に約13.6パーセント減少し、規制が施行されていなければ達していたであろう水準よりも低いものとなった。[21]

　旅客運送事業者が貨物運送事業者と競合していた市場では、フレイター提供は削減されたものの、排除されはしなかった。1970年代初頭から中葉にかけてのフレイター運航回数（freighter departures）の削減は、主として旅客運送事業者が貨物専門運送事業者との競合から保護されていた市場においてであった。これらの市場では、貨物輸送量の成長は横ばいか、拡大傾向にあったが、同時にフレイター・サービスには急激な減少が見られた。

（3）生産の非効率

　運賃・参入規制は、運送事業者に機材を非効率に運航させる結果となり、また、より効率的な技術体系が利用可能になったときでさえ、その採用に水を差した。[22]さらに州際交通委員会（Interstate Commerce Commission; ICC）は航空会社に、就航免許を受けた空港の25マイル以内、つまり航空移動に直接関連を有する範囲内を除いて、トラックによる貨物運送を禁じた。この規制のために、航空運送事業者は、多くの都市に直接航空サービスを提供するか、あるいは自動車貨物運送事業者と集配契約を結ぶかのいずれかの方法をとらざるをえなかった。前者は一定のサービスを生産するコストを高め、後者は一定のコストで、サービスを質的に低下させた。2企業が介在する場合、トラックと航空の運送計画の整合は不確定なものとなる。荷主は標準LTLサービスよりも速くて信頼のおけるトラック・サービスに対しては、進んで代価を支払おうとしたが、ICCは高速サービスに対する高運賃を認めていなかった。[24]

生産効率は多分に生産の多様化によって増大したであろうが、それは確定しがたい問題である。定期航空貨物輸送に対する需要は季節的であり、地理的にも異なっている。チャーター需要も景気循環的である。旅客運送事業者は貨客別の需要の変化に合わせて機内の一部を変えたり、配置換えしたりすることができるが、需要減少期における貨物運送事業者ならびに補足的運送事業者のとりうる唯一の方策は、路線免許制限のより少ない運送事業者に機材をチャーターまたはリースすることであった。

実際問題として、航空機のリース市場はきわめて流動的である。あるリース市場では、機材の運航管理は1週間、1日、あるいは1時間単位でさえ変化した。[25] しかし、たとえ設備のリースおよびチャーターが生産損をすべて防いだとしても、それにもかかわらず、リースおよびチャーター協定にはかなりの取引コストが伴った。

結論的に言えば、規制のコストは業界の効率性の低下と収益の再分配となって現れた。貨幣に換算した規制コストを正確に見積り、定量化することは、いっそうの調査研究と計量経済学の援用を必要とする。けれども、航空貨物規制のコストは相当に大きかったことは、確かであろう。1970年と74年の景気後退とともに経済成長は下がり、景気循環に他のどの部門よりも早く影響を受けやすい航空貨物業界は、とりわけその打撃が大きかった。燃料コストの上昇は経済全般にわたる高インフレ率の火つけ役となり、業界自体も荷主需要の変化に合わせてサービスを変えることが難しかった。このような次々に出現する新事態に直面して、業界と政府は真剣に規制緩和を検討するようになった。

4．規制緩和下の航空貨物業界

規制緩和立法（deregulation legislation）は要約すると、
①産業構造および業績の主要な決定要因は、以後、市場諸力に委ねるものとする

②既存の定期フレイター・サービス運航者は1977年11月9日から、無制限の国内貨物専門免許（unrestricted domestic all-cargo authority）を申請でき、60日以内に免許が与えられる

③既存のチャーター・フレイター・サービス運航者は78年4月から申請でき、45日以内に免許が与えられる

④同年11月9日以降、委員会（CAB）は「いかなる申請も提出後80日以上遅れることなく」申請者の適合性、意志および能力に関して裁定を下した後、ただちに「合衆国のいかなる国民」に対しても参入の開放が始められるものとする

⑤プエルトリコおよびバージン諸島をも適用範囲とする

⑥差別的ないし掠奪的価格設定は例外として、全運送事業者に対する国内貨物運賃規制はただちに撤廃される

という規定内容であった。[26]

なお、運賃表はCABに提出する必要はないにせよ、引き続き公表され、遵守されるべきだとする議会の意向が、両院議会報告書（Conference Report）に記されていた。[27]

規制撤廃に対する各航空会社の反応は、航空会社ごとに規制がどの程度拘束的であるかによって異なっていた――最も強い拘束を受けていた航空会社が最も鋭い反応を示した。一般に規制緩和下の最初の数年間は、生産性の改善、輸送量および産出量の増大、最優良時間帯貨物サービスの向上に向かって変化した。運送事業者はまったく新しい地域に路線を開設するというより、むしろ既存のサービス区域の支線をなす新市場へと拡散していった。価格水準は最初はただ順調に推移しただけで、1977年と80年のより急激な上昇のときでさえ、調整は秩序だっていて合理的だった。

（1）サービス

規制緩和の最初の1年間（1977-78年）に、免許運送事業者の国内運送量は5.7パーセント、非免許運送事業者のそれは28.9パーセント上昇した。これに

表9-1　国内定期航空貨物輸送における産出量の成長（1973～80年）

(単位：%)

運送事業者の分類	市場占有率(1)	平均年変化			
		1973-77年	1977-78年	1978-79年	1979-80年
免許路線(2)	95.3	1.8	5.7	0.1	-2.3
旅客(2)	84.6	2.1	2.6	-2.8	-3.6
貨物専門(2)	10.7	-0.1	27.0	12.1	2.2
非免許	4.7	9.2(3)	28.9(3)	36.8(3)(4)	26.8(5)
経済全体(6)	…	2.2	4.6	3.5	-1.3

注　（1）機内搭載国内貨物有償トン数における占有率。1978年6月30日現在。
　　（2）国内定期貨物有償トン・マイル。1973-78年のデータはフライング・タイガー航空のアンカレッジ運送を除く。1978-80年のデータはアンカレッジ運送を含む。
　　（3）コミューター運送事業者の国内定期搭載貨物トン数。
　　（4）部分データに基づく計算。
　　（5）第418条のみの運送事業者の国内定期貨物有償トン・マイル。
　　（6）アメリカの国民純生産。
出所　CAB, *Supplement to the Handbook of Airline Statistics: Calendar Years 1973 and 1974* (GPO, 1975); and subsequent issues; CAB, *Air Carrier Traffic Statistics: December* 1979; and subsequent issues; CAB, "Commuter Air Carrier Traffic Statistics" (CAB, 1978); and subsequent issues; CAB, *Airport Activity Statistics of the Certificated Route Air Carriers* (GPO, 1979); CAB, "Summary of Section 418 Domestic All-Cargo Financial and Traffic Results for the Six Months Ended June 30, 1979"; and subsequent issues; *Economic Report of the President*, January 1981, p.279; and Federal Reserve Bulletin, vol.67 (February 1981), p.A46に基づくCarronの計算。Andrew S. Carron (1981). *Transition to Free Market*, p.27.

比べて規制緩和前の5年間（1973-77年）では、免許事業者の成長率は年1.8パーセント、非免許事業者の場合は年9.2パーセントであった（表9-1参照）。1978年には、経済自体の成長率の低下とともに、燃料価格が大幅なコスト上昇を引き起こしたのに続いて、航空貨物産出量は低下した。同年、先発免許運送事業者（previously certificated carrier）の成長はほとんど振るわなかった。しかし、非免許事業者は急速な上昇をつづけた。80年のインフレーションと景気後退は、先発免許事業者業界の産出量水準を低下させる要因となっ

たが、その一方で、中小運送事業者は成長を続けていた。

　サービスの質は輸送量の増大とともに向上した。フレイター・サービスは地理的に拡大され、より大量、大型の航空機が既存路線に追加された。規制緩和前には、フライング・タイガー航空（Flying Tiger Line）はアンカレッジを補給基地として利用していたが、緩和後は同地で国内貨物の積み卸しを行った。[28] パン・アメリカン航空（Pan American World Airways）は沿岸地点と内陸地点間のフレイター便の貨物を確保するため、国内貨物輸送をも始めた。また、各運送事業者は、自社のネットワークに新たな都市間運航を始めた。フライング・タイガー航空はシカゴからダラス・フォートワース、ヒューストン、アトランタその他の都市へのサービスを開始、エアリフト・インターナショナル（Airlift International）は東海岸ネットワークをシアトルおよびポートランドに拡張、そしてシーボード・ワールド航空（Seaboard World Airlines）は、中西部および西海岸を同社の大西洋横断サービスに接続した、大陸横断国内飛行に着手した。[29]

　コミューター運送事業者は、以前、拘束されていた最大規模の制限から解放され、所有機材の大型化を始めた。若干の運送事業者は、中古ターボプロップ旅客機（used turboprop aircraft）を入手して、それをフレイター・サービスに転用した。フェデラル・エクスプレス（Federal Express）は、規制下では最大だった同社の所有機の7倍の大きさに相当するジェット・フレイターをただちに購入し、1980年にはDC-10広胴フレイターを2機購入、ボーイング727および737の機数も増加した。その結果、同社の1日当たり輸送量は2年間で150パーセントも上昇したと伝えられる。[30]

　補足的運送事業者は、規制緩和下で機会利用に遅れをとった。その理由として、第一に、補足的運送事業者は定期フレイター便の運航免許を申請するのに1978年4月まで—定期フレイター運航者に遅れること6カ月—待たなければならなかった点があげられる。

　しかし、この他にも、地上施設と販売網の整備という要件もあった。エバーグリーン・インターナショナル航空（Evergreen International Airlines）を

はじめ、多くの補足的運送事業者が新たにサービスを開始したが、そのほとんどは、限られた路線網でのチャーター貨物輸送であった[31]。

旅客航空会社は規制緩和前には、多くの地点に就航していたが、他業態の事業者の参入に応じて、貨物サービスを切りつめていった。旅客航空会社は、旅客規制緩和のもとで顕在化するはずの諸問題に対応し、自社の経営・財務資源を振り向けたいと考えていた。貨物規制緩和の2年後に、国内幹線運送事業者（domestic trunk carrier）の国内航空貨物市場占有率は76パーセントから68パーセントパーセントに低下し（パンナムを除く）、一方、先発貨物専門運送事業者の占有率はそれに応じて20パーセントから28パーセントに増加した（パンナムを含む）[32]。

表9-2は、新しいサービスがどの程度まで、最優良時間帯における貨物スペースの利用性を高めたかを表したものである。規制緩和前には、貨物専門運送事業者の未就航市場では、そのサービスを受けていた市場よりも、ロード・ファクターが若干高かったのに対して、緩和立法の通過後にはその差はかなり縮まっていた。ロード・ファクターが低ければ低いほど貨物スペースの利用可能性は高くなっている。

こうして規制緩和後、貨物専門運送事業者の参入によって、どの市場でも最優良時間帯サービスは向上した。貨物専門運送事業者が新たに就航することになった、15の都市間市場（city-pair markets）のほとんどは、南部諸州内の地点にあったし、その他は北部諸州を横切る、かつての大陸横断サービスの再路線化（rerouting）であった[33]。

これらの市場における、貨物スペースの利用可能性の改善は、コンビネーション機からフレイターへの転換によるものであり、地表輸送からフレイターへのかなりの輸送転換が見られた。規制緩和の最初の年にサービスが急拡大されたのは、以前に貨物専門運送事業者に対して門戸が閉ざされていた市場においてであった。規制緩和がこれらの門戸を開放して、同市場に最も多くの利益を与える可能性があったからである。

アメリカ国内のフレイター運航回数は、規制緩和前の数年間では終始低下

表9-2　1977年および78年の第4四半期における
最大都市間200市場の最優良時間帯貨物輸送力

市場の種類	都市間の数 1977年	都市間の数 1978年	最優良時間帯ロードファクター(1)(%) 1977年	最優良時間帯ロードファクター(1)(%) 1978年
全市場	200	200	61.7	56.6
フレイター・サービス未就航(2)	68	63	61.9	56.9
フレイター・サービス	132	137	61.7	56.4
貨物専門運送事業者未就航(3)	116	109	63.7	57.7
貨物専門運送事業者	84	91	59.1	55.3
1978年に追加された　フレイター・サービス(2)	…	17	66.2	53.5
1978年に追加された　貨物専門運送事業者(3)	…	15	64.7	59.4

注　(1) 最優良時間帯は午後9時から午前6時45分までの一切の定期出航に適用される。ロード・ファクターは、提供輸送力に対する輸送貨物の比率で、最優良時間帯貨物用の一般的利用可能性を示すのに用いられている。より低い数値は、貨物スペースのより良い利用可能性を含意する。
　　(2) 幹線運送事業者と貨物専門運送事業者の両者のフレイター運航を含む。
　　(3) エアリフト・インターナショナル航空、フライング・タイガー航空、シーボード・ワールド航空だけの提供サービスに適用される。
出所　Carronの計算。Carron (1981). p.33.

していたが、緩和後の初年には9.2パーセント増加した（表9-3参照）。以前に貨物専門運送事業者が就航していなかった都市が、最も多くのフレイター運航回数と貨物輸送量を得た。十分なフレイター・サービスを得ていた都市でさえ、増加を記録し、規制緩和直前の数年間と著しい対照を示している。しかし、1979年になると、このパターンは著しく変化した。フレイター運航回数は、すべてのタイプの都市で低下し、78年にサービスを受け始めた都市でとくに急落が目立った。一部には、それは単に途中着陸（multi-stop）が直行（nonstop）サービスに変わったことを表わしているにすぎないかもしれない。また、初期成長は機材不足と、操業開始コストによって制限されていたし、1機材で複数の地点の貨物を集めたりもしていた。しかし、より根

第9章　アメリカ航空貨物業界と規制緩和

表9-3　国内便フレイター運航回数と輸送量（1971～79年）

(単位：％)

市場の分類と産出量	期間ごとの変化[1]			
	1971～73年[2]	1973～77年	1977～78年	1978～79年
貨物専門運送事業者未就航[3]				
フレイター運航回数	－39.1	－68.7	＋64.6	－35.4
機内搭載貨物トン数[4]	＋22.2	－0.8	＋21.8	－7.8
貨物専門運送事業者制限[5]				
フレイター運航回数	＋0.5	－42.2	＋32.6	－9.4
機内搭載貨物トン数[4]	＋17.6	＋13.6	＋7.8	＋1.8
貨物専門運送事業者非制限[6]				
フレイター運航回数	－8.1	－29.7	＋6.1	－14.9
機内搭載貨物トン数[4]	＋22.9	＋0.1	＋7.0	－3.0
標本都市合計				
フレイター運航回数	－11.9	－35.8	＋12.7	－15.6
機内搭載貨物トン数[4]	＋21.9	＋1.9	＋10.0	－3.3
アメリカ合計				
フレイター運航回数	－14.0	－36.2	＋9.2	－16.3
構内搭載貨物トン数[1]	＋20.7	＋0.6	＋9.1	－2.8
産出量	アメリカ合計に占める標本都市の割合			
	1971年[2]	1973年	1977年	1979年
フレイター運航回数	92.7	94.9	95.5	99.3
機内搭載貨物トン数[4]	84.8	85.7	86.8	87.0

注　（1）非年平均。
　　（2）6月30日締め会計年度。
　　（3）規制緩和前、免許定期貨物専門運送事業者による国内サービス就航が一切許されていなかった都市。
　　（4）コンビネーション機およびフレイター機を含む。
　　（5）規制緩和前、エアリフト・インターナショナルあるいはシーボード・ワールド航空によってだけ就航が許可された都市。
　　（6）規制緩和前、フライング・タイガー航空による国内サービス就航が許可されていた都市。
出所　CAB, *Airport Activity Statistics of the Certificated Route Air Carriers* (GPO, 1971), and subsequent issuesに基づくCarronの計算。計算はアラスカ州およびハワイ州の運送事業者による州内運航を除外した、免許路線運送事業者の国内運航回数を表わしている。標本都市は、1971会計年度の機内搭載貨物トンの85パーセントを代表する都市である。Carron (1981). p.32.

179

源的には、サービスの減少は運送事業そのもののふるい分け（winnowing）にあった。フレイター・サービスを受けている都市は増えつつあっても、各地点で利用できる航空会社数は、それに比べて少なくなっていた。[34]

（2）運賃

　表9-4に示されるとおり、1977年から79年まで、規制緩和の最初の2年間、運賃上昇は明白だった。しかし、79年に燃料価格が約2倍に跳ね上がったことを考え合わせて規制緩和前と比べると、その上昇は決して突出したものでないことがうかがえる。78年には一つの一般的な運賃上昇があった。大半の運送事業者は、同年3月ないし4月に平均で8～10パーセント程度価格を引き上げたが、それは運送事業者が77年後半まで待って、同年末に運賃調整を行った結果である。運賃引上げの第2ラウンドは、79年1月および2月にあったが、それは前のものよりも一様ではなかった。フレイターを運航していた運送事業者は、コンビネーション機だけを運航していた事業者よりも多少の引上げを追加した。

　よりいっそうの運賃変更は1979年第2四半期に生じた。大手フレイター運航者（アメリカン航空 American Airlines、フライング・タイガー航空、ユナイテッド航空 United Airlines）は同年末までに運賃を、規制緩和時のそれよりも約40パーセント引き上げ、コンビネーション機だけを運航していた航空会社（コンチネンタル航空 Continental Airlines、デルタ航空 Delta Airline、トランス・ワールド航空 Trans World Airlines; TWA）によって変更された運賃は22～33パーセントと、それよりも幾分低めの上昇だった。[35]

　運賃構造もまた変化を示してきた。より少数だが荷主は特別なサービスに対して割増金を支払っている場合もあるし、若干の路線では競争増大によって、かなりの割引がなされている。コンテナ詰めで差し出される積送品や、比較的高密度の積送品に対しては、経済性運航の観点から、1ポンド当たりより低い運賃が提供された。オフ・ピーク時（昼間や週末）に差し出される貨物も、もしそれがなければ未利用輸送力が生じてしまうところを満たして

第9章　アメリカ航空貨物業界と規制緩和

表9-4　国内航空貨物サービスの価格およびコストの変化（1973～80年）

期　間	平均年間パーセント変化		
	コスト(1)	価　格	
		平均イールド(2)	一般品目運賃
1973～77	8.6	9.4	10.9
1977～78	6.6	7.8	11.9
1978～79	12.8	11.8	13.7
1979～80	25.2	13.5(3)	n.a.

注　（1）フレイター・サービスにおける貨物有償トン・マイルあたりの支出。
　　（2）全サービスにおける貨物有償トン・マイルあたりの収入。
　　（3）部分データに基づいて計算。
出所　CAB, *Supplement to the Handbook of Airline Statistics: Calendar Years, 1973 and 1974* (GPO, 1975); and subsequent issues; CAB, *Trends in All Cargo Service* (CAB, 1977), p.16; CAB, "Operating Results from Schedule All-Cargo Operations for the 12 Months Ended December 31, 1977", table 2; CAB, *Air Carrier Traffic Statistics: December 1979*, p.4; and subsequent issues; CAB, *Air Carrier Financial Statistics: December 1979*, p.2; and subsequent issues; CAB, Office of Economic Analysis, "For Information" Memorandum to the Board (March 5, 1980), app. C; CAB, "Summary of Section 418 Domestic All-Cargo Financial and Traffic Results for the Six Months Ended June 30, 1979", table and subsequent issues; and CAB, *Aircraft Operating Cost and Performance Report*, vol.12 (CAB, July 1978), pp.3, 8; and subsequent issuesに基づくCarronの計算。Carron (1981). p.33.

いるので、割引運賃で運送されている。
　特別な荷役が必要な積送品—生きている動物、危険品、人間の遺骸など—の運賃は急上昇した。これらの品目に対する特別追加料金は、規制下にあっては不十分であったし、運送事業者はいやいやながらそれらを受託していた。割引運送の結果、貨物積送品に対する単位収入としてのイールド（yield）の上昇は、一般品目運賃の上昇よりも緩やかになっていた（表9-4参照）。
　運賃に関連して、以上のほか二つの点が規制緩和された。すなわち、貨物に対する責任と運賃表提出の問題である。
　運送事業者は、積送品の滅失（loss）および損傷（damage）に対して、1

181

ポンドあたり9.07ドルまでの責任を負っていたが、規制緩和後、かなりの数の運送事業者が標準責任限度額を、1ポンドあたり50セントに減額した。荷主はCABおよび議会に対して不服を申し立てたものの、低い責任限度額が非効率でも、不公平でもないというのが、大方の見解であった。

　また、CABはこの規制下で、運送事業者の運賃率表を提出するよう求めていたのを、規制緩和に伴ってこれを撤廃した。[36]公式運賃率表の提出は、ある程度運送事業者間の暗黙の結託へ向かうだろうし、また運賃率表がいったん提出されると、それに従わなければならないので、運送事業者が値引きを開始したり、あるいは他者の値引きに対抗したりする能力を制限してしまう。

　荷主は、運賃率表提出要件の廃止に反対した。というのは、彼らは、運送事業者独自の運賃シート（rate sheet）が利用できなくなると信じきっていたからである。航空会社筋では、1978年11月9日実施の全面的規制緩和の結果、ほとんど変化は起こらないだろうと予測していたが、CABが運賃率表の提出を要求しなくなると、貨物運賃は混乱に陥るのではないかという心配も表明されていた。[37]しかし、荷主は貨物運賃の混乱に直面しなかった。とはいえ、議会が運賃率表要件の継続を意図している以上、[38]問題は残ったままになった。

5．流動的な航空貨物業界

　航空貨物業界が規制から規制緩和へと環境変化するにあたって、当初、「移行の混乱状態」（transitional chaos）が生じるのではないかと予測されていた。確かに、各運送事業者は競争相手の先を越そうとして急拡張したために、サービスの信頼性は悪化し、多くの新運賃が実施されたものの、やがて運送事業者には引き合わず、荷主には魅力のないことが判明して撤回されることになった。また、荷主は広範囲にわたる利用可能なサービスと価格の情報を得るのに余分なコストが生じたし、各航空会社は大規模な、費用のかさむ付随的関連事業を行った。

　しかし、これらは「混乱状態」と呼ぶほどのものではなく、むしろ「移行

の混乱状態」は現実とはならなかったと言ってよい。荷主はコストよりも、受けた便益のほうが大きかったろうし、運送事業者は競争相手や顧客の行動について、自由に情報を入手でき、運賃およびサービスの調整能力は損なわれることがなかった。移行調整期の効率損も、新しい提供サービスによる利益が短期調整コストを明らかに上回っていたので、杞憂に終わった。

　けれども、この時点で規制緩和のメリットを確定的に評価するのは危険であった。実際問題として、1978年11月に全面的に規制緩和されて以来、航空貨物業界には多くの要素が影響を与えており、規制緩和と業界の現状との直接的な因果関係を明瞭には把握しにくい。さらにサービスは改善されるのか悪化するのか、運賃は下降するのか上昇するのか、合併・吸収による業界の再編成が出現するのか否かなど、状況は流動的と言わざるを得ないのが実情であった。[39]各運送事業者が自社のサービス、運航、設備および価格を、荷主需要・選好の変化や競争機会に合わせて調整するのに従って、業界全体も恐らく変化しつづけるだろうと考えられたからである。[40]

　もとより、アメリカとわが国とでは航空業界の状況に大きな違いがあり、わが国には貨物専門航空会社として日本貨物航空（NCA）があるものの、フェデラル・エクスプレスのような小口貨物に特化した航空会社は存在しない。アメリカの国土の広さがこのような航空事業の発展を必要とし、促進してきたのだから、アメリカの現状をそのままわが国に当てはめていうつもりはまったくない。けれども、関係当事者の利害やイデオロギーからとかく硬直的になりがちな、わが国の規制緩和論議に対して、アメリカ航空貨物業界の帰趨は一つの有益な判断材料を提供するはずである。航空貨物業界は今後も変貌を遂げていくだろうが、これを注意深く観察していく必要がある。

注
（1）日本貿易振興会海外調査部米州課編（1982）『米国経済ハンドブック』東洋経済新報社、16頁参照。
（2）小椋正立著（1981）『サプライ・サイド経済学』東洋経済新報社、208〜209頁参照。

（3）正式名称を「日本航空株式会社法を廃止する等の法律」（昭和62年9月11日法律92号）という。
（4）アメリカの航空貨物規制緩和法成立後の3年間についてではあるが、Andrew S. Carron (1981). *Transition to a Free Market: Deregulation of the Air Cargo Industry*. Washington, D.C: Brookings Institution. が多くの材料を提供しており、本章では、それを手がかりに論を進めている。
（5）下部貨物室（belly）をもつ通常の旅客機のことを、「コンビネーション機」という。なお、コンビ機（"combi" aircraft）と呼ばれる機種があるが、これは従来のコンビネーション機とフレイター機の中間的存在で、客室を二分して、一部は旅客用、他の一部は貨物用に使用するものである。
（6）ロード・ファクターとは、航空機の搭載可能量に対して実際に搭載された貨物の利用率をいい、旅客の場合は、座席数に対して有償で利用された席数の割合のことを指す。
（7）Federal Aviation Act of 1958, Section 40149 U.S.C. 1371.
（8）Prime-time serviceは「ゴールデンタイム・サービス」とも訳され、貨物の場合、アメリカでは大体、午後9時から翌朝午前7時くらいまでの間に集中して輸送されるので、こう呼ばれている。
（9）Carron (1981). p.18.
（10）補足的運送事業者は、不定期運送事業者（nonscheduled carrier）とも呼ばれ、チャーター航空会社のことをいう。
（11）Carron (1981). p.8.
（12）Carron (1981). p.10.
（13）CAB (1975), *Supplement to Handbook of Airline Statistics: Calendar Year 1973 and 1974*, GPO, pp.7, 46, 48-49. 貨物費用は個別に報告されていないので、旅客運送事業者のデータは旅客運航を含む。Carron (1981). p.10, footnote 16.
（14）定期国内航空会社の旅客収入は135億ドルであった。CAB (1979), *Supplement to the Handbook of Airline Statistics: Calendar Year 1977 and 1978*, GPO, p.42. Carron (1981). p.10.
（15）310億ドルのうち、トラックロード・サイズ未満の小型積送品から得られた収入分は75億ドルだけだが、航空貨物積送品のほとんどすべてはこのカテゴリーに入った。Carron (1981). p.10, footnote 18.
（16）機内に搭載された貨物トン数。CAB (1978), *Commuter Air Carrier Traffic*

Statistics: 12 Months Ended June 30, 1978, CAB, p.3. Carron (1981). p.10.
(17) Carron (1981). p.11.
(18) Carron (1981). p.11.
(19) 旅客の場合の最優良時間帯は、貨物とは逆に、日中の時間帯である。
(20) Carronの計算。 Carron (1981). p.13.
(21) Carron (1981). p.13.
(22) 例えば、フライング・タイガー航空の航空機は、東洋からアメリカへ向かう東行きの収容搭載物（capacity loads）を運んでいた。太平洋上空では、西行き運送は東行きに比べてかなり少なかった。しかしノース・スロープ（North Slope）（アラスカ州と本土48州の地域間）では、もしタイガー航空が帰送途中の運送を参入規制によって妨げられていなかったら、48州とアンカレッジ間で石油製品の輸送に同社の輸送力が利用されたであろう（どの便も燃料補給のためにアンカレッジに寄航したから）。そのためタイガー機は、運送権をもつ運送事業者によって追加された航空機や荷主によってチャーターされた航空機と同じ航路上を、同じ時間帯に、一部空荷飛行していた。また、フェデラル・エクスプレスがより大型、効率的な機材を使用できなかったことによる効率損は、1977年に、1,210万ドル、概算機材運航費のほぼ20パーセント、概算貨物収入の9.4パーセントにのぼったと言われる。Carron (1981). p.14.
　なお、フライング・タイガー航空は、1988年12月16日、フェデラル・エクスプレスに買収、統合され、運航停止となった。
(23) LTL (less-than truckload) は、トラック1台分に満たない小口扱いのことをいう。LTLサービスの場合、トラック会社は積荷を集荷、仕分け、目的地への配車などで、トラックロード・サービス（荷主がトラックの全収容力を予約して受けるサービス）よりもほぼ2倍以上時間がかかると言われている。W. E. O'Connor (1985). *An Introduction to Airline Economics*. New York: Praeger Publishers. p.140. 山上徹監訳 (1987)『現代航空経済概論』成山堂書店、145頁。
(24) アメリカのトラック貨物業界における規制ならびに規制緩和については、野尻俊明 (1984)『規制改革と競争政策』白桃書房に詳しい。
(25) Carron (1981). p.15.
(26) Carron (1981). p.22.
(27) Conference Report on H.R. 6010, H. Rept. 95-773, 95 Cong. 1 sess.

GPO, 1977, pp.14-15. Carron（1981）．p.22.
(28) 国内参入規制のために、フライング・タイガー航空の国際便は、アンカレッジで国内貨物を積み卸すことができなかった。前記注（22）参照。
(29) 規制下では、パンナムおよびシーボード・ワールド航空の国際便は、アメリカ国内とゲート空港（gate airport）の間で空荷運送を余儀なくされた。これによる両社の生産損は1977年、370万ドルと見積られた。Carron（1981）．p.14.

　なお、規制緩和後の1980年10月1日、シーボード・ワールド航空はフライング・タイガー航空と合併してタイガー航空の傘下に入り、エアリフト・インターナショナルは91年6月に運航停止、そしてパンナムは、業績悪化に歯止めがかからず、1991年12月4日、全面運航停止に追い込まれた。

(30) Federal Express (August 31, 1977). *First Quarter Report*, and subsequent issuesに基づくCarronの計算。Carron（1981）．p.28.
(31) エバーグリーン・インターナショナル航空は改造ターボプロップ2機で、東海岸と西海岸の沿岸路線の就航を始めた。デトロイトから各地の組立工場まで自動車部品を運ぶコントラクト・キャリヤーであった、ザントップ・インターナショナル航空（Zantop International Airlines）は、帰送途中での定期サービスを開始した。トランザメリカ航空（Transamerica Airlines、以前のトランス・インターナショナル航空 Trans International Airlines）も新しいサービスを用意した。
(32) Carron（1981）．p.29.
(33) 南部諸州地点（southern tier points）とは、アトランタ、シャーロット（N.C.）、ダラス・フォートワース、ヒューストン、マイアミおよびサンファンをいい、また、北部諸州（northern tier）は、西海岸、中西部および北東部を取り囲む地域を指す。
(34) Carron（1981）．p.31.
(35) Carron（1981）．p.34.
(36) CABは運賃表要件の撤廃の理由について次のように述べている。「われわれは、荷主に運賃が幾らかについての情報を知らせるために、運送事業者に運賃率表を提出せしめる必要はまったくなく、提出せずとも運送事業者はきわめて効果的にそれを荷主に知らせるだろう、という結論に達した。」Marvin S. Cohen, chairman of the CAB (1979), *Regulation of Air Cargo Freight Transportation*, GPO, 1979, p. 62. Carron（1981）．p.35.

(37) *Aviation Week and Space Technology* (November 6, 1978). p.36. Carron (1981). p.35.
(38) 前記注（27）参照。
(39) O'Connor (1985). pp.156-57. 山上監訳（1987）、163頁参照。
(40) The United States General Accounting Office (November 1985). *Deregulation: Increased Competition Is Making Airlines More Efficient and Responsive to Consumers*, GAO/RCED-86-26, p.54にも同趣旨の（旅客航空業界に主眼を置いているが）結論が述べられている。

第10章　米国空運事業の再構築と規制緩和

はじめに

「西暦2000年までに、いやおそらくそれよりもっと早い時期に、自由世界における航空サービスのほとんどは、グローバル規模で競争を行う20社足らずの大手多国籍航空会社によって供給されることになろう」[1]

アメリカの航空経済学者、ダニエル・M. キャスパー（Kasper, Daniel M.）は、1980年代後半に出版された著書のなかでこう予言した。事実はキャスパーの予言どおりで、アメリカおよびヨーロッパの航空会社は、合併・買収、資本参加、路線の買い取り等を通じて経営規模の拡大と、グローバル化を推し進めていった。

このような状況に至った直接の原因は、アメリカにおける航空規制緩和にある。アメリカでは、1978年に航空規制緩和法（Airline Deregulation Act; ADA）が施行され、国内航空の運賃と参入に対する制限が撤廃された。その結果、アメリカの航空産業は、効率的運航が可能な航空会社が生き残り、非効率な路線体系しか持たない航空会社が淘汰されるという寡占化状態が出現した。比較的少数のメガ・キャリヤー（megacarrier 巨大航空会社）・グループが、国内外にネットワークを拡張し、規模および範囲の経済性を獲得して国際市場に参入し始めた。そのため、ヨーロッパでは、アメリカのメガ・キャリヤーの進出に対抗すべく、各国の航空会社間で緊密な提携関係が結ばれるようになった。アメリカとヨーロッパの航空会社は、大西洋路線（米・欧間市場）と、さらにはアジア市場での覇権をめぐって、熾烈な争いを展開し、その帰趨は、わが国航空産業界にも少なからぬ影響を及ぼしてきた。

以下では、規制緩和後のアメリカ市場における競争の激化と業界再編成の

過程を概観し、併せてヨーロッパおよびわが国の航空会社の対応について述べてみたい。

1. 規制緩和前後の旅客航空の変化

　1938年に民間航空法（Civil Aeronautics Act）が可決されてから、1978年に航空規制緩和法が制定されるまで、アメリカ民間航空委員会（CAB）が、国内航空会社を公益事業として規制していた。すなわち、参入、価格設定、路線選択を管理することによって競争を厳しく制限していた。航空会社はいったん運航免許を取得すると、ある特定の市場でサービスを提供する特権を享受するが、他の市場でサービスを提供しようとしても、それは許されなかった。現実の競争も潜在的な競争もともに厳しく制限されていた。価格は、特定市場におけるコストと収益の関係からではなく、業界全体の収益性を基礎にして設定された。民間航空法は、価格競争をあらかじめ排除するものではなかったが、しかし現実には、CABが価格競争を厳しく抑制していた。

　幹線航空会社―1930年代後半、CABによって最初に免許が与えられた航空会社―が、徐々に大型、長距離航空機を導入していく（DC-3型機からDC-6型機へ、コンステレーション機からB-707型機およびDC-8型機へなど、機種の格上げを行っていく）につれて、CABは、このような新型機に一層適した長距離路線サービスの提供を、これらの航空会社に認可した。またその際、CABは「フィーダー」（feeder 支線）航空会社に対し、幹線航空会社のもはや使用しなくなった小型機を用いて、幹線航空会社が手放した短距離路線サービスを提供する免許を与えた。その後、これらフィーダー航空会社も、より大型の機材とより長距離の路線を獲得するにつれて、CABは、大手航空会社には規模的に小さすぎる（あるいは大手航空会社によってサービスが提供されていない）路線にエア・タクシー・サービスを提供する第三レベルの航空会社を認可した。現在のアメリカのコミューター航空会社は、これら第三レベルの航空会社の直系の子孫であった。

第10章　米国空運事業の再構築と規制緩和

　CABは幹線航空会社とフィーダー航空会社に路線を与えることによって、三つのレベルのサービスを国内航空輸送体系に統合した。小型機を運航する第三レベルの航空会社は一般に、CABの路線および運賃規制から除外されていた。この統合の全体的な狙いは、幹線航空会社に、その主要な輸送量発生地点間におけるサービスを通じて、国内航空輸送の大部分を担当させることにあった。第二レベルの航空会社には、中小都市を発着する旅客を、その各地点から幹線システムまで輸送する役割を担わせた。それ以外のローカル・サービスは、第三レベルの航空会社によって補完された。

　歴史的に見て、アメリカの航空産業をこれまで支配してきたのは、幹線航空会社であった。ほぼ1970年代を通じて、11の幹線航空会社が集中的にアメリカ国内旅客市場の88パーセント以上を占めていた。[2] CABは場合によっては、同一路線上で航空会社2社によるサービスの提供を認可することもあったが、ほとんどの路線は単一の航空会社によって独占されていた。しかし現実には、アメリカの大部分の航空会社によって保有されていた路線権は、経済的に非効率な寄せ集めに過ぎず、真にアメリカ全土をカバーするに足る広がりと効率性を有していたのは、ユナイテッド航空（United Airlines）の路線構造のみであった。

　幹線航空会社は国際線市場をも支配していた。パン・アメリカン航空（Pan American World Airways）は、もっぱら国際サービスを運航し、事実上、全世界をカバーする運航免許を保持していた。他にはトランス・ワールド航空（Trans World Airlines; TWA）、ノースウエスト航空（Northwest Airlines）、ブラニフ航空（Braniff International Airways）の3社が国際免許（カナダとメキシコへの越境サービスを除く）を保持していた。すなわち、TWAはヨーロッパの多数の目的地に、ノースウエスト航空は日本とアジアの各地点に、そしてブラニフ航空はラテンアメリカに、それぞれ就航していた。アメリカの航空会社の総旅客輸送量のうち、約10パーセントは国際旅客であった。[3]

　1978年の航空規制緩和法（ADA）の可決により、40年間にわたるCABの支配は終結した。ADAは、アメリカの航空会社の運航をそれまで支配して

きた経済規制体制を解体し、産業規制から市場競争の導入へと政策転換を図った。安全性に関する規制は、アメリカ連邦航空局の監督の下に存続した。

参入、運賃設定、路線その他の制限は、アメリカ国内航空市場の競争を妨げ、損なってきたが、その撤廃は、アメリカの航空輸送産業を一変させた。各航空会社は、CABの管理から解放されたことにより、その路線構造を徹底的に再編成し、新しい価格戦略を劇的なまでに開拓した。保有機の調整を行い、さらに、コンピュータ予約システム（computerized reservation system; CRS）や、日本では一般にマイレージ・サービスと同義に捉えられている常連顧客優待制度（frequent flier programs; FFP）を含む一連の新しい競争手段を開発するとともに、合併・買収を次々に遂行していった。

（1）路線体系

規制緩和は、アメリカの航空会社の路線構造とサービスの形態に多くの変化をもたらしたが、なかでも最も劇的な変化は、ハブ・アンド・スポーク（hub and spoke）運航の急成長である。ハブ化（hubbing）とは、航空会社が選択した空港で、発着便の路線接続を運営する過程をいい、貨客がハブ空港において、最小限の遅延で都合よく接続便に移動できるようにすることである。航空会社は、路線の中間に位置する接続地点、すなわちハブを経由して多くの地点から旅客を輸送することにより、旅客を様々な出発地や目的地に結び付けることができる。それゆえ、1便当たりの平均旅客数ならびに収入のみならず、サービス提供都市の組み合わせ数も増やすことが可能となった。

市場参入および路線選択に対する政府規制が排除されたことにより、ハブ・アンド・スポーク運航が持つ基本的な経済性が重視され、その運航を支えるのに十分な輸送量を確保することが、航空会社にとってより重要な要件となった。ハブの効果を促進するため、また広範なオンラインコネクション・サービス（同じ航空会社間の接続のこと）を提供して顧客誘引を図るために、アメリカの航空会社は、積極的に新しい輸送源を求めてきた。既存のハブ以外からの便数を増加させ、新しいハブを設置したり、他の航空会社をその既存

のハブ・アンド・スポーク運航ごと買収したり、また、自社のハブに発着する小規模路線サービスを提供するリージョナル航空会社（regional airlines）に対して支配力を強化してきた。その結果、全行程をオンラインコネクションで飛行する旅客比率が実質的に増加し、複数の航空会社を乗り継ぐインターラインコネクションの旅客比率は相対的に減少するという傾向が生じた。

（2）コンピュータ発券・予約システム

　規制緩和以降、料金のタイプ、水準および条件の急激な増加と変化は、航空サービスのマーケティング問題をきわめて複雑なものにした。それゆえ、航空サービスの販売・流通システムにおける旅行代理店の重要性が一層高まった。当時、アメリカでは、全航空券の70パーセント以上が旅行代理店を通じて販売されていると言われ[4]、予約・発券に関する旅行代理店の処理能力には、旅客も航空会社も高い信頼を置いていた。それゆえ、旅行代理店への効果的アクセスを確保できるかどうかが、航空会社にとって競争上、決定的に重要な要素であった。

　旅行代理店へのアクセスを強化し、拡張するために、航空会社はコンピュータ予約システムを開発した。それによって、旅行代理店の多くの機能は自動化され、予約・発券にかかわる旅行代理店のユニット・コストも削減された。

　アメリカの航空会社は、ユナイテッド航空とアメリカン航空（American Airlines）に先導されて、次々に最新のコンピュータ予約システムを導入していった。占有するCRSのサービスから最大限の利益を得るために、各航空会社は、旅客に自社の便を予約させるよう代理店を促す意図で、まず最初に、一定の利益誘導（バイアス）をCRSに設定した。その利益誘導の主要な形式は、システムがコンピュータのディスプレイに自社の便を最初に表示するよう操作することであった。旅行代理店は、各々の処理に要する時間の総和を最小限にしようと努めるので、CRSサービスを広範囲に利用する航空会社は、「第一画面表示」（first screen）[5]を得ることによって、実質的な優位

表10-1 アメリカのCRS市場シェア (1986年)

システム名	航空会社	システム設置旅行代理店の数	代理店のシステム設置率 (%)	航空会社のRPMs市場シェア (%)
セイバー	アメリカン航空	10,600	39.3	13.8
アポロ	ユナイテッド航空	7,400	27.4	15.9
システムワン	テキサス・エア	5,000	18.5	19.5
パーズ	TWAおよびノースウェスト航空	3,700	13.7	18.4
デイタスII	デルタ航空	3,000	11.1	11.6
合　計		29,700	110.0	79.2

注　代理店のシステム設置に関するデータは、各航空会社の報告による。
　　設置率は、代理店27,000社を母数として計算。
　　複数のシステムを保有する代理店があるため、設置率の合計は100を超える。
　　RPMs市場シェアは1986年1月から9月までの実績による。
　　パン・アメリカン航空は、59%のRPMsシェアを持つが、CRSはセイバーを共用している。
出所　Daniel M. Kasper (1988). *Deregulation and Globalization: Liberalizing International Trade in Air Services.* p.35. 岡村邦輔監訳　吉岡秀輝訳『国際航空自由化論―サービス貿易とグローバル化』文眞堂、36頁。

性が与えられる。このようなシステムの開発は費用がかさみ、また旅行代理店にシステムの切り替えを了承させることも困難であることから、CRSの開発は、少数の航空会社に限られた。その結果、アメリカのCRSと市場シェアの内訳は、表10-1のとおりとなっていた。

(3) 常連顧客優待制度 (FFP)

　常連顧客優待制度は、アメリカにおいては規制緩和後の航空サービス市場できわめて有効なマーケティング手段であることが判明した。この制度は、飛行距離と支払い料金に基づいて、割戻金を報奨として与えることにより、旅客に「ブランド・ロイヤルティー」(brand royalty) を植え付けようとするものである。この割戻金は、非課税所得として個々の旅客に（航空券の代金を実際に支払う雇用者に対してではなく）与えられるものであるため、ビジ

ネス旅客が他の航空会社を利用して飛行する方が、たとえ割安であっても、その動機をも減退させてしまうところにその特徴がある。航空会社の路線体系が広範であればあるほど、それだけ旅客も割戻金の獲得が容易になる。加えて、この制度のなかで目的地の数が増えるにつれて、無料の航空旅行 (free flight) の魅力も高まってくる。このため、広範な路線体系サービスを提供し、かつ多数の目的地を提供する大規模な航空会社にとって、常連顧客優待制度は、特に有利な競争手段となっている。この制度は、旅行頻度の高い顧客のロイヤルティを取り付ける上で成功を収めたことにより、既存および新ハブ経由のサービスの拡張をいっそう勢いづける結果となった。

2. 淘汰の「嵐」

(1) フライング・タイガー航空の「身売り」

第二次世界大戦末期から戦後にかけて、アメリカでは余剰になった、かなりの数の軍用機が民間に払い下げられ、それを使って航空貨物事業に乗り出そうとする者が相次いだ。これらの事業者は大体において、零細な貨物専門運送事業者で、当時、300社以上が不定期の貨物専門サービスにかかわっていたという。[6] このうち、CABから貨物専門免許を受けていたのは7社にすぎず、それも、航空規制緩和法が施行された1978年の時点では、フライング・タイガー航空 (Flying Tiger Line)、シーボード・ワールド航空 (Seaboard World Airlines)、エアリフト・インターナショナル (Airlift International) の3社しか存続していなかった。なかでもタイガー航空は、最大規模の貨物専門航空会社で、国内運航と国際運航（太平洋運航）とをほぼ等分に行い、上記の3社を合計した輸送実績のうち約3分の2のシェアを占め、そしてシーボード航空のシェアが約4分の1、残りをエアリフト社が占めていた。[7] しかし、淘汰の嵐に見舞われ、今や3社とも、アメリカ航空貨物業界からその姿を消している。

フライング・タイガー航空の創立者、ロバート・W. プレスコット (Prescott,

Robert W.）は、太平洋戦争中、アメリカ義勇軍に所属し、中国やビルマで日本軍と激烈な航空戦を展開した「フライング・タイガー」の名パイロットとして知られた人物であった。戦争終結の直前、プレスコットは、航空貨物が将来有望な市場であり、未知の潜在的収益力を有すると見込んで、航空貨物運送事業に乗り出すべく、フライング・タイガーの元メンバー11名を呼び集めた。そして、その仲間とともに1945年、カリフォルニア州ロングビーチにおいて正式名称をナショナル・スカイウェイ・フレイト株式会社（National Skyways Freight Corporation）とし、サブタイトルに"The Flying Tiger Line"の名を冠した、資本金89,000ドルの貨物航空会社を設立した。[8]これが後にフライング・タイガー航空と改称され、世界最大の貨物専門航空会社に成長していくわけだが、最初は、アメリカ海軍払い下げのバッド・コネストガ（Budd Conestoga）貨物専用機2機を用いて、コントラクト・ベースでエアフレイト・サービスを提供する零細な運送事業者にすぎなかった。初運航は45年8月21日で、翌年には、「公共の便宜と必要性の免許」（Certificate of Public Convenience and Necessity）を申請し、47年に、CABによって、コモン・キャリヤー・サービスを提供する権限が暫定的に与えられた。

　タイガー航空の初期の成長は、朝鮮戦争（1950～53年）によって促された。アメリカ本土から朝鮮半島および日本への軍事関連物資の輸送増大に伴って、同社はサービスを拡大させ、著しい成長を遂げた。しかし、朝鮮戦争終結後には、激しい競争に見舞われ、定期国内エアフレイト・サービスは引き続き利益を計上していたものの、それは欠損を生じない程度の限界利益にすぎなかった。60年代に入り、ベトナム戦争（1960～75年）が起こると、軍事空輸軍団（Military Airlift Command; MAC）[9]の運航収入が、全収入の半分以上を占めるようになり、同社の経営は再び好転した。実際、62年には、MAC運航が全収入の73.6パーセントに達し、[10]結果的に、ベトナム戦争が、太平洋横断の運航回数を飛躍的に増大させ、同社に多額のチャーター収入をもたらすことになった。

　タイガー航空は、朝鮮戦争とベトナム戦争という二つの戦争のおかげで、

業績を向上させることができたが、平時においては、必ずしも良好な経営状態を維持できたわけではなかった。特に国内運航において、タイガー航空は、1968年以来、限界利益しか上げておらず、その理由としては、国内航空貨物における運賃水準の低さと、北部および西部の大都市にしか乗り入れができないという路線上の制限性が挙げられた。それゆえ、タイガー航空は、熱心な規制緩和推進論者となり、路線の拡大を何度もCABに申請したが、ほとんどが却下され、その実現は78年の航空規制緩和法の成立まで待たなければならなかった。

　タイガー航空は、規制緩和によって、サービスをテキサス州および南東部の大都市ならびにアンカレッジにまで拡大できるようになったが、しかし、規制緩和は、タイガー航空にとって、いわば両刃の剣で、同社を苛烈な競争状況の中に追い込むことにもなった。ユナイテッド・パーセル・サービス（United Parcel Service; UPS）やフェデラル・エクスプレス（Federal Express 2000年にFedEx Corporationに改称）といった競合企業の猛追は、予想を上回るもので、国内運航は従来から、決して実入りのよい部門ではなかったが、これによっていっそうの業績悪化に苦しめられることになった。タイガー航空は、主たる収入源を国際運航に頼って、経営の建て直しを図り、1987年と88年の2カ年で、これまでの累積赤字を解消したものの（表10-2参照）、結局は、88年12月16日、フェデラル・エクスプレスに買収、統合されることになった。そして、翌89年8月7日には完全統合されて、「フライング・タイガー」の名は消滅した。

（2）パン・アメリカン航空の消滅

　パンナムは、1966年に、前年比60パーセント増の1億3,200万ドルという記録的な利益を上げたものの、2年後の68年には赤字に転じ、[11]アメリカ国内線市場に参入することで経営の好転を図ろうとしていた。しかし参入規制によって阻まれ、それが可能になったのは、78年の規制緩和以降のことであった。

　1980年1月7日、パンナムは、ナショナル航空（National Airlines）を買収

197

表10-2　フライング・タイガー航空の

			1975年	1976年	1977年	1978年	1979年	1980年
営業収入	定期	旅客	—	—	—	—	—	—
		超過手荷物	—	—	—	—	—	—
		貨物	159.4	189.7	218.5	324.6	351.9	493.3
		郵便	18.4	18.4	15.7	17.9	15.1	23.7
	不定期		38.4	39.8	50.8	57.0	84.3	166.2
	その他		0.5	1.6	1.8	4.7	4.4	6.1
	営業収入合計		216.7	249.4	286.8	404.2	455.7	689.3
営業費用	運航費		91.5	100.7	116.9	138.7	185.1	335.1
	整備費		25.7	31.5	35.7	46.8	57.6	72.6
	減価償却費		13.3	13.8	16.0	28.7	30.3	44.3
	空港利用量・空港関係費		47.3	53.7	62.8	96.1	118.9	159.8
	旅客サービス費		2.6	2.2	2.4	3.3	4.9	8.8
	販売促進費		17.4	17.0	14.6	23.3	26.8	38.4
	一般管理費		13.8	15.5	16.5	20.5	21.3	29.6
	その他		0.3	1.0	1.2	3.5	5.0	5.3
	営業費用合計		212.0	235.1	266.1	360.9	449.8	693.9
営業損益			4.8	14.3	20.7	43.2	5.9	−4.6
営業外損益			8.8	54.4	2.2	−3.4	−4.7	−4.7
純損益	税引前		13.6	68.7	22.9	39.8	1.2	−9.3
	税引後		11.1	61.4	17.1	21.7	16.9	8.2

出所　『航空統計要覧』日本航空協会、1979年から89年までの各年版に基づいて作成。

し、同社の路線網を使って国内線の運航に乗り出したが、元パンナムのアジア・太平洋地区貨物本部長であった木下達雄は、当時の模様をこう語る。

「パンナムとしてアメリカ国内に『フィーダー路線』を持つ必要性が起き、新規に路線を開設していくか、既存の国内線航空会社を買収するかの検討をした結果、マイアミに本拠地を置くナショナル航空を買収しました。このとき、イースタン航空（Eastern Air Lines）との株式取得合戦となり、ナショナル航空の株価が釣り上がり、3億7,400万ドルという高い買い物になってしまいました。ナショナル航空には、非常に強力な組合に率いられた8,000人以

第10章　米国空運事業の再構築と規制緩和

損益計算書（1975年～88年）　　　　　　　　（単位：百万米ドル）

1981年	1982年	1983年	1984年	1985年	1986年	1987年	1988年
—	16.2	31.0	—	—	—	—	—
—	—	—	—	—	—	—	—
592.3	597.9	776.0	931.8	856.4	819.8	903.1	1,027.8
30.7	36.3	37.9	39.4	38.9	32.1	36.3	38.3
—	208.7	136.2	147.7	163.0	160.7	200.7	188.4
47.2	18.5	31.8	35.8	32.2	33.9	35.0	40.4
680.1	877.7	1,012.9	1,154.6	1,090.5	1,046.6	1,175.2	1,294.9
281.2	392.5	385.1	412.2	404.5	329.4	311.8	363.3
54.2	66.9	85.8	93.6	110.4	121.9	122.7	152.0
63.4	70.7	68.0	62.8	55.9	57.1	56.3	59.6
197.5	234.2	266.6	292.9	315.1	308.2	355.8	354.6
15.9	18.6	10.7	7.4	7.7	12.5	11.9	14.0
51.9	82.8	123.5	113.6	109.6	94.7	92.8	125.9
40.6	42.6	46.6	45.3	45.3	51.0	55.3	57.0
8.3	17.7	20.4	24.6	21.5	16.8	17.1	21.5
879.6	926.0	1,006.6	1,052.5	1,070.0	991.7	1,023.8	1,147.9
−34.0	−48.3	6.2	102.2	20.5	54.9	151.4	147.0
11.4	−24.0	−73.6	−41.4	−64.7	−73.6	−44.8	−29.6
−22.6	−72.3	−67.4	60.8	−44.2	−18.6	106.6	117.4
−10.6	−43.8	−67.4	60.8	−44.2	−18.6	81.7	74.4

上の社員がいましたが、パンナムの時の会長、シーウェル（Seawell, W. T.）は一人も人員整理をしないという立場を取りました。……［また、パンナムとナショナル航空とでは］機材も異なり、結局は、悪い買い物になってしまいました。買収後の調整費がまたたくまに5億ドルを越してしまいました。パンナムの経営史上の最大の間違いがナショナル航空の買収であったと言えます」と。

　皮肉にも、ナショナル航空の買収により、念願の国内線参入を果たしたことが、パンナムの経営的行き詰まりを決定づける結果に終わったのである。

さらに1985年4月、パンナムは、成長市場である太平洋路線を7億5,000万ドルでUALに売却した。UAL(13)は、パンナムの太平洋部門のすべてを、すなわち、航空機18機と地上施設を含む営業を継続するために必要な財産と権利を購入し、併せてパンナムの従業員2,700人（日本人500人を含む）もUALに移ることになった。パンナムは、太平洋路線を手放した時点で、崩壊したのも同然と見なされた。(14)

　その後もパンナムによる資産の売却は続き、1990年10月には、大西洋路線の大半と空港施設などがUAL傘下のユナイテッド航空に約4億ドルで売却され、ニューヨーク、ワシントンなどアメリカ国内の主要5都市とロンドンを結ぶ路線や、ワシントン～パリ路線などのほか、ダレス（ワシントン）、サンフランシスコ、ヒースロー（ロンドン）の各空港施設が失われた。

　1991年1月8日、パンナムは、ついに連邦破産法11条（チャプター11）に基づく会社更生手続き申請のやむなきに至った。同年8月には、デルタ航空（Delta Air Lines）がパンナムの大西洋路線、株式の45パーセントなどを総額7億2,100万ドルで買収することが、ニューヨーク南部地区の連邦破産裁判所によって承認され、デルタ航空はこれらの資産を購入するとともに、従業員全体の約6割に当たる13,500人を受け入れることになった。この取引でパンナムの資産は、ほとんど底をつく格好になった。

　他方、デルタ航空も、パンナムの赤字路線である北大西洋路線を継承したことで業績が悪化し、当初、予定していたパンナムへの追加投資を見送った。そのためパンナムは資金繰りがつかなくなり、結局、1991年12月4日、運航を全面停止し、これまで運航を続けてきたわずかばかりの国際線を売却することをアメリカ運輸省に伝えて、パンナムはその64年に及ぶ歴史に幕をおろした。

表10-3　定期旅客キロ実績ランキング（1991年）

（単位：百万）

順位	国際線 航空会社	旅客キロ	国内線 航空会社	旅客キロ	合計 航空会社	旅客キロ
1	英国航空	59,254	アエロフロート	133,429	アエロフロート	148,998
2	ユナイテッド航空	42,271	アメリカン航空	100,183	アメリカン航空	132,313
3	日本航空	38,757	デルタ航空	89,492	ユナイテッド航空	131,728
4	ルフトハンザ	38,403	ユナイテッド航空	89,456	デルタ航空	108,257
5	ノースウェスト航空	37,264	USエア	52,904	ノースウェスト航空	85,786
6	シンガポール航空	33,462	コンチネンタル航空	49,640	コンチネンタル航空	66,380
7	アメリカン航空	32,130	ノースウェスト航空	48,523	英国航空	62,835
8	KLM	27,277	TWA	29,250	USエア	54,900
9	エール・フランス	26,790	全日本空輸	27,623	日本航空	51,524
10	カンタス航空	26,505	アメリカウェスト航空	20,262	TWA	45,271
11	キャセイ・パシフィック	22,278	日本航空	12,766	ルフトハンザ	42,685
12	デルタ航空	18,764	エア・カナダ	9,781	全日本空輸	35,648
13	コンチネンタル航空	17,040	日本エアシステム	8,574	エール・フランス	33,710
14	タイ国際航空	16,554	インディアン航空	7,281	シンガポール航空	33,462
15	大韓航空	16,540	カナディアン航空	7,259	KLM	27,279

出所　International Air Transport Association. *World Air Transport Statistics.*

3．再編の様相

（1）アメリカ航空業界の二極分化

　アメリカ航空規制緩和は、国内的にも国際的にも重大な影響を与えた。規制緩和は、総じてアメリカの航空会社の対外競争力を強化したが、その一方で少数のメガ・キャリヤーの出現という寡占化を招き、上述のとおりパン・アメリカン航空が、運航停止へと追い込まれた一連の経緯は、規制緩和後のアメリカ航空業界再編の象徴的出来事であった。表10-3は、世界の定期旅客航空会社のうち、1991年の輸送実績の上位15社を示したものである。国際線、国内線の合計で、アメリカの航空会社が7社入っている。しかし、このうちメガ・キャリヤーとしての確固たる経営基盤を築いているのは、アメリカン航空、ユナイテッド航空、デルタ航空の3社で、残りの4社、ノースウ

エスト航空、コンチネンタル航空（Continental Airlines）、USエア（US Airways）、TWAは業績が悪化してきており、二極分化が明瞭となっている。

　最大手のアメリカン航空は、1991年1月に運航停止に追い込まれたイースタン航空から中南米路線を、またTWAからはアメリカ～ロンドン路線を買収している。ユナイテッド航空は、パン・アメリカン航空から太平洋路線とアメリカ～ロンドン路線を買収し、デルタ航空もパン・アメリカン航空の北大西洋路線を獲得した。これらの買収を通じて、アメリカの大手航空3社による寡占体制がほぼ確立した。

　残りの4社のうち、コンチネンタル航空とTWAは、ともに連邦破産法11条を申請して、再建途上にあった。アメリカの場合、破産法を申請したからといって、それは必ずしも直接的に企業の消滅を意味するわけではなく、業績の悪化を短期間で立て直し、再生・再建を図る手段として利用されると言われる。[15]

　コンチネンタル航空は、規制緩和による航空券の安売り競争の激化に十分対応しきれなかった。そのため、経営不振に陥り、1990年12月、連邦破産法11条の適用を受ける結果となった。同社は、シアトル～成田線の路線権をアメリカン航空に有償譲渡するなどの資産売却を行い、再建を図っていたが、92年11月、エア・カナダ（Air Canada）と投資家グループのエア・パートナーズ（Air Partners）による4億5,000万ドルの出資を受けることで合意した。[16]これによりエア・カナダは、コンチネンタル航空の普通株式の27.5パーセント、議決権株の24パーセントを取得して、両社の業務提携が結ばれた。[17]一方、TWAは、91年初頭に勃発した湾岸戦争の影響による乗客数の激減と燃料費高騰のあおりを受けて収益が悪化し、92年2月、連邦破産法11条に基づく会社更生手続きを連邦破産裁判所に申請した。

　ノースウエスト航空は、1992年11月、KLMオランダ航空（KLM Royal Dutch Airlines）から49パーセントの出資を受け（議決権株は10.5パーセント）、KLMとデトロイト～アムステルダム線、ミネアポリス・セントポール～アムステルダム線の共同運航便を開設した。[18]USエアは、93年3月、英国航空による3

億ドルの出資をアメリカ運輸省が認め、これにより英国航空はUSエアの19.9パーセントの議決権を獲得することになった。[19]

（2）ヨーロッパの対応—英国航空のグローバル化戦略

　ヨーロッパの航空会社は、国際市場において、アメリカのより大規模化し、ますます効率的になった航空会社の競争圧力に直面して、アメリカのメガ・キャリヤーの優位性をいかに相殺するか、その方法を我先に見つけ出そうと努力してきた。合併・買収は、その一つの手段であった。

　英国航空 (British Airways; BA)[20] は、ヨーロッパ最大の航空会社であるが、湾岸戦争と世界的な景気後退の影響で乗客数が大幅に減少したため、1991年2月、4,600人の人員削減と2,000人の一時解雇（レイオフ）という大胆な人員整理策を発表し、断行した。その結果、経営状態が好転し、また同社の乗員その他の人件費は他の航空会社に比べて低く、それと同時に国内市場規模も機材の効率的運航を支えるのに十分な大きさを持っていたため、アメリカのメガ・キャリヤーを凌ぐほどの勢いを見せるに至った。

　1992年は、英国航空が拡大策とグローバル化戦略を果敢に押し進めた年であった。まず1月に、アエロフロート（Aeroflot）との合弁でエア・ロシア（Air Russia）を設立した。3月には、ドイツの国内線航空会社であるデルタ・エア（Delta Air）に49パーセントで資本参加し、ドイツ企業の資本参加を得てドイツBA（Deutsche BA）に名義変更して、6月から新会社として運航を開始した。11月には、経営が悪化していたダン・エア（Dan-Air）を買収した。ダン・エアは、ロンドン・ガトウィック空港を拠点にイギリス国内やヨーロッパにネットワークを持っていたので、英国航空は、自社の従来からのガトウィック空港部門をこれに合体させて、同空港を強力なハブとして展開するようになった。さらに12月には、カンタス航空（Quantas Airways）が民営化するのに伴い、25パーセントの出資を行うことで合意が成立し、これによって、アメリカの航空会社に比べて弱かった自社のアジア・太平洋市場の基盤が、かなりの程度まで強化されるようになった。そして前述したとおり、93

年初頭には、USエアへの資本参加が実現した。

　世界最大の航空市場である米・欧間路線で先行していたアメリカ側の優位性に対抗するためには、英国航空にとって、アメリカの航空会社への資本参加が不可欠であった。そのため、英国航空はこれまでにも、ユナイテッド航空への資本参加を提案し、業務提携を望んでいたが失敗に帰していた。しかし、USエアへの資本参加が成功したことにより、アメリカ国内で英国航空にとって有利なネットワーク作りをUSエアに担当させることが可能となった。これは、ヨーロッパのゲートウェイとしてロンドン・ヒースロー空港をハブ空港として活用しようと目論んでいたアメリカのメガ・キャリヤーの機先を制するものであった。

　英国航空の拡大化、グローバル化戦略を目の当たりにして、他のヨーロッパ諸国の航空会社も、ただ座視していたわけではない。エール・フランス（Air France）は、サベナ・ベルギー航空（Sabena）を傘下に収めて英国航空への対抗姿勢を強めた。KLMは、英国航空との提携を拒否し、スカンジナビア航空（Scandinavian Airlines System; SAS）、スイス航空（Swissair）、オーストリア航空（Austrian Airlines）との連合に加わった。アリタリア航空（Alitalia）は、ハンガリー国営航空（Malév）に資本参加し、SASはまた、一時途切れていたポーランド国営航空（LOT Polish Airlines）との協力関係を復活させた。そのようななかで、ルフトハンザ・ドイツ航空（Lufthansa）だけが、これといった目立った動きを見せていなかったが、エール・フランスは、「ルフトハンザとの提携を拡大する」[21]意向を示していて、両社が連合する可能性も持ち上がっていた。

おわりに

　わが国に目を転ずると、1992年当時、日本航空、全日本空輸、日本エアシステムの3社体制に変動はなく、同年度の事業計画では、日航と全日空はそろって国際路線の縮小、見直しを図り、日本エアも新規の国際路線の開設を

見送った。これは、91度決算で全日空と日本エアの国際線が赤字を出し、日航の国際路線も大幅な減益となったための措置である。

しかし、日航は92年1月に、カンタス航空に5パーセント程度の資本出資を行い、業務提携する方針を打ち出して、グローバル化に乗り出している。また同社は、成田〜ミュンヘン線の開設に合わせ、ミュンヘン〜ベルリン線をルフトハンザと共同運航することに合意した。この共同運航では、日本からベルリンへ向かう旅客を、成田からミュンヘンまで日航の大型機を用いて輸送し、ミュンヘンからベルリンまでは、ルフトハンザの中型ないし小型機と乗員で輸送するという運航形態をとり、最終の目的地であるベルリンまで日航便として扱われる。これは、チェンジ・オブ・ゲージ（change of gage 主要空港まで大型機を乗り入れ、それから先の中小都市へは中型ないし小型機で輸送することをいい、市場規模に合わせてゲージ、つまり機体の大きさを変えることから「チェンジ・オブ・ゲージ」と呼ばれる）とコード・シェアリング（code sharing 二つの航空会社がそれぞれの便を接続させ、両便に共通の便名、すなわちコードを使って一つの路線を運航する形態をいう）を組み合わせた、わが国初のケースであった。[22]

わが国航空業界では、当時、欧米ほど目立った再編劇は見られず、また、航空3社は、欧米のどの航空グループと手を組むか態度を鮮明にしていなかった。しかし、いずれは3社とも、どこかの航空グループと業務提携を結ばなくては、企業としての存続が危うくなる事態も招きかねない様相を呈していた。世界的な航空自由化の波のなかで、日本の航空会社だけが、これまでのような手厚い政府保護を受け続けるというわけにはいかないであろうし、したがってより効率的な路線体系を開発し、運航コストの削減に努めることが、絶対的な必要条件であるのは、日本の航空会社も例外ではなかった。

注

（1）Daniel M. Kasper (1988). *Deregulation and Globalization: Liberalizing International Trade in Air Services.* Cambridge, Mass.: Ballinger Publication Company. p.1. 岡村邦輔監訳　吉岡秀輝訳（1993）『国際航空自由化論—サ

ービス貿易とグローバル化』文眞堂、1頁。
（2）Kasper (1988). p.28. 岡村・吉岡訳（1993）、30頁。
（3）Kasper (1988). p.28. 岡村・吉岡訳（1993）、30頁。
（4）Kasper (1988). p.34. 岡村・吉岡訳（1993）、35頁。
（5）「第一画面表示」のバイアスについては、Kasper (1988). pp.34-36. 岡村・吉岡訳（1993）、35～37頁参照。
（6）Nawal K Taneja (1979). *The US Airfreight Industry*. Lexington, Mass.: Lexington Books. p.33.
（7）Taneja (1979). p.33.
（8）『ワールド・エアカーゴ』1985年10月号、21頁およびフライング・タイガー航空社史 *Flying Tigers 1945-1989*（非売品）参照。
（9）軍事空輸軍団（MAC）は、1966年、軍事航空輸送部（Military Air Transport Service）を改編して創設された。航空輸送が主たる任務であるが、その他にも気象・救難・写真・医療などの業務もMACが担当した。ベトナム戦争の他、第四次中東戦争（1973年10月6日～23日）、湾岸戦争（1991年1月17日～3月3日）においても戦地までの航空輸送任務を果たした。1992年6月1日、再編により軍事空輸軍団は解散して、航空機動軍団（Air Mobility Command; AMC）が設立された。「軍事空輸軍団」http://ja.wikipedia.org/wiki/（2013.02.06入手）参照。
（10）Taneja (1979). p.34.
（11）高橋文子（1996）『消滅―空の帝国「パンナム」の興亡』講談社、195頁。
（12）筆者の質問に対する木下氏とからのEメールによる回答。
（13）UAL Corp. は、ユナイテッド航空を主要子会社とする持株会社で、設立は1934年である。2010年10月、コンチネンタル航空（Continental Airlines）との合併により、ユナイテッド・コンチネンタル・ホールディングス（United Continental Holdings Inc.）に社名が変更された。
（14）『ワールド・エアカーゴ』1985年12月号、10頁参照。
（15）アメリカ連邦破産法に関する一般的解説書として、小林秀之（1985）『アメリカ民事訴訟法』弘文堂、349～386頁および住友商事文書法務部（1989）『アメリカビジネス法』有斐閣、203～218頁参照。
（16）『日本経済新聞』1992年11月10日付。
（17）『日本経済新聞』1992年11月17日付。
（18）イカロス出版（1993）『エアライン年鑑 1993-1994』130頁。

第10章　米国空運事業の再構築と規制緩和

(19)『日本経済新聞』(夕刊) 1993年3月16日付。
(20) 英国航空のグローバル化戦略については、イカロス出版 (1993)、99頁参照。
　なお、この当時まで、日本国内では「英国航空」の名称が使われていたが、2000年代以降は「ブリティッシュ・エアウェイズ」の名称で営業、マーケティングを行うようになっている。
(21)『日本経済新聞』1993年2月11日付。実際には、エール・フランスはKLMオランダ航空と共同で、2004年5月、新会社エール・フランス-KLMを設立した。
(22) 川口満 (1993)『21世紀の航空政策論』成山堂書店、41〜43頁参照。

第11章　国際輸送における海運と空運の補完的結合関係について

はじめに

　今日、航空貨物輸送が最も進歩しているのはアメリカにおいてである。アメリカでは、航空貨物輸送が、軍事目的としてではなく、商業航空として本格的なスタートを切ったのは、第二次世界大戦末期の頃だと言われる[1]。当時のアメリカ航空貨物市場には大量の参入者が現れ、しかし、これらの新規参入者のほとんどは零細な貨物専門航空会社（All Cargo Airline）であった。フライング・タイガー航空（Flying Tiger Line）もそのような零細企業の一つにすぎなかったが、やがてアメリカの航空貨物市場で最大のシェアを獲得するまでに成長し、新たな需要を掘り起こして、国内外にネットワークを拡大していった[2]。

　一方、海運業界は、従来は海上輸送されていた高価値貨物を、フライング・タイガー航空に代表される貨物専門航空会社や、貨物と旅客の両方を輸送する通常の航空会社（いわゆるコンビネーション・キャリヤー）によって奪取されるのを目の当たりにしてきた[3]。わが国においても状況は同様で、海運から航空への貨物のシフトは確実に進み、一部の品目、例えば衣料品、家庭用電気製品、光学機器、コンピュータなどの輸送に関して、海運と航空は競合的関係にあった。

　しかし、海運と航空は単に競合的関係にあるだけではない。補完的な関係もある。一見したところ、競合関係のみが目につきやすいが、特に国際輸送面では、シー・アンド・エア（sea and air）輸送の形態で、両者の補完関係が十分に発揮されている。そこで本章では前段において、シー・アンド・エア輸送の背景にある国際貨物輸送システムについて、荷主（製造企業）と輸送

企業の立場からその位置付けを行い、次いで輸送企業の類型化を試みた後に、後半部分で、わが国におけるシー・アンド・エア輸送の特徴ならびにフォワーダーの役割について考察することにしたい。

1. 国際輸送の成長と輸送システム

　国際貿易が行われるかぎり、そこに何らかの輸送システムが介在したのは、歴史の示すとおりである。輸送システムは時間的、空間的懸隔を埋め、地域的な特化や企業の最適化、市場の拡大をもたらし、効果的なシステムの存在が、多くの産業に大量生産、大量販売を可能にした。[4] 鉄道の発展が、一部の港湾の重要性を低下させ、他の港湾の改良を促す一方で、長距離道路輸送の拡大が、鉄道ネットワークその他の変革をたらした。また、より高速の新型船や、より大型の航空機の開発によって、従来は不可能であった腐敗性食品や流行衣料品などの新しいタイプの商品も貿易できるようになった。輸送手段の技術進歩と輸送システムの形態変化は、貿易の量的拡大のみならず、質的な変化や地理的拡大にも多大な影響を及ぼしてきたし、今もそれは続いている。

　他方、国際輸送は、国際貿易の成長と製造企業のグローバル化により、その発展が促された。テクノロジーの進歩によって輸送企業の供給量が増大し、荷主の側においても、効果的な国際輸送システムに対する需要が高まった結果、輸送企業はその規模と活動範囲を拡大させ、多くがグローバル化を果たしている。

　製造企業と輸送企業は、本質的に相互依存関係にある。つまり、製造企業の変化が輸送企業に影響を及ぼし、輸送企業の発展が製造企業の拡大に寄与している。両者は輸送システムを通じて連携関係を有するが、輸送システムに関して、製造企業、すなわち荷主と輸送企業はまったく立場、見解を異にする。したがって、輸送システムを論じる際には、荷主と輸送企業のいずれの観点からかを明示しておく必要がある。

第11章　国際輸送における海運と空運の補完的結合関係について

　荷主側の立場を明示する議論として、アメリカのロジスティクス管理委員会の定義がある。それによると、ロジスティクスとは「顧客の要求に一致することを目的として、原産の地点から消費の地点に至るまでの原料、製造過程の在庫品、最終商品および関連の情報の効率的、コスト効果的な流れと貯蔵を計画し、履行し、統御する過程」[5]と定義さる。この定義から、ロジスティクスは、製造企業がその調達物流、生産物流、販売物流を個々に分断することなく、効率的、計画的に運営する過程であり、その視点は製造企業に置かれているのがわかる。

　荷主側の立場から見れば、輸送企業は流通チャネル上の促進媒介である。流通チャネルは、消費用に提供される財あるいはサービスの生産過程における交換システムであり、いくつかの独立した組織が組み合わされて構成される組織間システムである。これらの独立組織は、製造企業の流通チャネルにおいて、四つの基本的な効用、すなわち形態的、時間的、場所的、所有的効用の実現を図ることを第一義的な機能としている。輸送企業はこのうち、時間的および場所的効用を、輸送システムを通じて実現するが[6]、輸送システム自体は、製造企業にとって、基本的に流通チャネル上の一方から他方に生産物を移動させるための一方向のシステムであり、輸送企業は、そのシステムを構成する一組織に過ぎないものである。

　一方、輸送企業の立場に目を転ずると、議論はまったく異なった様相を呈する。第一に、輸送企業にとって、輸送システムは一方向ではなく、双方向のシステムであり、場合によっては、三角形の形態をとることもある[7]。第二に、輸送企業の提供する機能は、大体が標準化されており、したがって様々な荷主がそれを利用しうる。輸送企業は、荷主の愛顧を獲得するために、輸送資源の質的な良否、代替的な組み合わせ、時間的および場所的利用可能性[8]といった問題に最大の関心を払わねばならず、それが輸送企業の競争力を左右する大きな要因となっている。

　輸送システムは、輸送企業から見て、流通チャネル上の二当事者間の関係として捉えられるのではなく、一定の場所で、一定の期間にわたって利用可

能となる輸送資源の特定の組み合わせであり、有効な方法で組織されなくてはならない種類ものである。システム全体は、通常、一社（あるいは二、三社）の輸送企業によって管理され、当該システムの限られた部分は、傘下の下請企業が管理する場合が多い。システム全体を管理する輸送企業は、サービスの販売も手がけ、各輸送手段によるサービスは個別のサービスとして販売される。荷主はそれらのサービスを購入し、既存の輸送システムおよびネットワークを有効に利用することによって、輸送効率を向上させて、コストの削減を図ろうとする。

　輸送効率に関連して、近年は、ロジスティクス・コストの削減が企業利益の鍵を握るとしばしば言われる。ロジスティクス・コストを抑え、競合他社との競争において優位性を勝ち取ることが、企業戦略として重要な地位を占めるようになったからである。ロジスティクス・コストには、倉庫、在庫、荷役、情報システム、輸送などのコストが含まれるが、製造企業は合理化の一環として、自社のロジスティクス部門の一部を切り離して、その職務を輸送企業に委託する傾向が増大している。そのため輸送企業は、輸送サービスの他に、倉庫・保管サービス、荷役サービス、貨物追跡サービスを含む情報サービスなど様々なサービスを提供するようになり、荷主の多様なニーズに応えられるだけの態勢を整えている。そのような対応力を保持していなければ、輸送企業としての発展は望めず、サービスの多様化は、いっそう進行する情勢にある。

2．輸送企業の類型

　このように輸送企業のサービスは、今日、多岐にわたるため、定義を下すのは難しいが、機能面に着目して、「輸送企業とは、一つないし複数の輸送システム、あるいはその一部を組織し管理する主体である」[9]と言われる。前述したように、輸送システムは、そのシステム内で様々な機能を果たす複数の相互依存関係にある輸送企業によって構成され、多くの場合、各輸送企業

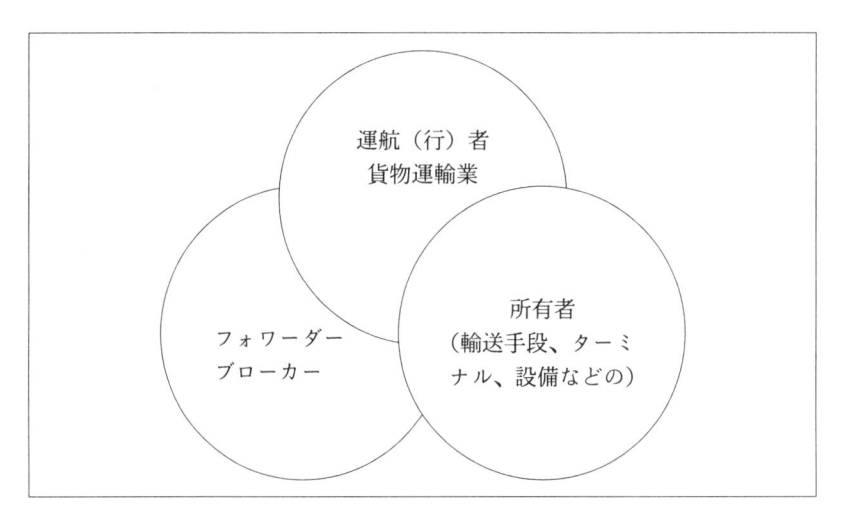

第11章　国際輸送における海運と空運の補完的結合関係について

図11-1　輸送企業の三つの基本カテゴリー
出所　Hertz［3］. p.28.

はそれぞれの機能に特化している。従来のカテゴリーでは、国際輸送システムに関係する企業は、図11-1のように分類された。

　この三つのカテゴリーは、既存の輸送企業をすべて網羅しているが、上記の規定に従えば、輸送企業と呼ぶことの難しい企業も包含されている。そのような非輸送企業としては、運航（行）自体よりももっぱら財務的側面にその関心が限られている船舶所有者とか、輸送設備リース会社や倉庫専門会社などの支援部門の企業が該当する。これらの企業は、輸送システムの一部を間接的に構成するが、当該システムのいかなる部分も組織ないしは管理しない。以前には、運航（行）者（オペレーター）と、輸送手段やターミナルの所有者とは未分化で、運航（行）者即所有者と見なされた。このことは、船会社や航空会社は、船舶や航空機を所有しなければ、運航者たりえないことを意味する。しかし、これは今日、事実に反する。船舶や航空機を所有しなくても、リースによって調達し、運航することは可能であるし、既存の航空会社や船会社が、すべて自前の輸送手段で運航しているわけではない。同様に、

従来のフォワーダー（あるいはブローカー）も、かつては施設、設備などを所有していなかったが、現在においては、フォワーダーがターミナルの所有者となっている例は多い。

　従来からの固定観念、すなわち運航（行）者は輸送手段を所有していなければならないとか、輸送手段や施設を所有していない運送業者がフォワーダーであるといった考え方は、今や変わりつつある。これら三つのカテゴリーを混合したような新しいタイプの企業が出現しており、むしろ今日的な輸送企業は、均等にではないにしても、フォワーダー、運航（行）者、輸送手段の所有者としての性格を併せ持ちながら成長してきている。

　また近年、輸送テクノロジーが進歩する一方で、運送貨物が小型化し、より効率的な貨物流通を創出するために速度、定時性および頻度に対する要求が増大している。そのことから、まったく新しいタイプのサービスが生まれ、それを踏まえた上で輸送企業を再分類すると、図11-2のようになる。

　高度に統合された企業というのは、時間主義輸送（time-based transport）と呼ぶ方が適切であるかもしれないが、ジャスト・イン・タイム需要に適応した時間保障付きの、標準化された輸送を行う企業である。特別輸送（special transport）は、例えば、吊したままの衣服とか、バラ荷、家具などの輸送に利用される新しい輸送テクノロジーの開発に由来して発展したサービスで、特定の顧客ニーズに適応する能力は高いが、不特定多数の一般顧客のニーズに応える能力は低い。時間主義輸送と特別輸送の両者は、追加的なサービスであって、一般輸送（general transport）を犠牲にして、つまり一般輸送からのシフトによって成り立っている。またカスタム・メイドのロジスティクス輸送（customized logistical transport）は、もっぱら特定の顧客のために設計され、輸送サービスとロジスティクス・サービスを組み合わせたものである。時間主義輸送、特別輸送およびカスタム・メイドのロジスティクス輸送は、従来には見られない新しいタイプの輸送サービスであって、単一の輸送手段に必ずしもリンクせず、ケース・バイ・ケースで最善の輸送手段の組合せが選択される。シー・アンド・エア輸送も、その一例と言える。

第11章　国際輸送における海運と空運の補完的結合関係について

問題解決能力－輸送企業の分類

	適応能力 低い	適応能力 高い
一般的能力 高い	高度に統合された企業（時間主義輸送）	ロジスティクス・サービスに特化している企業
一般的能力 低い	一般輸送企業	特別輸送企業（家具、吊したままの衣服などの輸送）

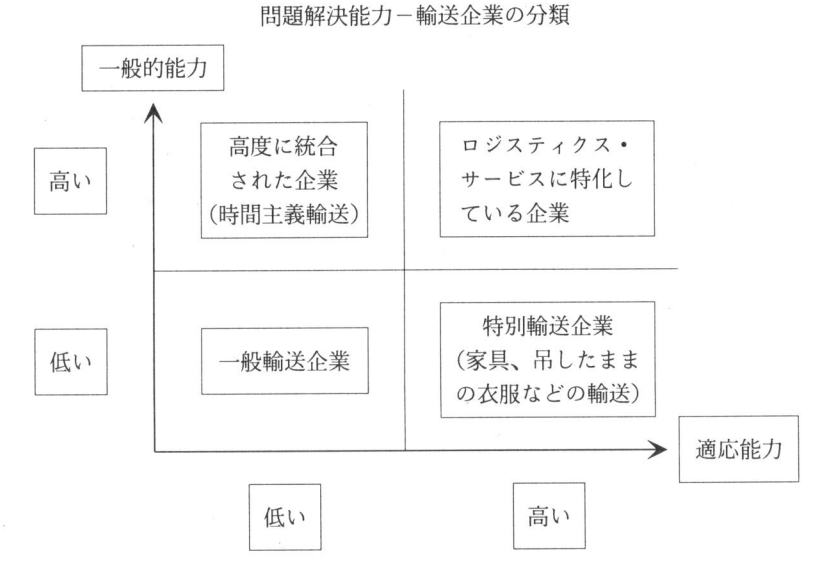

図11-2　新しいサービスと輸送企業の現代的分類
出所　Hertz [3]. p.31.

3．わが国におけるシー・アンド・エア輸送の発展

　表11-1は、横浜を出発地としフランクフルトを最終仕向地とする事例を取り上げて、シー・アンド・エアの輸送経路、所要日数、運賃を示すとともに、代表的なAll Air（航空輸送のみ）およびAll Sea（海上輸送のみ）との対比を試みている。この表からわかるとおり、シー・アンド・エア輸送は、第一に、All Seaに比べて所要日数が短く、日本発ヨーロッパ向けの場合、北米経由ルートで約2分の1から3分の1、東南アジア経由ルートで約3分の1あるいはそれ以下の輸送日数しか要せず、迅速性のメリットがある。第二に、All Airに比べて運賃がきわめて低廉で、北米経由、東南アジア経由の両ルートとも約2分の1から3分の1の運賃という経済性のメリットがある。他にも、最終仕向地であるアメリカおよびヨーロッパの内陸地では、貨物は航

表11-1 輸送経路、所要日数、運賃の対比

輸送経路（ルート）	所要日数	運賃 USドル/TEU
①横浜 —海上→ シアトル —航空→ フランクフルト	13	14,680
②横浜 —海上→ シアトル —鉄道→ トロント —航空→ フランクフルト	17	19,290
③横浜 —海上→ 香港 —航空→ フランクフルト	10	20,550
④横浜 —海上→ シンガポール —航空→ フランクフルト	13	18,870
⑤横浜 —海上→ ボストチヌイ —トラック→ ウラジオストック —航空→ モスクワ —航空→ フランクフルト	13	16,780
All Air（直行便） 横浜 —トラック→ 成田 —航空→ フランクフルト	2	37,700
All Sea（同盟船） 横浜 —海上→ ハンブルク —トラック→ フランクフルト	35	4,000

注　運賃の対象品目はテレビを例にとっている。
出所　柴田［12］、68頁より作成。

空貨物として処理されるため、海上輸送に比べて通関手続きが迅速に行なわれ、荷主（荷受人）への配送が時間的に短縮できるとか、商品需要に応じて各輸送手段の組合せを変えて輸送日数を調整できるなど、荷主は在庫調整がしやすく、在庫コストの節約ができる点がメリットとして挙げられる。そして、その発展の経緯は、次の4段階に分けられる。[10]

揺籃期（1960年代前半）

シー・アンド・エア輸送が始まったのは1962年頃からで[11]、当時、アメリカ

第11章　国際輸送における海運と空運の補完的結合関係について

ン航空（American Airlines）、ユナイテッド航空（United Airlines）、フライング・タイガー航空が、日本からアメリカ東岸および中西部向けの貨物をアメリカ西岸まで海上輸送し、そこから仕向地空港まで自社の保有機で航空輸送した。その後、ヨーロッパの航空会社も、スカンジナビア航空（Scandinavian Airlines System; SAS）、KLMオランダ航空（KLM Royal Dutch Airlines）、エール・フランス（Air France）などが、太平洋上の海上貨物をアメリカ西岸経由でヨーロッパ向けに航空輸送するサービスを開始した。しかし、この時期はまだ揺籃期で、利用は一部の荷主に限られ、当然、輸送実績は有意な数値に達していなかった。

参入期（1960年代後半）

上記のヨーロッパ系航空会社の下請企業に過ぎなかったエア・カナダ（Air Canada）が、1968年に、自社の保有機で日欧間のシー・アンド・エア・サービスを手がけるようになると、これを契機に、日本に就航しているほとんどの欧米航空会社が本格的にシー・アンド・エア輸送に乗り出し、アエロフロート（Aeroflot）も、ナホトカ経由のヨーロッパ向けサービスを開始した。

定着期（1970年代）

1970年代は、外航コンテナ船輸送が本格化した時期である。シー・アンド・エア輸送が定着するには、その背景に、コンテナ化の進展があった。というのは、貨物を大型のコンテナに詰めてドア・ツー・ドアの輸送を行う新技術は、船積みに際してそれまで著しく手間のかかった雑貨貨物の荷役を効率化し、船積み・船卸しと積み替えに要する時間が短縮化されて、迅速性のメリットが十分発揮されるようになったからである。他方、各船会社はシー・アンド・エア貨物に適用される低廉な特別運賃率を提供し、また航空運賃もローカル運賃率よりも低いシー・アンド・エア用の運賃率が適用されて、経済性のメリットが一層顕著になった。それが荷主に評価されて、シー・アンド・エア輸送は定着を見るに至った。

発展期（1980年代以降）

1982年、オランダのマーチン・エア（Martin Air）が、フレイター（貨物専

表11-2　シー・アンド・エア経由地（積替地）別輸送実績（1991年）

（単位：重量　キログラム）

仕向地帯		北米経由	中米経由	極東経由	東南アジア経由	その他経由	合　計
北　米	件　数	4,072	—	28	—	—	4,100
	重　量	5,808,667	—	23,688	—	—	5,832,355
中南米	件　数	8,157	5	—	—	—	8,162
	重　量	11,138,992	20,816	—	—	—	11,159,808
ヨーロッパ	件　数	30,920	—	170	269	4	31,363
	重　量	37,529,610	—	434,208	400,834	2,975	38,367,627
中近東	件　数	284	—	—	93	2	379
	重　量	174,719	—	—	45,562	157	220,438
アフリカ	件　数	150	—	—	272	—	422
	重　量	203,673	—	—	559,874	—	763,547
その他	件　数	5	—	1	1,773	1	1,780
	重　量	1,155	—	180	1,509,385	100	1,510,820
合　計	件　数	43,588	5	199	2,407	7	46,206
	重　量	54,856,816	20,816	458,076	2,515,655	3,232	57,854,595

出所　運輸省［8］36～37頁。

用機）による香港経由ヨーロッパ向けのシー・アンド・エア・サービスを開発し、日本での販売を航空フォワーダーに委託して以来、フォワーダーの参入が活発化した。当初、航空会社は荷主と直接に貨物室スペースの販売契約を結んでいたが、需要の増大、路線の多様化、仕向地の拡大などにより、荷主と直接交渉をするよりも、フォワーダーに委託した方が効果的であることが判明した。以後、フォワーダー自らが、その豊富な集貨力を生かしてシー・アンド・エア輸送の主宰者となり、独自のネットワークを形成するとともに、多様なサービスを提供し、また集貨力の乏しいフォワーダーの場合は、スペース・ブローカーと呼ばれる仲介者が介在して、当該フォワーダーにスペースを卸売りした。

　日本発のシー・アンド・エア輸送実績は、表11-2および表11-3に示すと

第11章 国際輸送における海運と空運の補完的結合関係について

表11-3 シー・アンド・エア輸送実績の推移（1987～92年）

（単位：トン、％）

年 仕向地	1987年 輸送量	構成比	1988年 輸送量	構成比	1989年 輸送量	構成比
ヨーロッパ	35,634	77.5	50,041 (140.4)	78.2	46,607 (93.1)	75.4
北　米	2,971	6.5	3,487 (117.4)	5.4	3,899 (111.8)	6.3
中南米	6,228	13.5	8,570 (137.6)	13.4	8,773 (102.4)	14.2
中近東	328	0.7	855 (260.7)	1.3	411 (48.1)	0.7
アフリカ	294	0.6	271 (93.1)	0.4	227 (83.6)	0.4
その他	520	1.1	796 (153.1)	1.2	1,884 (236.7)	3.0
合　計	45,975	100.0	64,019 (139.2)	100.0	61,800 (96.5)	100.0

年 仕向地	1990年 輸送量	構成比	1991年 輸送量	構成比	1992年 輸送量	構成比
ヨーロッパ	55,630 (119.4)	77.8	38,368 (69.0)	66.3	31,633 (82.4)	67.0
北　米	4,825 (123.7)	6.8	5,832 (120.9)	10.1	4,960 (85.0)	10.5
中南米	8,004 (91.2)	11.2	11,160 (139.4)	19.3	8,797 (78.8)	18.6
中近東	543 (132.1)	0.8	220 (40.5)	0.4	155 (70.5)	0.3
アフリカ	347 (152.9)	0.5	764 (220.2)	1.3	271 (35.5)	0.6
その他	2,085 (110.7)	2.9	1,511 (72.5)	2.6	1,369 (90.6)	3.0
合　計	71,434 (115.6)	100.0	57,855 (81.0)	100.0	47,184 (81.6)	100.0

注　複合貨物流通課調べによる。数値は、航空貨物輸送事業者51社の合計値。カッコ内の数値は対前年比（％）を示す。
出所　運輸省［8］、34～35頁および運輸省［9］、65頁より作成。

おりである。1991年の重量実績で、経由別に見ると、北米経由ヨーロッパ向けが最も多く、全体の64.9パーセントを占めており、次いで北米経由中南米向けが19.3パーセント、北米経由北米向けが10.0パーセントと、北米に経由地が集中している。北米以外には、近年、東南アジア経由その他地域向け輸送が伸びており、その輸送経路としては、タイのバンコクまで海上輸送してインドへ空輸するルート、香港を中継地としてオーストラリアに空輸するルートがある。

　輸送実績の推移について見ると、1987年から90年までは、89年の実績が前年よりも多少下回るものの、順調に伸びてきたといえる。しかし91年は大幅に落ち込み、57,855トンと、前年に比べて19パーセント減であり、88年の水準にも達しなかった。ヨーロッパ向け輸送が38,368トンに減少し（前年比31パーセント減）、それが全般的な下降をもたらす結果となった。同期間の海運および航空の輸出量実績を見ると、海運が7,073万トンから7,800万トンと10.3パーセント増加しているのに対して、航空は73万トンから69万トンに6.1パーセント減少している。(12)これだけではデータ不足で明言できないが、輸出量そのものが増加していることと、航空輸出量が減少していることの二点を考え合わせると、シー・アンド・エア貨物の一部が海上輸送にシフトしたとも推測できよう。ただし個々の仕向地では、北米向けが20.9パーセント増、中南米向けが39.4パーセント増となっており、さらに、構成比そのものは低いがアフリカ向けは倍以上の実績をあげている。しかし92年には、さらに落ち込み（前年比18.4パーセント減）、合計で87年の水準をかろうじて超えているものの、どの仕向地向けも軒並み前年の実績を割り込んでいる。その原因は、わが国の景気後退が顕著となり、それが輸送実績に反映されたものと考えられる。

　シー・アンド・エア輸送では部品類、特にコンピュータ部品、自動車部品、音響・テレビ部品などが主要な品目と言われる。(13)これは、わが国の製造企業が、海外に進出した先の現地組立工場に部品を供給する目的でシー・アンド・エア輸送を利用する場合が多いことを示すものであろう。部品類以外には、

電気製品、事務用機器、医療機器、集積回路、カタログ、フィルムなどが主要品目を構成するが、ただし、個々の数量および金額については、貿易統計、運輸統計上に現れていないため、確認するのは困難となっている。

4．シー・アンド・エア輸送とフォワーダー

　航空貨物輸送とコンテナ船輸送は、「基本的にはいずれも広い範囲の相互補完的な活動領域をもち、この補完的業務がどの程度の代替性をおびるかどうかは、航空主力貨物の景気動向によって支配される」と言われ、両者には補完関係があることが実証されている。シー・アンド・エア輸送は、この海運と空運の補完関係を生かした国際複合一貫輸送の一形態であり、フォワーダーがこれにどうかかわっているのかを以下に考察し、本章のまとめとしたい。

　国際複合輸送は「複合運送人が物品をその管轄下に置いた一国の場所から、荷渡のために指定された他国のある場所までの、少なくとも、二つの異なった運送方法による物品の運送」をいい、それが一貫輸送であるためには、さらに通し運賃（Through Rate）、通し運送状（Through Bill of Lading）、通し運送責任（Single Carrier's Liability）の三条件が必須となる。

　このうち通し運送責任に関して、航空会社や船会社などの実運送人（キャリヤー）とフォワーダーとでは、その引受け能力に大きな開きがある。航空会社は、ワルソー条約（Convention for the Unification of Certain Rules Relating to International Carriage by Air）において、基本的に「空港から空港まで」（airport to airport）の輸送に限定されており、出発地空港までの陸上輸送の部分と、到着地空港以遠のそれはできないのが原則となっている。したがって、荷主にドア・ツー・ドア・サービスを提供するには、下請運送企業（代理店も含まれる）に依存しなくてはならず、その意味で、複合一貫運送人にとして十分な資格を有しているとは言いがたい。

　他方、船会社も同様で、陸上での接続輸送は、鉄道会社またはトラック会社

に頼らなくてはならず、船会社の運送責任についてはヘーグ・ルール（Hague Rules）で、鉄道会社のそれは国際鉄道物品運送条約（Convention International Continental Transport des Marchandises par Chemin; CIM）によって、またトラック会社は国際道路物品運送条約（Convention Relative au Contrat de Transport Internatinal de Marchandises par Route; CMR）によって、それぞれ規定されている。そのため船会社も、国際規約上、陸上輸送の部分に関して一貫した責任を負うことが困難となっている[16]。

　それに引き替え、フォワーダーは、航空会社や船会社に対しては利用運送人として荷主の立場で契約し、荷主に対しては運送人として貨物の委託を受けるので、通し運送責任の引受けが可能で、かつ通し運賃を設定し、通し運送状を発行することができる。国際複合一貫運送人として、フォワーダーがキャリヤーよりも勝っているのは、この点にある。

　しかし、わが国においてフォワーダーは、一貫運送責任を負う運送人としての歴史がまだ浅く、新規参入者のなかには必ずしも信用が十分でない事業者がいたり、また様々な事業者によって様々な事業が展開されていることから、責任の引受け程度に違いが見られたりした。そのため、荷主の側に無用な混乱をもたらす結果をも招いている。フォワーダー業界全体も、この点については十分に認識しており、改善に努めているようだが[17]、ともかく、ますます多様化する荷主ニーズに対応できるのはフォワーダーであり、それも旧来のフォワーダーではなく、前述したような新しいタイプの輸送企業としてのフォワーダーが、時代の要請となっている。

注
（1）Carron［1］および山上［13］、第9章「アメリカ航空貨物業界と規制緩和」参照。
（2）フライング・タイガー航空は、しかしながら、1988年12月に、航空小口宅配会社であるフェデラル・エクスプレスに買収され、89年8月7日から、フェデラル・エクスプレスの100％子会社となった。
（3）O'Connor［4］. 山上訳、147頁。

第11章　国際輸送における海運と空運の補完的結合関係について

（4）例えばアルフレッド・チャンドラー（Chandler, A. D.）は、「……（19世紀後半の）新しい形態の輸送・通信によって、近代的な大量販売と大量生産が勃興した」と指摘する。Chandler［2］.阿部他訳、2頁。
（5）ロジスティクスに関して、現在、国際的に確立した定義が存在するわけではないが、アメリカ・ロジスティクス委員会の定義は、ロジスティクスあるいは物流を最も端的に言い表しているとして、わが国の関連の文献においてしばしば引用されている。例えば、宮本［10］、20頁参照。ただし、引用文は筆者の訳出による。
（6）輸送企業は、時間的および場所的効用を創出するにとどまらない。輸送企業によって倉庫、包装、仕分けなどの補完的なサービスが提供される場合には、輸送企業が形態的効用の一部をも遂行することになり、これらの業務を通じて、また、情報システムを用いて直接製造企業と連絡を保つことによって、卸売業者の機能さえ果たしうる。
（7）輸送企業は仕向地に貨物を輸送した後、返り荷があろうとなかろうと、その輸送手段は必ず出発地に戻ってこなければならないので、システムは必然的に双方向となる。また仕向地に返り荷がない場合、他の地点まで貨物を求めて、そこで貨物を積み込み出発地まで戻ってくれば、三角形のシステムとなる。
（8）船舶、航空機、車両などの輸送手段、港湾、空港、ターミナルなどの施設、およびクレーンその他の荷役機械などの設備を指す。
（9）Hertz［3］.p.28. なお、本節の「輸送企業の類型」に関する議論は、Hertzの見解に負うところが大きい。
（10）市来［5］、29頁。
（11）わが国においてシー・アンド・エア輸送が開始された正確な時期は定かではないが、そもそものきっかけは、柴田悦子によると、ある商社が海外の顧客に対して、契約納期に間に合いそうにない事態に遭遇し、その遅れを取り戻すために、海上輸送の途中から航空輸送に切り替えて契約期間に間に合わせたのが始まりだされている。柴田［12］、78頁。
（12）運輸省［8］、19頁。
（13）柴田［12］、73頁。
（14）宮下［11］、115～116頁。海運と航空の補完関係については、この他に中西［7］、249頁参照。
（15）1980年8月、国連貿易開発会議で採択された国連国際物品複合運送条約

第1条に規定されている定義。港湾労働経済研究所［6］、2頁参照。
(16) 柴田［12］、70頁。
(17) 運輸省総［9］、65頁参照。

〈参考文献〉

［1］ Carron, A. S. (1981). *Transition to a Free Market: Deregulation of the Air Cargo Industry.* Washington D.C.: Brookings Institution.

［2］ Chandler, A. D. (1990). *Scale and Scope: Dynamics of Industrial Capitalism.* Cambridge, Mass: Harvard University Press. 阿部悦生・川辺信雄・工藤章・西牟田祐二・日高千景・山口一臣訳 (1993)『スケール・アンド・スコープ―経営力発展の国際比較』有斐閣

［3］ Hertz, S. (1993). *The International Processes of Freight Transport Companies: Towards a Dynamic Network Model of Internationalization.* Stockholm: The Economic Research Institute, Stockholm School of Economics.

［4］ O'Connor, W. E. (1985). *An Introduction to Airline Economics.* Westport, Conn: Preager Publishers. 山上徹監訳 (1987)『現代航空経済概論（改訂版）』成山堂書店

［5］ 市来清也 (1991)『国際複合一貫輸送概論』成山堂書店

［6］ 港湾労働経済研究所編 (1980)『最新国際複合輸送の話（港運新書シリーズ）』港湾労働経済研究所

［7］ 中西健一編 (1982)『現代の交通問題―交通政策と交通産業』ミネルヴァ書房

［8］ 運輸省大臣官房総務審議官編 (1993)『数字で見る物流（1993年版）』運輸経済研究センター

［9］ 運輸省総務審議官編 (1994)『1994日本物流年鑑』ぎょうせい

［10］ 宮本光男 (1989)「国際運輸業界の国際物流への対応」『海運経済研究』第23号

［11］ 宮下国生 (1985)「国際物流の航空化と海運」『国民経済雑誌』第152巻4号

［12］ 柴田悦子編 (1991)『国際物流の経済学』成山堂書店

［13］ 山上徹編 (1988)『国際物流概論』白桃書房

第12章　わが国における海上コンテナ導入期の再考

はじめに

　貿易は、紀元前2500年頃、都市国家の成立とともに始まった地中海貿易がその起源だとされる。その時代から4千数百年もの間、海上運送における雑貨の荷役方法には、基本的な変化はなかった。船積みおよび陸揚げにウィンチやクレーン等の荷役機械が登場して機械化が導入されたものの、船内荷役においては依然人力に頼り、個々の貨物を人の手で船倉に積み上げ、また取り卸すというものであった。それが海上コンテナの導入によって運送および荷役の形態は一変し、コンテナ革命が起こった。

　ところで、海上コンテナとは、わが国で広く使われているJRコンテナのような小型コンテナと区別するための用語である。船舶で海上運送用に用いられるが、もちろんトレーラーや鉄道での陸上運送に使われて、海陸一貫輸送を担っている。

　わが国では、本格的にコンテナ化が始まったのは、1960年代に入ってからであるが、導入されて以来、コンテナ化は、関係者の予想をはるかに上回る速さで進展していった。導入が始まる前後は、学界、官界にも、また実務界にもコンテナについて精通している有識者は少なく、コンテナ研究の必要性が特に実務者の間で痛感されていた。その結果として、「日本海上コンテナー協会」が1964（昭和39）年12月に設立されて、調査研究に努めたわけだが、コンテナの本格導入までの期間があまりにも短かったために、「その舞台裏はそれ自体が一場のドラマであった」と言われる。コンテナ化の準備段階から定着するまでの間、このような「一場のドラマ」は様々に、数多く繰り広げられたことであろう。それらが集まってコンテナ化という「全体のドラマ」

が構成される。主人公はシーランド社 (Sea-Land Service Inc.) とマトソン社 (Matson Navigation Co.) であり、多くの関係者が共演していた。

　本章は、「全体のドラマ」のプロローグを提供するものであり、併せて「一場のドラマ」の紹介も兼ねている。以下では、まずコンテナの定義と起源について触れ、次いでコンテナ化の前史を概観した後、コンテナ化の推進過程および状況について考察してみたい。[3]

1. コンテナの定義と起源

　英語のcontainerの意味を英和辞典で調べると、第一義として「入れ物、容器」とあり、次に運輸用語として「コンテナ」と出ている。[4] 入れ物、容器であれば、木箱、ボール箱、瓶、缶などの他にコップまでが含まれる。コンテナは容器には違いないが、物品を収納して輸送するための容器で、一般に「輸送貨物のユニット・ロード化を目的に、用途に応じた強度を持ち、様々な輸送モードに適し、反復使用が可能な輸送容器」と言われる。[5]

　ユニット・ロード化とは、輸送貨物を一定の単位にまとめることを指し、コンテナにまとめる方式 (container load system) と、パレットにまとめる方式 (pallet load system) とが代表的なユニット・ロード・システムである。ユニット・ロード化することによって、荷役作業が標準化され、荷役機械の利用による輸送効率の向上と、貨物の破損事故の減少や輸送費の節減が図られる。

　ユニット・ロード化を目的としたとはいえ、しかしながら、当初は各国で各企業が自社の貨物輸送に最も適した寸法と構造のコンテナを使用してきた。使用されるコンテナがまちまちであれば、荷役の効率化にもおのずと限界が生じる。そのためコンテナの寸法、仕様、材質その他について標準化および規格化することへの関心が世界的に高まり、1961年、国際標準化機構 (International Standardization Organization; ISO) に第104技術委員会 (Technical Committee 104; TC104) と呼ばれるコンテナに関する専門委員会が設置されて、コンテナの定義、各部の名称、主要寸法、最大総重量、仕様、試験方法、隅金具お

よび表示方法などに関するISO規格が作成された。そのISO規格の定義によると、コンテナとは、

(1) 反復使用に十分適する強度と耐久性を有し、
(2) 運送途中での詰め替えなしに異なる輸送モードにまたがって輸送できるように特別に設計され、
(3) 一つの運送方式から他の運送方式へ積み替える場合、容易な取り扱いが可能となるような装置が取り付けられ、
(4) 詰み込みならびに取り出しが容易なように設計され、
(5) 35.3立方フィート（1立方メートル）またはそれ以上の内容積を持つ、

直方体の輸送容器で、かつ「風雨に耐え、ユニット・ロード貨物、梱包貨物、バラ積み貨物を詰めて輸送し、内容物を破損から守り、輸送手段（船、鉄道など）から切り離されて一つの単位として荷役することが可能」なものと説明されている。[6]

コンテナの定義については、ISOの他にコンテナに関する通関条約 (Customs Convention on Containers; CCC) や、コンテナ安全条約 (International Convention for Safe Containers; CSC) などの国際条約によって独自に行われているが、コンテナとは、反復使用が可能で、複数の輸送モードに適合する構造と容積を有し、貨物の詰め込みと取り出しが容易で、ユニット化を目的とする輸送容器だとしている点で共通している。

コンテナはこのように定義されるが、その起源は、18世紀末から19世紀初めにかけてナポレオン1世が指揮した戦争（ナポレオン戦争）にまでさかのぼると言われる。ナポレオン戦争は、戦争史上で初の近代的戦争で、大きな酒樽に銃や軍事物資を詰めて輸送していたと伝えられている。[7] 樽に貨物を詰めてユニット化しているという点で、ナポレオンの使った酒樽はコンテナの原型と考えられ、その意味で、ナポレオン1世はロジスティクスを実践した先駆者と評価することもできる。

日本では時代はずっと下って、1920年代から、羽二重（縮緬とならぶ絹織物の代表的な一品種）や生糸等を鉄道輸送するために木箱や竹籠で作られた

「通い箱」が使用されており、この通い箱が荷造りする手間と費用の削減を目的とし、容器として反復使用されていた点でわが国におけるコンテナの原型と言えよう。[8]

　コンテナの起源および原型は、以上のように考えられるが、現在の海上コンテナの発展は、戦争と密接な関係があった。

　第二次世界大戦において、アメリカ陸軍は軍需物資を大量輸送する必要から、コネクス・コンテナ（Connex Container　アメリカ陸軍が補給品搬送に用いた金属製コンテナのこと）80万個を整備し、各戦地まで海上輸送を行った。当時使用されていたコネクス・コンテナは、外法8フィート6インチ×6フィート3インチ×6フィート10.5インチで、内容積は295立方フィートあり、使用後は折り畳んで返送することができた。戦後は、わが国にも進駐軍によって軍需輸送のためのコンテナが持ち込まれており、当時、それが何なのかを知らぬままに、コンテナを目にした日本人も少なくないように想像される。[9]

　また、ベトナム戦争では、アメリカ軍は大量の軍需物資をベトナムのサイゴンまで輸送する必要があったが、サイゴンの港湾は荷役効率も悪く倉庫の収容力も不足していたため、シーランド社が、当時開発したばかりの海上コンテナを使って、ベトナム向けに大量輸送を行った。陸揚げされたコンテナは野積みされて、そのまま倉庫代わりに用いられたという。コンテナがこのような実績をあげた結果、その優位性と利便性が認められて、その後、軍需物資だけでなく一般貨物にも利用されるようになり、コンテナ化時代を迎える契機となった。[10]

　ところでわが国では、1955（昭和30）年から、軽合金製の折りたたみ式コンテナが普及するようになり、59年には旧日本国有鉄道（国鉄）の「たから号」によるコンテナ専用列車が運行されて、汐留〜梅田間でコンテナ輸送が開始された。鉄道輸送においていち早くコンテナ化を見ている。[11]

　旧国鉄のコンテナ化への取り組みは意外と古く、戦前の1930（昭和5）年に100キログラム・コンテナ1,000個を試験輸送しており、また38年には所有コンテナが約5,000個に達したという記録がある。戦後はしばらくの間、コ

第12章　わが国における海上コンテナ導入期の再考

ンテナ利用の空白時代が続いたが、55年ごろより鉄道とトラックを結合したドア・ツー・ドアの一貫輸送が検討されるようになり、同年、小形冷蔵コンテナ20個が試作され、その後、改良が加えられて30個が汐留、小田原、浜田で使用されるようになった。⁽¹²⁾

次に1956（昭和31）年、3トン・コンテナ10個が試作されて、汐留〜梅田間で使用されたが、3トンという重量はトラックの能力から見て中途半端で不経済なため、やがて5トン・コンテナに方向転換されていった。59年に5トン・コンテナ20個が試作され、11月に5トン・コンテナによる輸送が本格実施された。それが上述の「たから号」による専用列車輸送で、輸送区間の汐留〜梅田間を1日1往復運行された。「たから号」の編成はコンテナ専用貨車であるチキ5000形式貨車を使い、積載コンテナ個数は120個で、同区間を平均時速約52キロメートル、約11時間で走破し、当時としては画期的な貨物列車であった。⁽¹³⁾

その後、1971（昭和46）年から運用を開始したC20型コンテナは、新サイズを採用し、通称「新5トン・コンテナ」と呼ばれた。C20形式コンテナの諸元は、外法（ミリメートル）で高さ2350×幅2438×長さ3658、内法（同）では高さ2066×幅2330×長さ3526で、内容積は17立方メートルあり、その大きな内容積が好評を博して旧国鉄の主力コンテナとなっていた。

日本貨物鉄道株式会社（JR貨物）は、2001（平成13）年4月現在、12フィート・コンテナ（一般用）を6万3,842個、12フィート通風コンテナ（輸送中の内部換気が可能で、内壁面と天井が断熱材で覆われた簡易な保冷機能を持つ）9,961個、12フィート荷崩れ防止装置付きコンテナ899個、12フィート保冷コンテナ62個、20フィート・コンテナ443個を保有し、同年12月には、24A形式15フィート・コンテナを完成させている。⁽¹⁴⁾各コンテナの諸元は、以下のとおりとなっている。

229

表12-1　JR貨物のコンテナ諸元

コンテナの種類		12フィート (19D形式)	20フィート (30A形式)	15フィート (24A形式)
外法寸法 (mm)	長さ	3715	6058	4650
	幅	2450	2490	2490
	高さ	2500	2500	2500
	容積 (m³)	18.7	30.3	23.6
	積載重 (t)	5	9	8
内法寸法 (mm)	長さ	3642	5955	4552
	幅	2270	2323	2318
	高さ	2252	2178	2236

出所　http://www.jrfreight.co.jp/eigyou/contena/index.html

2．コンテナ化前史

(1) コンテナ化のはじまり

　海上コンテナは、ほぼ同時期に二つの異なった観点および発想から実施された。一つは海陸一貫輸送を主眼としたシーランド方式であり、いま一つは本船荷役作業の効率化を目指したマトソン方式である。

　シーランド方式の考案者は、もともとはトラック事業者であったマルコム・P．マクリーン（McLean, Malcom P.）という人物であった。マクリーンは、1933年、弱冠21歳でノースカロライナ州レッドスプリングスにおいてトラック事業を始めた。彼の事業は1930年代を通じて急成長を遂げ、アメリカ有数のトラック会社にまで成長していった。しかしマクリーンは55年に自らのトラック会社を売却して、マクリーン・インダストリーズ社（MacLean Industries）を設立するとともに、パン・アトランティック汽船（Pan Atlantic Ship）を買収して海運事業に乗り出した。パン・アトランティック汽船は、60年にシーランド社（Sea-Land Service, Inc.）と社名変更され、その

第12章 わが国における海上コンテナ導入期の再考

社名から、海（sea）と陸（land）を結ぶ一貫輸送にかけるマクリーンの並々ならぬ決意と情熱がうかがわれる。

　アメリカは、第二次世界大戦後、急速な経済成長を経験し、貨物量が増大して、一時期いわゆる「船混み」状況を呈した。マクリーンは、鉄道の台車にトレーラーを載せて輸送する方法、すなわちピギーバックの有効性を、トラック事業者としての彼の経験から熟知していたので、それを海上輸送にも応用できないかと考えた。1956年、中古のＴ２型タンカー（１万6,000重量トン）を購入し、それを改装して、ピギーバック方式による海上運送の実験を行った。それは同年４月26日のことで、船名を「マクストン号」（Maxton）といい、同船に35フィート・コンテナを積載したトレーラー16台が積み込まれ、ニューヨーク～ヒューストン間を試験運航した。これによって荷役の時間短縮とコスト削減に効果があることが実証されたのであった。

　しかし、この方式では車両部分も同時に輸送するため積載効率が悪く、検討の結果、マクリーンは、クレーンで荷役ができるように特殊な装置（ツイストロック）をコンテナに施し、また船倉内にはコンテナの四隅にあたる所に船倉底部より垂直に設けた山型鋼のガイド（セルガイド）を据え付けて、コンテナを容易に揚げ積みできるようにした。セルガイドを装備した最初のコンテナ船、「ゲートウェイ・シティ号」（Gateway City）は、1957年10月、ニューヨークからヒューストンへの初航海に成功を収めた。そして「ゲートウェイ・シティ号」とその姉妹船５隻を用いて、アメリカ東海岸～ガルフ諸港・プエルトリコ間に定期配船を行い、ここに「コンテナ革命」の幕が切っておろされた。

　シーランド社は、上記のうち４隻を1966年に、ニューヨーク～ロッテルダムに就航させ、国際定期航路におけるコンテナ化が加速した。このときのコンテナ・サイズは、アメリカ東部および南部の各州で車両制限法規上、許可されている陸上トレーラーの最大サイズに合わせ、そこからシャーシの部分の高さを差し引いた結果、高さ８フィート６インチ、幅８フィート、長さ35フィートが採用された。

他方、マトソン社は、ウィリアム・マトソン（Matson, William）によって1882年に設立され、1901年に法人組織となり、ハワイ～アメリカ西海岸および南太平洋航路で運航を行っていた。1956年、マトソン社は、ハワイ航路の大手荷主である精糖業者から運賃の値引きを要求され、砂糖などのバラ積み貨物と雑貨を効率的に輸送する方法を研究した結果、輸送コストに占める荷役費が大きいこと、貨物の積み卸しのための停泊時間が長いことが判明した。そこで、コンテナによる荷役の機械化を図り、荷役費の低減と停泊時間の短縮化に力が注がれた。

　本船とヤード間のコンテナ移動を容易にするため、ストラドル・キャリアが開発され、1958年8月、8フィート×8フィート6.5インチ×24フィート型コンテナ20個を上甲板に積載した「ハワイアン・マーチャント号」（Hawaiian Merchant）がサンフランシスコからホノルルに向けて出航した。ストラドル・キャリアは、荷役時間を短縮化するという点できわめて大きな効果を発揮した。マトソン社はその後、65年10月と12月に改装コンテナ船2隻をカリフォルニア州～ハワイ間に投入して、太平洋のコンテナ航路を開設した。そのときのコンテナ・サイズは24フィートが採用された。[15]

（2）当時の日本の港湾事情

　ここでコンテナ化が導入される以前のわが国の港湾事情に目を向けることにしよう。当時、港湾運送（船内荷役）は、いわゆる沖荷役が主として行われ、例えば輸入貨物は、港域内のブイに係留された船舶から本船ウインチによりはしけに降ろされ、岸壁まではしけ運送された後、人力または陸上のクレーンなどにより陸揚げし、上屋、野積みなどへ搬入する形態が一般的であった。このような荷役方法は、コンテナの導入後、コンテナ荷役と区別する意味で「在来荷役」と呼ばれた。コンテナ荷役に比べ、在来荷役はきわめて非効率的で、その効率の悪さは具体的にこう説明された。

　「いちどにクレーンで吊り上げられるのは5トンから8トンで、一つの船倉に積めるのは1時間で約30トンだった。ニューヨーク航路に就航していた

第12章　わが国における海上コンテナ導入期の再考

1万重量トン級の船には、大体六つの船倉があったので1時間に180トン積める計算である。一船倉の荷役には15人前後の労務者が作業に当たっていた。船倉が六つあれば総勢100人近くとなる。それで10時間働いても1日1,800トンである。1日2,000トンの荷物を積んだとしても、1万重量トンの船の荷役が完了するには5日間を要することになる。船は、1年に1回は修理などでドック入りするから稼働日数を年間350日としても、航行しているのが150日、停泊しているのが200日ということだった。停泊日数が航海日数よりも多いのである」と。

当時、ニューヨーク航路（横浜～ニューヨーク間）は、往復に大体、15日間を要した。荷役は輸出港で積み込みに5日間、7.5日かけて仕向地に向かい、到着後、荷卸しに5日間、同じく帰り荷の積み込みに5日間をかけ、再度、復路を7.5日間航行した。1往復で航海に15日間、荷役は4回あって20日間を要し、10往復で、航海150日、荷役200日という非効率さであった。

こうした荷役の非効率と貿易貨物の急増、さらには港湾整備の立ち遅れから、わが国の東京、横浜、名古屋、大阪、神戸といった主要港湾では、1961（昭和36）年以来、船混み現象が顕著になり始めた。港湾管理者は、「船混み」という言い方はジャーナリズムが始めたのであって、社会資本への投資の立ち遅れから生じた「港混み（port congestion）」といったほうがむしろ正しいと指摘した。

実際、『昭和39年度運輸白書』の資料から、東京、横浜、名古屋、大阪、神戸、下関、門司など特定重要港湾11港について、1958（昭和33）年と63（昭和38）年とを対比すると、入港船舶数（内貿、外貿の合計）は58年が46.9万隻、63年が66.6万隻で42パーセント増、総トン数（同）は58年2億2,100万総トン、63年3億8,800万総トンで76パーセント増、取扱貨物量（同）は58年1億2,400万トン、63年2億7,400万トンで121パーセント増となっており、当該5年間で特定重要港湾11港の貨物取扱量は2倍以上に増えた（表12-2参照）。その一方で、港湾施設はどうなっていたかというと、500重量トン以上（水深4.0メートル以上）の大型船用係船岸壁の全延長は、58年の57キロメート

233

表12-2　特定重要港湾11港の入港船舶、取扱貨物量（1958年、63年対比）

		内貿	外貿	合計
入港船隻数 （千隻）	1958年	447	22	469
	1963年	632	34	666
入港船舶トン数 （百万G/T）	1958年	89	132	221
	1963年	153	235	388
取扱貨物量 （百万トン）	1958年	81	43	124
	1963年	167	107	274

出所　http://www.mlit.go.jp/hakusyo/transport/shouwa39/ind020402/001.html
　　　（『昭和39年度運輸白書』）より作成。

表12-3　特定重要港湾11港の施設

（単位：km）

	大型船係船岸壁延長（水深4.0m以上）		
	全　延　長	水深9.0m以上	水深4.0～9.0m
1958年	57	27	30
1963年	78	39	39

出所　http://www.mlit.go.jp/hakusyo/transport/shouwa39/ind020402/001.html
　　　（『昭和39年度運輸白書』）より作成。

ルから63年の78キロメートルと、わずか37パーセントしか増加していない。また500重量トンから１万重量トン（水深4.0～9.0メートル）の係船岸壁は、58年の30キロメートルから63年の39キロメートルと、その増加率は30パーセントにとどまっている（表12-3参照）。かくして、当時の船混み現象は、各港湾での貨物取扱量の増加に対して、施設整備が十分に対応しきれていなかった点にその原因が帰せられたのである。

　横浜港を例にとれば、1961年８月から10月にかけて船混みのピークが見られ、同年８月には、１日の在港船は最高148隻、配船隻数は670隻の多きに達し、１隻当り待ち時間は最高で691時間、日数に換算して28.8日間という異常事態に陥った[18]。港湾管理者である横浜市では、対応策として、バースの規制

を開始して、定期船優先を原則にしたり、民間バースを利用できるようにしたり、また、保管施設対策として上屋の蔵置最長期間を15日とし、上屋回転率を高めるなどの応急措置を講じて、船混み緩和のための努力が重ねられた。

3．コンテナ化の推進

前述のとおり、在来荷役においては、はしけが中核的機能を果たしていた。東京、横浜、名古屋、大阪、神戸の五大港における、はしけ運送の推移は表12-4に見ることができる。五大港のはしけ輸送量は1968（昭和43）年以来、年々低下し、同年の7,056.0万トンを100とすると、9年後の77年には、68年の60パーセント、4,260.7万トンにまで落ち込んでいた。その一方で、コンテナ貨物量は急増し、77年の実績は6,423.8万トンで、68年の実績219万トンの

表12-4 五大港における船舶揚積実績、はしけ運送量およびコンテナ貨物量の推移
(単位：千トン)

年	船舶揚積実績	指数	はしけ運送量	指数	コンテナ貨物量	指数
1968	184,266	100	70,560	100	2,189	100
69	192,003	104	69,331	98	4,217	193
70	273,395	148	68,967	98	10,041	453
71	258,230	140	60,206	85	12,894	589
72	252,415	137	55,322	78	21,002	959
73	275,594	150	56,677	80	30,387	1,402
74	285,152	155	55,544	79	34,868	1,593
75	271,388	147	46,024	65	43,022	1,965
76	297,140	161	44,823	64	57,043	2,605
77	302,929	164	42,607	60	64,238	2,935

出所　松橋幸一（1983）『貿湾物流管理論』丘書房、167頁。

なんと29倍以上に達していた。そして、76年には、はしけ運送量とコンテナ貨物量の逆転現象が見られた。

このようにわが国においては1968年以降、コンテナ化が増大の一途をたどるが、コンテナ化に対応するための基本方針が示されたのは、海運造船合理化審議会（海造審）の答申「わが国の海上コンテナ輸送体制の整備について」（1966年9月）においてであった。

同答申は、「近時、国際海上コンテナ輸送が米国を中心に発展しつつあり、国際海運は新しい時代に入ろうとしている。この海上コンテナ輸送は、従来の海上輸送よりはるかに進んだ組織化された大量輸送を本旨とし、これにより荷役費、輸送費等を含んだ流通コストを大幅に引き下げようとするものであり、また海陸複合輸送であることから各関連分野の合理化、近代化をも要請するものである。この世界の定期航路活動における輸送革新に対処し、わが国の貿易および海運の国際競争力の維持、強化を図ることが強く要請されるので、わが国としても早急に海上コンテナ輸送体制を整備する必要がある」とコンテナ化の意義を説くとともに、体制整備の具体的方策を次のとおり提起した。[19]

(1) 一経営体の規模は、ウィークリー・サービスを実施しうることを目途とする、

(2) 船舶はフルコン船とし、コンテナは8フィート×8フィート×20フィートを主体とし、40フィート・コンテナを併用する、

(3) コンテナについては集中的運用と無差別輸送を可能にすること、

(4) ターミナルの一元的利用、

(5) 既存の同盟の枠内で運営する、

(6) 再建期間中であることを考え協調により過当競争を排除する。

この答申に基づいて、1966年12月、当時の運輸省は、日本船社のグループ化によるカリフォルニア航路のコンテナ輸送体制を勧告し、結果として、日本郵船・昭和海運グループと、大阪商船三井船舶・川崎汽船・ジャパンライン・山下新日本汽船グループの二グループが生まれた。67年、前者がマトソ

第12章　わが国における海上コンテナ導入期の再考

ン社と提携して、カリフォルニア航路において隔週1回の配船を開始した。日本におけるコンテナ化は、このときをもって始まったとされる。さらに前者グループは、翌68年9月にフルコンテナ船「箱根丸」を投入し、同年10月には、後者の4社グループによるコンテナ船「あめりか丸」が投入された。

こうした一連の動きのなかで、一方の雄であるシーランド社は、カリフォルニア航路において出遅れた観があった。それは、むしろライバルのマトソン社に機先を制せられたと言ったほうがよい。当時の模様をよく知る、三井倉庫港運部の鎌田敦は、筆者にこう語った。[20] 少々長くなるが、これは貴重な証言であり、第一級の一次資料と考えられるので、そのすべてを以下に紹介することにしよう。

「1965年10月にマトソン社のスタンレー・パウエル（Powell, Stanley）社長が来日します。太平洋のコンテナ・サービスの提携先を日本の海運会社に求めることが、その目的でした。

三井物産では、マトソン社がコンテナ・サービスを開始するのに当たり、同社のターミナル業務の獲得を目指していました。そのアプローチも試みたのですが、結局は、うまくいきませんでした。戦前から客船部門で提携関係にあった日本郵船・昭和海運の三菱グループが扱うことになり、日本郵船51パーセント、三菱倉庫49パーセントの出資で日本コンテナ・ターミナル株式会社（NCT）が設立されて、そこがマトソン社のターミナル業務を担当することになりました。

その後、1966年に入って、三井物産本社の当時の副社長、若杉末雪氏が、[21]『シーランド社がカリフォルニア航路のサービスを開始する』との情報をつかみました。若杉氏は、在米勤務時代にシーランド社のマクリーン氏と親交があり、その線からの情報でしたので、信憑性は確実でした。三井物産ではこの情報をいかすべく、ターミナル業務についての検討に入るわけですが、三井物産といえども、当時はそれほどコンテナに詳しい人はいませんでした。そこで、同社運輸部より私にコンテナの取扱い方法について相談があったのです。三井物産としては、本来、グループ会社である商船三井に相談すべき

事項でしたが、商船三井は川崎汽船、ジャパンライン、山下新日本汽船との4社グループによるコンテナ・サービスを検討していた最中でしたので、シーランド社とは協力できる立場ではなく、そのため私のところへ相談が持ちかけられたわけなのです。

1967年9月にマトソン社のコンテナ船が、東京の品川埠頭でカリフォルニア航路のサービスを開始しました。これに刺激を受けて横浜港でも、本牧埠頭D突堤をコンテナの扱える埠頭に改良するため、急遽、ガントリー・クレーンを設置する工事が行われました。

当時、輸出入貨物は横浜港、旅客は東京港とのすみわけがあったこともあり、シーランド社のコンテナは、横浜港本牧埠頭のこのD突堤で扱うのがよいということになって、私は運輸省と飛鳥田一雄横浜市長のところに協力を要請しに行きました。しかし、両者からはともに協力は得られませでした。運輸省は日本の海運産業保護の観点から、飛鳥田市長はベトナム反戦の立場からの協力拒否でした。シーランド社は、ベトナム戦争でアメリカ本土からサイゴンまで大量の軍需物資の輸送を担当していましたので、反戦主義者である飛鳥田市長としては、シーランド社みたいな軍需産業には絶対に協力できないところであったのでしょう。

1967年7月に外貿埠頭公団法が成立し、これを受けて同年の10月に京浜外貿埠頭公団と阪神外貿埠頭公団の二つの公団が発足します。飛鳥田市長は、京浜外貿埠頭公団が横浜港にコンテナ・ターミナルを造ることに対しても、自治権の侵害であるとして強く反対していました。ところが、東京都が、大井地区を造成して、前面はコンテナ・ターミナル用として京浜外貿埠頭公団に、後背地は船会社に安く提供する旨を表明したために、飛鳥田市長もやむなくコンテナ・ターミナルの建設に同意したようです。

1968年になると、シーランド社は攻勢に転じます。3月2日付の『日本海事新聞』を通じて、シーランド社は、太平洋航路のコンテナ・サービスを開始することを発表しました。同時に、日本政府（運輸省）の非協力を非難し、このままだと日本の船会社がアメリカ航路から締め出されるような報復を招

第12章　わが国における海上コンテナ導入期の再考

きかねない、と関係方面に圧力をかけました。最終的には、同年12月8日にシーランド社の第1船『サンファン号』(S.S. San Juan)が本牧埠頭D突堤に入港することになり、翌9日には同突堤で盛大な歓迎レセプションが横浜市主催で開かれました。その日のうちに、岸壁の37.5トン・ガントリー・クレーンを使い約7時間かけて144個のコンテナの揚げ積みした後、『サンファン号』は直ちにアメリカに向かって出航していきました」

おわりに

　上記の証言は、ドラマそのものと言えよう。かつてスウェーデンの経済学者、グンナー・ミュルダール（Myrdal, Gunnar）は、大著『アジアのドラマ』を著したとき、その書名のいわれを、南アジアの実態のなかに「ちょうど戯曲（ドラマ）のような、かなり明瞭な葛藤と全体を流れる主題」が感じ取られたからだと説明した。[22]鎌田の証言にも、ミュルダールの説明と同じ種類の葛藤が感じ取られ、主題が流れているように思える。その主題とは、日本におけるコンテナ化であり、コンテナ化を達成するための問題解決に向けて葛藤し続けた人々の姿が目に浮かぶ。
　コンテナ化にまつわるこの種のドラマは、至るところで繰り広げられたことであろう。それは、もちろん日本国内に限らない。海上コンテナ発祥の地、アメリカでは、シーランド社とマトソン社がそれぞれにコンテナ化の実験を繰り返し、軌道に乗せるための努力を続けてきたことは有名な話である。この二人のパイオニア、シーランド社とマトソン社のおかげで、世界は荷役効率の高度化および一貫輸送の範囲の広がりによる様々な利益を享受できるようになった。その受益者は荷主であるが、最終的には消費者が多大な恩恵を受けている。消費者の受ける利益は、価格、品質等の多方面に及び、その例を挙げれば枚挙にいとまがないほどである。
　コンテナ化による利益がかくも大きいからこそ、海上コンテナ輸送は、およそ10年間という短期間のうちに、世界の各航路に普及していき、世界の各

239

船会社がこの新しい輸送システムを採り入れていったのである。その一方で、コンテナ化は新興海運勢力の台頭をもたらした。コンテナ化は、輸送サービスを標準化し、均一化することに本来的目的があったので、在来船時代のように、雑多な貨物を船倉に積み上げるという、かなりの熟練を要する作業を必要としなくなった。ということは、後発者の参入がより容易になったことを意味する。標準化、均一化によって後発の船会社が先行の船会社と同質のサービスを提供する技術的障害は取り除かれ、アジア諸国の新興船会社が躍進する素地は、その時点でつくられたのであった。

アメリカの海運産業は、第二次世界大戦直後、他の国々に比べて、戦争の痛手をそれほど受けず、圧倒的優位の下で再出発した。アメリカの優位性は、その後十数年間続いたが、1970年代以降、しだいに低下していき、80年代にはすでに、アメリカの外航海運は比較劣位産業に転落していた。[23]その要因は、対内的には高賃金化によるいわゆる経済の成熟化であり、対外的には新興勢力の台頭と追い上げであった。シーランド社とマトソン社の二社によって始められたコンテナ化が、アメリカ外航海運業界の競争力を低下させる結果になるとは、運命の皮肉としか言いようがない。これこそコンテナ化にまつわる最も壮大なドラマであった。

注

（１）今日では「コンテナ」と表記される場合がほとんどであるが、日本海上コンテナー協会の設立当初からしばらくの間、「コンテナー」と長音記号付きで表された。ちなみに同協会の機関誌『コンテナリゼーション』の奥付を見ると、第９号（1968年12月１日発行）では、「社団法人日本海上コンテナ協会」発行となっており、長音記号なしの「コンテナ」に改められている。
　　　なお、同協会は1966（昭和41）年に社団法人に改組されている。
（２）日本経営史研究所編（1985）『創業百年史』大阪商船三井船舶株式会社、608頁。
（３）本章の作成に当たり、当時、三井倉庫株式会社港運部に所属していた鎌田敦氏、同じく国際部の石原伸志氏より貴重な助言を得た。ここに記して両氏に感謝の意を表したい。また両氏は共著で『海上コンテナ輸送ハンドブック』

第12章　わが国における海上コンテナ導入期の再考

を刊行する予定で、本章では、その草稿も参考にしたことを付記しておく。
（4）小学館（2002）『CD-ROM版　ランダムハウス英語辞典 Version 1.50』。
（5）オーシャンコマース編（2004）『国際コンテナ輸送の基礎知識』オーシャンコマース、5頁。
（6）オーシャンコマース（2004）、6〜7頁参照。
（7）鎌田敦、石原伸志『海上コンテナ輸送ハンドブック』草稿。
　　なお、ついでながら言うと、海上運送と樽は古くから関係が深く、船舶トン数は、15世紀ごろ、船に積まれた樽をトントンたたきながら数え、その数で船の大きさを示すトン数としたという説がある。この樽の占める容積がほぼ100立方フィートで、酒を満たした樽の重量がほぼ2,240ポンド（1英トン）になったという。翁長一彦（1989）「船舶トン数」『CD-ROM版　世界大百科事典（第2版）』日立デジタル平凡社。
（8）鎌田他。
（9）鎌田他。
(10)　森隆行（2003）『外航海運とコンテナ輸送』鳥影社、71頁。
(11)　現在の折りたたみ式開放形コンテナ（platform based container with incomplete superstructure and folding ends）は、両端に端壁または端部枠があり、かつそれらが折りたためる構造になっている。国際規格コンテナは折りたたんだ状態で所定の個数を積重ねると高さが8フィートまたは8フィート6インチになるよう設計されており、通常相互に結合され全体を一つのコンテナとして輸送荷役できるので空のコンテナの運行コストを節約できる。一般には3個から5個のコンテナが1セットになる。日本海上コンテナ協会編（1985）『総合コンテナ実務用語辞典』成山堂書店、40頁。
(12)　日本国有鉄道本社営業局配車課（1966）「国鉄のコンテナ輸送」『コンテナリゼーション』日本海上コンテナー協会、第2巻第1号、15頁。このときのコンテナの大きさは、積載重量150から1,000キログラムまでの各種があったが、1939（昭和14）年に戦時下における輸送力増強の見地から廃止された。
(13)　日本国有鉄道（1966）、15〜16頁。
(14)　http://www.jrfreight.co.jp/eigyou/contena/index.html.
　　2013年2月現在の保有個数は、12フィート・コンテナ（一般用）が4万6,452個、12フィート通風コンテナ1万2,981個、12フィート背高コンテナ909個、12フィート荷崩れ防止装置付きコンテナ426個、20フィート・コンテナ546個、31フィート・ウイングコンテナ25個となっている。http://www.jrfreight.co.

jp/common/pdf/other/container.pdf（2013.03.20入手）
(15) 本節（2）の「コンテナ化のはじまり」に関する記述は、鎌田他および森（2003）、63〜66頁を参照した。
(16) 石川直義（2001）『日本海運ノート』オーシャンコマース、78頁。
(17) 横浜港振興協会横浜港史刊行委員会編（1989）『横浜港史・資料編』横浜市港湾局企画課、240頁。
(18) 横浜港振興協会（1989）、241頁。
(19) 三井倉庫株式会社社史編纂委員会（1989）『三井倉庫80年史』三井倉庫株式会社、302頁および日本経営史研究所（1985）、前掲書、636頁。
(20) ヒアリングは2004年7月3日、午後2時から4時30分まで、東京大手町のパレスホテルで行った。なお、鎌田は、日本海上コンテナ協会の創設から関与し、コンテナ実務の草分け的文献、日本海上コンテナ協会編（1985）『総合コンテナ実務用語辞典』成山堂書店の編集常任委員の一人でもある。
(21) 三井物産社史のなかの「年表」によると、若杉末雪が同社の副社長に就任したのは、1966年5月のことで、同年4月にニューヨーク支店ほか在米の各支店および出張所が、全米三井物産に統合、改組されている。なお、三井物産は、シーランド社のコンテナ船進出に伴い、必要機材の一手取扱および総代理店契約を67年10月にシーランド社との間で締結している。日本経営史研究所編（1976）『挑戦と創造―三井物産100年のあゆみ』三井物産株式会社、1976年、403および405頁。
(22) Myrdal, G (1971). *Asian Drama: An Inquiry into the Poverty of Nations. An Abridgement by Seth S. King of The Twentieth Century Fund*. New York: Pantheon Books. 板垣與一監訳、小浪充・木村修三訳（1974）『アジアのドラマ（上）』東洋経済新報社、22頁。
(23) White, Lawrence J (1988). *International Trade in Ocean Shipping Services: The United States and World*. Cambridge, Mass.: Ballinger Publishing Company. p.15.

第13章　インランド・デポ概念の変遷と今日的課題

はじめに

　わが国における海上コンテナ化は、1967年9月、アメリカのマトソン社と日本郵船・昭和海運グループとが提携して改造フルコンテナ船によるカリフォルニア航路を隔週1回、東京品川埠頭で開始したのが始まりだとされる。インランド・デポ（inland depot）は、このような海上コンテナ化の産物であり、在来船の時代には存在し得なかったものである。そして、1971年6月、わが国初のインランド・デポである浜松内陸コンテナ基地が設立された。これらの事柄は定説であり、異論の挟む余地はないが、しかし、インランド・デポに関して確たる定説は存在しないのが現状である。海上コンテナ化が普及して、すでに40年以上が経過しているにもかかわらず、なぜこのような状況にあるのだろうか。

　その理由の一つとして、インランド・デポという言葉が、「そのときどきにより種々の意味をもって使用されて」いる点が挙げられる。ということは、インランド・デポについて語る論者が、それぞれの立場から自己流の解釈を施し、それに基づいて論を進めてきたということになる。そうであれば、立場や解釈の相違から、論者の間で議論がかみ合わない事態が生じ、結果的には、インランド・デポ研究の学術的進歩を妨げる要因になってきたと言えよう。事実、鈴木暁は、統一的な定義がなされていないことによる弊害を次のように述べている。

　「ちなみに、わが国のインランド・デポの全体像を示す資料が見当たらない主な理由は、インランド・デポの定義が一元的に確立されていないためといってよい。つまり税関サイドと民間物流業者とではかならずしもインラン

ド・デポについて統一的に理解されていない。大蔵省関税局では保税地域については指定の関連で把握しているものの、いわゆるインランド・デポについては全国的な資料を有していない状態であり、その実体については各地の所轄税関に委ねられているようである」と。[2]

　この推測、つまり、当時の大蔵省関税局では、インランド・デポに関し「その実体については各地の所轄税関に委ねられているようである」が事実だとすれば、これは取りも直さず、税関サイドでは、インランド・デポの通関施設としての機能をさほど重視していないことの現れであったと言える。もちろん、インランド・デポの通関実績は、当局によって把握されているだろうが、それを集約して開示しないのは、統計的に有意な数値に達していないか、あるいはインランド・デポの実績を個別的に識別する技術的困難が内在するかのいずれかの理由によるものであろう。前者に理由があるとすれば、それはストレートにインランド・デポ軽視につながる。

　しかしながら、インランド・デポは、かように取るに足らない存在なのであろうか。以下では、改めてその存在意義を探るため、まず、インランド・デポに関する先行研究を整理し、それによってインランド・デポ概念の変遷を考証したうえで、次に、時代の経過につれてインランド・デポがどのように変容を遂げていったかを概観する。そして最後に、規制緩和時代の今日におけるインランド・デポの課題を論及してみたい。

1. 草創期のインランド・デポ概念

　冒頭、わが国の海上コンテナ化は1967年に始まると述べたが、その以前、61年6月に、アメリカ規格の20フィート・コンテナを積んだAPL（American President Lines）のセミコンテナ船「プレジデント・リンカーン」（President Lincoln）が横浜山下埠頭に初入港し、これが、巷間、「第二の黒船襲来」と大騒ぎになったと伝えられている。それゆえ当時、コンテナ研究の必要性が官民を挙げて痛感されていたのだが、体系的に研究され始めるのは、64年12

第13章　インランド・デポ概念の変遷と今日的課題

月の「日本海上コンテナ協会」設立まで待たねばならなかった。[3]

　そのようななかで、インランド・デポの何たるかも研究されたのであり、日本海上コンテナ協会が1968年に編纂した『コンテナリゼイション関係用語集』における概念提起が嚆矢だと考えられる。それによると、インランド・デポは、その機能から内陸港型と貨物集散所型の二つに分けられ、内陸港型は、港頭のコンテナ・ヤード（CY）の諸施設のうち港頭より分離可能な施設をまとめて港頭地区以外に設置したものをいい、港頭より機能的に直結可能であり、また、貨物集散所型は、コンテナ対象貨物をより能率的に輸送するため、港頭地区以外に設置されるコンテナ・フレート・ステーション（CFS）をいい、内陸港型、貨物集散所型ともに、最寄りのコンテナ港と短時間で結ばれ、「通関、コンテナ貨物の集配、引受け、引渡し、空コンテナの回収、一時保管、点検、修理、コンテナの詰込み、取出し、小口混載貨物の中継作業等が行なわれる」としている。[4]

　この概念規定では、内陸港型インランド・デポは、港頭のコンテナ・ヤード内にある諸施設のうち「分離可能な施設」をひとまとめにして港頭地域外に設置するところにその特徴があるとされる。では、コンテナ・ヤード内の「分離可能な施設」とは、一体、いかなるものが該当するのだろうか。

　日本海上コンテナ協会は、コンテナ・ヤードを「船会社によって指定された港頭地区の場所であって、船会社がコンテナを集積、保管、蔵置し、しかも実入りコンテナが受渡しされる場所」と定義しているが、[5]コンテナ・ヤードの諸施設に関しては、その具体的内容を明示していない。したがって、「港頭より分離可能な施設」なるものも不明のままで、文献上、判然としないのが実際のところである。

　インランド・デポに移設される機能に関して文献的証拠が見当たらない以上、当時の著者たちが、内陸港型インランド・デポに関してどのようなイメージを描いていたかは推測に頼るほかはない。コンテナ・ヤード内の施設には、上屋、管理棟、リーファ・コンセント、クレーン等の荷役機械、照明灯、フェンス、海上コンテナ用シャーシなどがあるが、上屋や管理棟は、インラ

ンド・デポにとって不可欠の施設である。しかし、これらの建築物は、解体したうえで運送しない限り、「分離」は不可能であり、港頭地区の建築物には手を加えずそのままにしておいて、新たな場所に新たな施設を建設するというのであれば、それは物理的な意味で、「分離」とは言い難い。「分離」をどう捉えるかによって、その施設内容は変わってくるが、クレーン以外他の施設は、大体において分離可能であろう。

　なお、「船会社によって指定された港頭地区の場所」という上記の規定に従えば、インランド・デポがコンテナ・ヤード機能を有するためには、船会社による指定がその前提条件となることを付言しておかなくてはならない。

　他方、貨物集散所型は、港頭以外の場所でコンテナ・フレート・ステーションとしての機能を果たす施設だとされるが、コンテナ・フレート・ステーションについては、明解な説明がなされている。すなわち、LCL貨物をコンテナ詰めおよびコンテナから取り出す作業を行う場所で、「輸出の場合には、CFSにLCL貨物を集積して、仕向地別に仕分けを行ったうえコンテナに詰め合わせる。また輸入の場合にはCFSで混載貨物をコンテナから取り出して、仕向地ごとに仕分けして荷受人に引き渡す作業が行われる」[6]と。要するに、貨物集散所型のインランド・デポは、個々の輸出用LCL貨物を混載貨物に仕立て、または輸入された混載貨物から個々の貨物を取り出すための、港頭地区以外の場所ということになる。

　以上のようなインランド・デポ概念の特徴を一言で表すならば、それは、港頭コンテナ・ターミナルを補完する点に主眼が置かれていることである。そして、この概念が最初に提起されたのは、もちろん、わが国において現実にインランド・デポが誕生する以前のことであった。したがって、草創期の著者たちは、インランド・デポの国内事例を参照したわけではなく[7]、海上コンテナの先進国であるアメリカの事例を参考にして、概念の構築を図ったと言われる。

　この点に関連して、榎本喜三郎は、1987年に発表した論文[8]において、草創期の著者たちがインランド・デポを、海上コンテナ輸送を行ううえで不可欠

246

第13章　インランド・デポ概念の変遷と今日的課題

の施設であると前提している点に触れ、インランド・デポに関して実際的検証を踏まえることなく、概念規定を行っているため、彼らの「頭の中で作られた概念であり、解説であるように思われる」として、その実証的脆弱性を指摘する。榎本によれば、アメリカと日本とでは、コンテナ化の過程に大きな差異があるという。すなわち、アメリカにおいては、マトソン社とシーランド社とによって、ほぼ同時期にコンテナ化が志向されて、ビジネス・チャンスを拡大していくための実践の過程であったのに対して、日本では、アメリカのような実践過程を経ずに、コンテナ輸送の理論的究明・検討が先行したという。その理論的究明・検討の成果を反映して、浜松内陸コンテナ基地は、名古屋港および清水港両港の機能を補完すべく建設されたものであり、いわばコンテナ輸送の揺藍期における試行錯誤の末の一現象と捉えるべきだとしている。(9)

　より重要なのは、1971年に浜松内陸コンテナ基地が建設されてから、榎本論文が上梓される87年までの16年間に、公共用インランド・デポの新規開設事例が一つも見られなかった点である。その最大の理由は、「浜松IDの建設を促し、それを今日まで有効に機能させているような客観的諸条件が備わった場所が、他には存在しなかった」(10)点に求められるという。つまり、浜松内陸コンテナ基地の建設は、同地区の特殊事情がなさしめたものであって、決して一般的な条件による産物ではないということである。また、榎本は、日本海上コンテナ協会から1978年に発行された『最新コンテナ総覧』——これは、1972年版の『コンテナリゼーション便覧』を増補・改訂したものである——においてインランド・デポに関する項目が削除されている点に着目して、わが国におけるコンテナ化の進展に伴って、インランド・デポの「必要性・有用性が薄れた」ための掲載打ち切りであると判断している。これらの事柄から、榎本は、インランド・デポなる概念はコンテナ化との関係において、もはや「死語となった」のではないかとまで論ずるのであった。(11)

247

2．インランド・デポの成長発展期

(1) 概念の変容

　インランド・デポは、本当に死語となったのであろうか。大方の答えは、否であろう。なぜならば、公共的インランド・デポの機能を備えた宇都宮国際貨物ターミナル（UICT）が1990年9月に完成し、業務を開始したからである。この事実により、インランド・デポを死語扱いすることは困難となろう。

　しかし、少し視点を変えてみる必要がある。すなわち、インランド・デポの概念に変化が生じており、その点を想起すべきだということである。浜松内陸コンテナ基地は、榎本の言うとおり、名古屋港および清水港の補完施設として、純粋に海上コンテナ輸送過程の一部を担うことに主眼が置かれていた。

　ところが、北関東地方においてUICT設立後、1992年に設立されたつくば国際貨物ターミナル（TICT）、99年設立の太田国際貨物ターミナル（OICT）は、海上コンテナ輸送過程の一翼を担うこともさることながら、地域経済の活性化により軸足が移っていることに注意を要する。つまり、港頭地区の補完から地域振興へとインランド・デポの概念およびその役割において明白な変化が生じてきている。それゆえ、港頭地区の補完を主眼としたインランド・デポ概念は「死語となった」と捉えたとしても、それは、あながち間違いとは言い切れない側面を有している。

　よく「社会を離れた個人はいない」[12]と言われるように、いかなる思想も学説も、それを提示した人物の生まれ育った社会と時代を反映するものである。インランド・デポ概念とてそれは同様で、草創期の著者たちは、わが国におけるコンテナ化導入期という時代背景のなかで、様々な状況や条件を斟酌して概念規定を行ったわけであるから、彼らの議論はまさに時代の産物であった。それが、時を経るに従い、新たな概念規定を必要とするようになるのもまた、当然のことである。

　UICTをはじめとする北関東のインランド・デポが開設されたこの時期は、

第13章　インランド・デポ概念の変遷と今日的課題

もちろん初期の混乱期を脱しており、海上コンテナ輸送は着々と進展を遂げていた頃であった。浜松内陸コンテナ基地の誕生が「試行錯誤の末の一現象」であることは認めるにしても、それを北関東の事例にそのまま当てはめて言うことはできない。榎本は、「他に何らか特殊の事情が発生しない限り」、インランド・デポの新規開設は「あるまいと思われる」と述べたが[13]、北関東の事例は、特殊事情の発生という枠に収まりきらない、大きな時代のうねりを反映したものと捉えるのが妥当な解釈である。

（2）インランド・デポをめぐる新たな展開（1990年代以降）

表13-1は、公共的インランド・デポの設立年と事業主体を表している。これを見ると、確かに浜松内陸コンテナ基地の設立から宇都宮国際貨物ターミナルのそれまで19年をも要しており、その間、インランド・デポは機能的にその役目を終了し、新規開設の必要性を喪失したと見なされても、致し方なかったかもしれない。

表13-1　公共的インランド・デポの設立年と事業主体（年代順）

名　称	設立年	事業主体
浜松内陸コンテナ基地	1971年6月	（財）静岡県コンテナ輸送振興協会
宇都宮国際貨物ターミナル（UICT）	1990年9月	宇都宮国際貨物流通事業協同組合
つくば国際貨物ターミナル（TICT）	1992年5月	第三セクター（茨城県21.3％、茨城県開発公社10.6％、つくば市7.1％の他全27機関が出資）
太田国際貨物ターミナル（OICT）	1999年5月	第三セクター（太田市25％、太田商工会議所7％、金融機関4％、その他法人64％）

出所　「特集　インランド・デポ　成長期を過ぎ安定期へ、課題も浮上―2年目で宇都宮に並ぶつくば―」『Cargo』海事プレス、1993年9月号、『浜松内陸コンテナ基地事業概要　平成20年』静岡県浜松内陸コンテナ基地、2009年2月、『つくば国際貨物ターミナル（株）（TICT）の概要』茨城県商工労働部、2008年5月、『株式会社太田国際貨物ターミナル会社案内』太田国際貨物ターミナル、2009年9月より作成。

1990年代以降のインランド・デポは、草創期における「海上貨物の内陸におけるコンテナ基地」という概念から、より広範に「物理的には輸出入貨物を蔵置できる保税上屋があって、機能的には貨物の通関ができる[14]」施設という意味合いで捉えられるようになり、海上貨物のみならず航空貨物も主体的役割を演ずる点が考慮に入れられている。また当初は、「本来、インランド・デポと呼ばれる存在は同盟のCY、CFS指定を不可欠の条件[15]」としていたが、もちろん90年代以降では、「不可欠の条件」ではなくなっており、概念上の開きが見られるのも、大きな特徴をなしている。以下では、90年代以降のインランド・デポをめぐる新たな展開を考察してみたい。

（a）宇都宮国際貨物ターミナル（UICT）

　UICTが設立される2年前の1988年7月、栃木県宇都宮市に所在する日本通運と日新の支店に保税上屋と通関業の営業許可がおり、両社は輸出に限定して貨物の取り扱いができるようになった。これが、宇都宮インランド・デポのスタートとされるが[16]、このとき同時に、地元の輸送業者である久和物流も保税の許可を取得し、同社が中心となって地元の輸送業者8社でもって宇都宮国際貨物流通事業協同組合を結成して、90年9月にUICTは操業を開始するに至った[17]。その規模は、「4万平方メートルの敷地に2階建て倉庫が3棟（延べ床面積3万1,333平方メートル）あり、2号棟（5,760平方メートル）が航空貨物用、3号棟（1万4,850平方メートル）が海上貨物用の保税上屋[18]」であった。入居企業としては、開設当初から阪急交通社（現在、阪急阪神エクスプレス）が宇都宮出張所を設け、91年1月から通関営業所としての許可を取得して通関業務を開始し、その後、郵船航空サービス（現在、郵船ロジスティクス）、近鉄エクスプレスなどの入居が見られた[19]。

　なお、大手荷主として当時から家電メーカーのシャープ（矢板市）、本田技研工業（真岡市）が名を連ね、周辺には他にも日産自動車栃木工場（河内郡上三川町）、パナソニック株式会社AVCネットワークス社宇都宮工場、キヤノン宇都宮事業所などが立地している。

第13章　インランド・デポ概念の変遷と今日的課題

（b）つくば国際貨物ターミナル株式会社（TICT）

　TICTは、1992年5月7日、商法に基づき、茨城県、茨城県開発公社、つくば市および民間企業の出資により、資本金6,000万円で、茨城県内における国際物流の効率化を促進する目的で設立された。同年7月に横浜税関つくば方面事務所が設置され、第三セクターの保税上屋運営会社として操業を開始し、当初は日本通運、近鉄エクスプレス、郵船航空サービスの3社が入居した。TICTはさらに、93年7月と96年12月に二度にわたり増資を行って、資本金は2億8,200万円となっている。なお、この間、横浜税関つくば方面事務所は、93年7月1日付で出張所に昇格している。[20]

　TICTの特徴として、周辺に日本コダック守谷物流センター（守谷市）、日本テキサスインスツルメンツ（稲敷郡美浦村）やインテル株式会社つくば本社（つくば市）など外資系企業が比較的多く立地している点、および成田空港に近接している点が挙げられる。それを反映して、2007年度の取扱件数実績は、輸出入計で航空が34,607件、海上が1,841件で、航空は海上の約19倍に達しており、海上コンテナ輸送過程を補完するという草創期のインランド・デポ概念は、TICTにおいてはまったく妥当せず、新たなインランド・デポ概念が提起されたものと見なさなくてはならない。[20]

（c）株式会社太田国際貨物ターミナル（OICT）

　OICTの立地する群馬県太田市は、従来から富士重工業の企業城下町としての色彩の濃い地方都市で、県の工業統計調査によると、同市の製造品目出荷額は、2005年が約1兆9,302億円（県全体の24.9パーセント）、06年が1兆9,576億円（同25.3パーセント）で県内随一、栃木県・茨城県を含めた北関東圏でも第1位の工業地を形成している。[22]太田市の立地企業のうち、多くは輸出依存型で、東南アジアや中国に海外直接投資を行っている企業も少なくない。そのため、通関手続きに要するリードタイムの短縮と物流コスト削減の見地から、太田市内に保税蔵置場を整備する必要性が叫ばれ、それが太田国際貨物ターミナルの設立に向かわせる原動力となった。

　太田市ならびにその周辺地域内を対象とした国際貿易に関する調査が1996

表13-2　太田国際貨物ターミナルの取扱実績（2006～09年度）

（単位：件、トン）

			2006年度	2007年度	2008年度	2009年度
件　数	航　空	輸　出	13,869	11,375	14,020	11,616
		輸　入	56	36	20	24
		輸出入計	13,925	11,411	14,040	11,640
	海　上	輸　出	3,466	3,450	4,249	3,824
		輸　入	3,937	4,071	3,726	3,118
		輸出入計	7,403	7,521	7,975	6,942
	合　計		21,328	18,932	22,015	18,582
重　量	航　空	輸　出	3,615	2,546	3,155	2,231
		輸　入	14	9	16	10
		輸出入計	3,629	2,555	3,171	2,241
	海　上	輸　出	48,172	51,495	75,178	58,217
		輸　入	152,528	167,481	157,498	129,383
		輸出入計	200,700	218,976	232,676	187,600
	合　計		204,329	221,531	235,847	189,841

出所　『株式会社太田国際貨物ターミナル会社案内（平成21年9月版）』より作成。

年に行われ、27,400件の通関実績と、そのうちの60パーセントの利用見込みがあることが判明したという[23]。それを受けて、税関官署の開設を希望する地元企業が結集して協議会を組織し、群馬県ならびに太田市に対し施設の建設を要望した。この要望に応え、かつ活動を支援するため、群馬県および太田市では土地と資金を提供して、2000年3月に第一倉庫（現在の第一保税蔵置場）が完成した。その前年の99年5月には、当該施設の管理主体として、太田市が25パーセント、太田商工会議所が7パーセントを出資する第三セクター法人、株式会社太田国際貨物ターミナルが設立された。さらに、02年4月には、東京税関前橋出張所太田派出所が開設されてインランド・デポとしての要件

252

第13章　インランド・デポ概念の変遷と今日的課題

を備えるとともに、その後、数度にわたる施設の整備、拡充が行われ、その取扱実績は、表13-2に示すとおりである。

3．AEO制度の導入とインランド・デポ

　インランド・デポは、従来から、輸出で成り立っている、とよく言われるが[24]、表13-2のOICTに関して取扱件数を見ると、航空と海上を合わせた実績は、2006年度輸出17,335件・輸入3,993件、07年度輸出14,825件・輸入4,107件、08年度輸出18,269件・輸入3,746件、09年度輸出15,440件・輸入3,142件で、輸出対輸入の件数比率は、ほぼ4対1くらいで推移していて、かなりの輸出超過であることが読み取れる。他方、07年度のデータだけだが、TICTについて見てみると、輸出20,553件・輸入15,895件となっており、比率は大体55対45くらいで、OICTほどではないが、やはり出超であることがわかる[24]。

　インランド・デポにおけるこの構成比は、日本の産業構造を反映したものである。すなわち、日本は従来から、資源および第一次産品輸入、加工品輸出という形態をとってきたが、それは天然資源小国の宿命で、今後とも変わることはない。北関東の公共的インランド・デポは、その設立の経緯を見ると、地元企業の強い要望が大きな要因となっている。それらの企業の業種は、大体が製造業であり、製造企業であれば、その製品および部品を国内販売するだけでなく、海外に輸出するのにより有利な施設としてインランド・デポの活用が認識された。地元企業の輸出拡大を通じて、地域経済の活性化を図るという選択がとられ、インランド・デポはその一翼を担おうとするものであった。それゆえ、インランド・デポが輸出で成り立っているというのは、当然のことであり、地元企業、特に製造企業は輸出志向であり、海外直接投資による現地生産も活発化して、現地向け部品供給も増加傾向にある。

　しかし、その輸出企業がAEO制度を利用することによって、インランド・デポを通さない、すなわち、インランド・デポを中抜きする事態が生じうる可能性が出てきている。AEOの原語であるauthorized economic operator

を字義どおりに訳せば、「認定された経済事業者」となるが、税関では、AEO制度を次のように説明している。

「国際貿易の安全確保と円滑化を両立させるため、貨物のセキュリティ管理と法令遵守の体制が整備された国際貿易に関連する事業者（輸出入者、倉庫業者、通関業者等）について、税関長が承認又は認定を行なうことにより、当該事業者に係る貨物の通関手続きの簡素化・迅速化を図る制度」であると[26]。そして、これにかかわる事業者を「認定事業者」と称している。

わが国におけるAEO制度の本格導入は、2006年3月から実施された特定輸出申告制度に始まったが、その背景には、01年9月11日、アメリカで起きた同時多発テロがあった。この事件を契機に、主要国は、テロ対策の一環として、港湾、空港での安全管理を強化するようになったが、管理の強化は、荷主の側にコストの増大を強いる結果となることから、貿易におけるセキュリティの確保と効率化は、元来、相反するニーズなのであるが、これを両立させるために、AEO制度が生まれた。すなわち、「認定事業者」には通関手続き上の様々な便益を与えて簡素化と迅速化を図り、他方、水際での管理強化はそのまま維持するという体制がとられた。

現行のAEO制度は、次のものからなっている[27]。

特例輸入申告制度 特例輸入者（authorized importer）と称される輸入者のAEO制度、2001年3月から実施、承認者数76者（10年9月14日現在）

特定輸出申告制度 特定輸出者（authorized exporter）と称される輸出者のAEO制度、06年3月から実施、承認者数235者（10年10月28日現在）

特定保税承認制度 特定保税承認者（authorized warehouse operator）と称される倉庫業者のAEO制度、07年10月から実施、承認者数80者（10年10月21日現在）

認定通関業者制度 認定通関業者（authorized customs broker）と称される通関業者のAEO制度、08年4月から実施、承認者数28者（10年11月12日現在）

特定保税運送制度 特定保税運送者（authorized logistics operator）と称

される運送者のAEO制度、08年4月から実施、承認者数2者（10年6月8日現在）

認定製造者制度　製造者のAEO制度、09年7月から実施、承認者数ゼロ（10年11月17日現在）

上の制度を取得するにはいずれも、一定期間法令違反がないこと、業務遂行能力を有していること、法令遵守規則を定めていることなどを要件としている。

このうち特定保税承認制度および認定製造者制度は、インランド・デポとの関連が特に深いと思われるので、その点を明らかにしてみたい。

まず、特定保税承認制度であるが、これは、「あらかじめ税関長の承認を受けた保税蔵置場等の被許可者（特定保税承認者）については、税関長へ届け出ることにより保税蔵置場を設置することが可能となるほか、当該届出蔵置場にかかる許可手数料も免除される制度」で、「包括的な許可（更新）を受けられること、コンプライアンスを反映した検査を受けられること等、税関手続における利便性が向上する」メリットがあるとされる。

前述したように、インランド・デポは1980年代後半には、もはや「死語になった」と認識されるようになり、その有用性に疑念が持たれた。これを今から見て、インランド・デポの第一の危機と捉えるならば、AEO制度が導入されてからは、第二の危機を迎えたと言ってよい。

インランド・デポは「内陸通関施設」とか「内陸保税蔵置場」と呼ばれ、一般に、通関手続きの簡易で迅速な処理、商取引の円滑化および中継貿易の発展などのために、「民間企業等が開港から離れた内陸部に設けた通関物流基地で、輸出入貨物の通関機能と保税機能を併せ持つ」[28]施設と解されている。そして、インランド・デポの依って立つ法的根拠は関税法にあり、同法第30条では、「外国貨物は保税地域以外の場所に置くことはできない」と定められ、また、同法第67条第2項第1号においては、「輸出申告又は輸入申告は、その申告に係る貨物を保税地域又は……税関長が指定した場所に入れた後にするものとする」としている。つまり、貨物をいったん保税地域に入れてから

でないと通関手続きができない制度になっていて、その保税地域の一つに保税蔵置場がある。内陸の物流基地に保税蔵置場が設置されて、その施設ははじめてインランド・デポとして「通関機能と保税機能」を有することになる。

　保税蔵置場の設置は、税関長による許可制となっており、そこでの貨物の取り扱いには、きわめて厳格な管理・監督が求められているが、2007年10月1日より「特定保税承認制度」が導入されて、規制緩和が図られている。その結果、貨物をインランド・デポに入れることなく輸出申告を行い、輸出の許可を受けることができるようになった。そうなると、インランド・デポを通さない、いわゆる「中抜き」現象が、当然のことながら増大し、第二の危機と言われるゆえんもその点にある。

　次に認定製造者制度であるが、これは、製造業者を対象とした制度で、当該製造業者が直接輸出ではなく、商社経由の間接輸出をする場合を想定している。直接輸出であれば、自らが特定輸出者の承認を受けてAEO制度の恩恵を得られるのに対して、間接輸出の場合は、その恩恵に浴することができない点を配慮して創設されたものだという。[29]

　この制度を利用した輸出申告から船積みまでの流れは、次のようになる。①認定製造者が自社工場で商品生産する、②認定製造者がその商品を輸出者（商社）に引渡す、③認定製造者が貨物確認書を作成して、それを輸出者に交付する、④輸出者は、その貨物確認書に基づいて輸出申告書を作成し、税関に輸出申告を行う、⑤商品を保税地域（コンテナ・ヤード）に搬入して、輸出許可を受ける、⑥船積みを完了する。

　この一連の過程で、従来の一般的な手続きと異なる点は、④と⑤の間にある。従来だと、保税地域に搬入してから輸出申告を行い、審査および必要な検査を受けて、輸出許可がおりて船積みという段取りになるのだが、認定製造者制度のもとでは、保税地域に搬入する前に輸出申告を行い、税関の審査を受け、必要な検査を受ける場合は、保税地域への搬入途中で税関の指定した場所に持ち込んで検査を受けることができることになる。その結果、リードタイムの短縮とコストの削減が期待できるとされており、荷主の利用する

第13章　インランド・デポ概念の変遷と今日的課題

保税地域に関して選択の幅は広がり、インランド・デポ利用が減少する可能性がここにもある。

おわりに

　草創期のインランド・デポは、港頭地区の補完機能に重点が置かれ、その意味で、インランド・デポは、港頭地区とは支配・従属的関係にあった。しかし、1990年代に入り新たに設立されたインランド・デポは、地元企業の貿易、特に輸出の拡大を通じて地域の振興を図ること、それが第一義的な目的となっている。さらに言えば、草創期と90年代との大きな違いは、前述のTICTの取扱実績を見てわかるとおり、航空貨物の発展度合いであり、その意味で、港頭地区の補完機能という側面は、大幅に減殺されてきている。

　他方、輸出志向のインランド・デポは、今後、どのような変貌を遂げるのであろうか。

　加工貿易型という日本の貿易構造が、短期的に急変するとは考えにくいが、日本の製造企業による海外現地生産は拡大し、グローバル化は着実に進行している。これとは逆に、外国企業による日本への進出事例も多くなっている。例えば、自動車金型のような、従来、日本の得意分野であった製造部門が外国企業に買収されて、産業そのものが地場から流出していく事態が生じている[30]。このような傾向は、いずれにしても輸出の相対的ウェイトを低下させ、地場の輸出企業によるインランド・デポ利用を減少せしめている。さらに、AEO時代を迎えてインランド・デポの将来性を不安視し、輸出に関する限り、インランド・デポはその使命を終えたとまで見る向きも、決して少なくない。また、昨今は、そのような風潮を反映してか、研究論文や雑誌記事においてインランド・デポを取り上げる事例が著しく減少し、関心の度合いが低いことを示している。

　では、インランド・デポの将来に光明を見出すことは、本当にできないのであろうか。決してそのようなことはないように思う。一つは、輸出から輸

入にシフトしたインランド・デポの形態が考えられる。現に、例えば中国から海上輸送されたホームセンター向けの雑貨類などは、実入りコンテナのまま陸送されて、インランド・デポ通関がなされていると聞き及んでおり、そのような活用の仕方は十分に伸びる可能性はある。

いま一つは、インコタームズ（Incoterms）である。2011年1月1日より発効したインコタームズ2010では、「物品が、本船の船上に置かれる前に運送人に引渡される」、つまり、コンテナ輸送される場合には、FOBに代えてFCAが、同様にCIFに代えてCIPが「使用されるべき」だとしている。[31]今日、日本の外貿定期船貨物の約95パーセントは、コンテナ貨物である。[32]しかし、CIFがトレード・タームズとしてこれまで最も多く利用されてきており、FOBがそれに次いでいる。インコタームズの助言に従えば、デポ・ツー・デポに基礎を置くFCAあるいはCIP条件に変えなくてはならない。このデポに国内の既存の公共用インランド・デポを利用して、海外のデポを結ぶトレード・タームズを使用してもらうべく荷主に働きかける、いわばデポ・セールスを地場企業に対して展開することによって、インランド・デポ利用の促進につなげる手立てが、ある程度、期待できるように思う。

注
（1）中西龍雄（1990）「インランド・デポと税関行政」『季刊輸送展望』215号、日通総合研究所、130頁。
（2）鈴木暁（1993.4）「国際物流とインランド・デポ」『海事産業研究所報』No.322、海事産業研究所、36頁。
（3）わが国における海上コンテナ導入の経緯については、本書第12章「わが国における海上コンテナ導入期の再考」参照。
（4）日本海上コンテナー協会編（1968）『コンテナリゼイション関係用語集』日本海上コンテナー協会、75頁。
（5）TPFCJ（Trans Pacific Freight Conference of Japan）の定義。日本海上コンテナ協会編（1985）『総合コンテナ実務用語辞典』成山堂書店、118頁参照。
（6）前掲書、117頁。

第13章　インランド・デポ概念の変遷と今日的課題

(7) このことは逆に言うと、国内初のインランド・デポ事例である浜松内陸コンテナ基地が、草創期の著者たちの提起した概念に基づいて建設されたことを意味する。同基地は、それゆえ、清水港を補完する内陸港としての機能を果たすという明確な役割を担って建設された。この点は、後年、建設された公共的インランド・デポと大きな相違をなしている。

(8) 榎本喜三郎（1987.2）「コンテナ輸送におけるインランド・デポ（ID）―韓国での議論を前にして―」『海事産業研究所報』No.248、海事産業研究所。
　なお、榎本が言及しているのは、コンテナリゼーション便覧編集委員会編（1972）『コンテナリゼーション便覧』日本海上コンテナ協会、1083頁に掲載されている「インランド・デポ」項目に対してである。この1972年版における記述と前掲『コンテナリゼイション関係用語集』のそれとの唯一の相違は、1972年版に「わが国では、昭和46年6月に静岡県の手によって完成した浜松内陸コンテナ基地（用地面積約33,000m²）が、代表的な事例である」という一文が文末に追加された点のみである。

(9) 榎本（1987.2）、13頁。

(10) 榎本（1987.2）、13頁。

(11) 榎本（1987.2）、14～15頁。

(12) 例えば、E. H. カー　清水幾太郎訳（1962）『歴史とは何か』岩波新書で、その本文中の随所にこの表現が用いられている。

(13) 榎本（1987.2）、14頁。

(14) 海事プレス（1991.3）「特集インランド・デポ　脚光浴びる〝内陸貿易港〟フォワーダーの開設相次ぐ」『Cargo』海事プレス、11～12頁。

(15) コンテナエージ社（1986.10）「清水港と背後地の大手荷主、有数のコンテナ貨物発生地」『Container Age』コンテナエージ社、19頁。

(16) 翌1989年7月には、横浜税関宇都宮出張所が設立され、それにより輸入通関も可能となった。海事プレス（1993.9）「特集インランド・デポ　成長期を過ぎ安定期へ　課題も浮上―2年目で宇都宮に並ぶつくば―」『Cargo』海事プレス、26頁参照。

(17) 宇都宮国際貨物流通事業協同組合は1996年6月、加盟会社を16社に増やしている。海事プレス（1997.9）「特集インランド・デポ　輸出好調、宇都宮を除いて2ケタ増　太田の誘致運動、注目される国の対応」『Cargo』海事プレス、32頁参照。

(18) 海事プレス（1991.3）、15頁。

259

(19) 海事プレス（1993.9）、26頁。
(20) 海事プレス（1993.9）、24頁およびつくば国際貨物ターミナル株式会社ホームページ　http://www.tkb-tict.co.jp（2010.11.17入手）。
(21) 茨城県商工労働部（2008.5）『つくば国際貨物ターミナル（株）(TICT) の概要』参照。
(22) 太田国際貨物ターミナル（2008.4）『株式会社太田国際貨物ターミナル会社案内』参照。
(23) 太田国際貨物ターミナル（2008.4）および太田市（1997.3）『政令派出所等開設基礎調査報告書（概要版）』参照。
(24) 例えば、海事プレス（1993.9）、22頁参照。
(25) 茨城県商工労働部（2008.5）参照。
(26) 税関（2010.2）「税関関係用語集」http://www.customs.go.jp/kyotsu/yogosyu.htm（2010.03.04入手）
(27) 郡山清武（2009.9）「我が国のAEO制度の現状等について」『貿易実務ダイジェスト』第49巻第9号、日本関税協会、3頁、および税関「AEO（Authorized Economic Operator）制度の拡充・改善」http://www.customs.go.jp/zeikan/seido/kaizen.htm（2010.11.17入手）
(28) 日本貿易振興機構（ジェトロ）「インランド・デポ（内陸保税蔵置場）のメリットについて」http://www.jetro.go.jp/world/japan/qa/export_10/04A-010721（2010.03.04入手）
(29) 郡山（2009.9）、5頁。
(30) 群馬県太田市に根拠地を置く金型メーカーのオギハラは、2009年3月、タイの自動車部品メーカーであるタイサミットと業務資本提携し、実質的には、サミットが筆頭株主になり経営権を掌握することが報じられた。オギハラは、自動車用プレス金型で世界最大手と評されていたが、とりわけ2009年9月のリーマン・ショック後の世界的な自動車販売不振により業績が悪化し、その建て直しのための業務資本提携であった。『日本経済新聞』2009年2月19日および5月29日付。
(31) 国際商業会議所日本委員会（2010）『インコタームズR2010』国際商業会議所日本委員会。
　なお、旧版のインコタームズ2000以前には、「当事者が、本船の手すりを横切って物品を引渡す意図がない場合には」という、長年、親しまれてきた文言が使われていた。

第13章　インランド・デポ概念の変遷と今日的課題

（32）2007年実績。日本の外貿定期船貨物量は2億6,807万トンで、うちコンテナ貨物量は2億5,196万トン、コンテナ化率は94.9パーセントに達している。国土交通省、統計情報、港湾関係情報・データ3「外貿定期船貨物量に占めるコンテナ貨物量」http://www.mlit.go.jp/common/000025791.pdf（2010.03.07入手）

索 引

欧文・略語事項

ADA⇒航空規制緩和法
AEO制度　253〜257, 260
All Air　215, 216
All Sea　215, 216
APL　244
BA⇒英国航空
BMW　156, 157, 159〜161
CAB　166, 167, 170, 171, 174, 179, 181, 182, 184〜186, 190, 191, 195〜197
CCC⇒コンテナに関する通関条約
CFS⇒コンテナ・フレート・ステーション
CIF　258
CIM⇒国際鉄道物品運送条約
CIP　258
CIQ　77
CMR⇒国際道路物品運送条約
CRS⇒コンピュータ予約システム
CSC⇒コンテナ安全条約
CY⇒コンテナ・ヤード
EU　155
FAZ　78〜80
FCA　258
FFP⇒常連顧客優待制度
FOB　258
ISO⇒国際標準化機構

KLMオランダ航空　202, 207, 217
LCL貨物　246
LTL　172, 185
MAC⇒軍事空輸軍団
NAFTA⇒北米自由貿易協定
NCA⇒日本貨物航空
NIES　115, 135
OICT⇒太田国際貨物ターミナル
RORO船　51〜53
TICT⇒つくば国際貨物ターミナル
TWA⇒トランス・ワールド航空
UAL　200, 206
UICT⇒宇都宮国際貨物ターミナル
UPS⇒ユナイテッド・パーセル・サービス
USエア　202〜204

和文事項

ア　行

アエロフロート　81, 203, 217
網走港　47, 52, 57, 58, 61〜68, 70, 84
あめりか丸　237
アメリカ民間航空委員会（CAB）⇒CAB
アメリカン航空　161, 180, 193, 201, 202, 216

アリタリア航空　204
アロー・シャツ社　143
イースタン航空　198, 202
イールド　181
移行の混乱状態　182
一元的社会　98, 99
一般輸送　214, 215
インコタームズ　258, 260
インターラインコネクション　193
インランド・デポ　243〜253, 255〜260
宇都宮国際貨物ターミナル（UICT）248〜250
運航（行）者（オペレーター）　213, 214
運搬具　17, 24, 26, 29
エア・カナダ　202, 217
エア・タクシー　190
エア・パートナーズ　202
エア・フレイト　170, 172, 196
エア・ロシア　203
エアリフト・インターナショナル　176, 179, 186, 195
エアロポリス　77, 78, 83
英国航空（BA）　202〜204, 207
エール・フランス　204, 207, 217
エバーグリーン・インターナショナル航空　176, 186
オーストリア航空　204
太田国際貨物ターミナル（OICT）248, 249, 251, 252, 260
オーバーナイト　171

丘珠空港　74
沖荷役　232
オフ・ピーク　172, 180
オホーツク地域　35, 36, 40, 47, 53, 68
折りたたみ式コンテナ　228, 241
オンラインコネクション　192, 193

カ　行

海運造船合理化審議会（海造審）　236
改革・開放政策　132
開発の大波　91
外貿埠頭公団法　238
カスタム・メイドのロジスティクス輸送　214
合作企業　136, 140
ガトウィック空港　203
下部貨物室　166, 170, 171, 184
貨物専門　82, 166〜171, 174, 175, 177〜179, 183, 195, 196, 209
カンタス航空　203, 205
企業城下町　251
帰属　101〜103, 107, 112, 141
キャタピラー社　158, 163
ギャップ　157, 158
業界平均コスト　171
空洞化　131, 142, 143
釧路港　47, 48, 50〜55, 67, 71
グローカリゼーション　161, 162
グローバル・エアライン　162
軍事空輸軍団（MAC）　196, 206

264

索　引

経済技術開発区　131, 132, 134～137, 140, 142, 145
経済特区　132, 134～136, 144
京浜外貿埠頭公団　238
ゲートウェイ　204
ゲートウェイ・シティ号　231
現地志向　153～155
公共の便宜と必要性　167, 196
航空規制緩和法（ADA）　184, 189～191, 195, 197
広胴機　170, 176
合弁企業　59, 134～136, 140
港湾整備緊急措置法　63
コード・シェアリング　205
顧客サービス　156～158
国際エアカーゴ基地　76, 79
国際鉄道物品運送条約（CIM）　222
国際道路物品運送条約（CMR）　222
国際標準化機構（ISO）　226
国際貿易港　65
国土総合開発法　126
五通一平　138
コネクス・コンテナ　228
コミューター　168～170, 175, 176, 190
コモン・キャリヤー　196
コンチネンタル航空　180, 202, 206
コンテナ・ターミナル　238, 246
コンテナ・フレート・ステーション（CFS）　245, 246
コンテナ・ヤード（CY）　245, 256
コンテナ安全条約（CSC）　227

コンテナ革命　225, 231
コンテナに関する通関条約（CCC）　227
コントラクト・キャリヤー　186, 196
コンビネーション・キャリヤー　209
コンビネーション機　166, 168, 170, 179, 180, 184
コンピュータ予約システム（CRS）　192, 193

サ　行

最貧国　115～117, 119～128
最優良時間帯　167, 170～172, 174, 177, 178, 185
在来荷役　232, 235
再路線化　177
サウスウエスト航空　161, 163
サベナ・ベルギー航空　204
三資企業　140
ザントップ・インターナショナル航空　186
サンファン号　239
サンラスト・ツーリスト　120
シー・アンド・エア　209, 210, 214～221, 223
シーボード・ワールド航空　176, 178, 186, 195
シーランド社　226, 228, 230, 231, 237～240, 242, 247
Jカーブ　97, 106, 111
時間主義輸送　214, 215

265

シティコープ　155, 162
社会移動　94～96, 106
ジャスト・イン・タイム　53, 214
州際交通委員会　172
重要港湾　47, 51, 58, 65
受益者負担の原則　30
ジュロン輸出加工区　135
常連顧客優待制度（FFP）　192, 194, 195
植物防疫法　65
新興工業経済地域（NIES）⇒NIES
新千歳空港　46, 73～83
スイス航空　204
スーパーエコシップ（SES）　26
スカンジナビア航空　204, 217
ストラドル・キャリア　232
スペース・ブローカー　218
製品ポジショニング　156, 157, 163
世界志向　153～155
絶対的剥奪　99, 105
セルガイド　231
全日本空輸（全日空）　81, 204, 205
総合保養地域整備法（リゾート法）　126, 130
相対的所得仮説　88
相対的剥奪　88～90, 99, 105, 106

タ 行

ターボプロップ機　176, 186
ターミナル　24, 75, 213, 214, 223, 236, 237
ターンパイク・トラスト　27, 28, 32
第一画面表示　193, 206
第三世界　85, 106, 112
第三セクター　77, 249, 251, 252
第二の黒船襲来　244
太陽と楽しさ　119, 129
第四次全国総合開発計画（四全総）　126
たから号　228, 229
他人の不幸を喜ぶ気持ち　87
ダン・エア　203
地域志向　153～155
チェンジ・オブ・ゲージ　205
チャーター　81, 82, 168, 169, 173, 174, 177, 184, 185, 196
中外合資経営企業法　134～136, 144
調達　34, 143, 156, 157, 211, 213
直行便　81, 82, 178, 216
青島　131, 132, 135～140, 142, 144, 145
ツアー・オペレーター　120～122
ツイストロック　231
通行税　26, 27, 29
通路　24
つくば国際貨物ターミナル（TICT）　248, 249, 251, 260
ディーラー・ネットワーク　158
デモンストレーション効果　124, 129
デルタ・エア　203
デルタ航空　180, 200～202
天安門事件　133, 134
ドア・ツー・ドア　172, 217, 221, 229

索引

ドイツBA　203
同時多発テロ　162
動力　24～26
道路審議会　28
道路税　26～28
道路整備特別措置法　28
道路無料公開の原則　28
通し運送状　221，222
通し運送責任　221，222
通し運賃　221，222
トール・ゲート　27
特定重要港湾　51，233，234
特別輸送　214，215
途中着陸　178
特化　17，168，169，183，210，213，215
苫小牧港　46～50，53，55，67，71，77
トラテロルコの虐殺　93，98
トランザメリカ航空　186
トランス・インターナショナル航空　186
トランス・ワールド航空（TWA）　180，191
トンネル効果仮説　86，89，94，106，107

ナ　行

中抜き　253，256
ナショナル・スカイウェイ・フレイト　196
ナショナル航空　197～199
日本エアシステム（日本エア）　204，205
日本海上コンテナ協会　225，240～242，245，247，258
日本貨物航空（NCA）　183
日本航空（日航）　75，81，82，165，184，204
日本ユニバーサル航空　82
妬みの蔓延　104
ノースウエスト航空　191，201，202

ハ　行

バーター貿易　59
ハイブリッドカー　26
箱根丸　237
はしけ　25，232，235，236
馬車時代　27
パッケージ・ツアー　119
パッケージセンター　43～45
発展途上国　95，106，115，116，122
ハブ・アンド・スポーク　192，193
ハブ空港　77，82，192，204
浜松内陸コンテナ基地　243，247～249，259
ハワイアン・マーチャント号　232
パン・アトランティック汽船　230
パン・アメリカン航空（パンナム）　176，177，186，191，194，197～200，202，206
ハンガリー国営航空　204
阪神外貿埠頭公団　238
ヒースロー空港　204

ピギーバック　231
100％外資（独資）　136, 140, 144
貧困命題　106, 113
ファベラ　92
ファベラード　92
フィーダー　168, 190, 191, 198
プール制　28, 29
フェデラル・エクスプレス　176, 183, 185, 197, 222
フォルクスワーゲン　159, 160
フォワーダー　171, 210, 213, 214, 218, 221, 222, 259
不定期運送事業者　184
船混み　231, 233〜235
フライング・タイガー航空　175, 176, 178〜180, 185, 186, 195, 196, 198, 206, 209, 217, 222
ブラニフ航空　191
ブランド　149, 156〜161, 163, 194
ふるい分け　180
フレイター（貨物専用機）　83, 168, 170〜172, 174, 176〜181, 217
プレジデント・リンカーン　244
プレミアム・セグメント　159, 160
分割的社会　98〜100, 112
分業　17, 131
ヘーグ・ルール　222
ベネトン社　157
ペレストロイカ　60, 73
包括旅行　119
包装　43〜45, 156, 157, 163, 223
ポートセールス　52

ポーランド国営航空　204
北米自由貿易協定（NAFTA）　155
保税地域　244, 255〜257
補足的運送事業者　168, 173, 176, 177, 184
本国志向　153〜155

マ　行

マーケティング（流通）・チャネル　123, 153, 211
マーチン・エア　217
マイレージ・サービス　192
前川レポート　126
マクストン号　231
マクリーン・インダストリーズ社　230
馬山輸出加工区　135
マス・ツーリズム　121
マトソン社　226, 232, 236〜240, 243, 247
港混み　233
民間航空法　190
無言のセールスマン　157
無線検疫港　65
メガ・キャリヤー（巨大航空会社）　189, 201, 203, 204
モーダルシフト　53
木材輸入特定港　65
紋別港　47, 52

ヤ 行

ヤマト運輸　82
有限財のイメージ　103
輸出志向　115, 253, 257
輸送力　166, 167, 169～172, 178, 180, 185, 241
ユナイテッド・パーセル・サービス（UPS）　197
ユナイテッド航空　161, 180, 191, 193, 200～202, 204, 206, 217
ユニット・ロード　52, 226, 227
輸入促進地域（FAZ）⇒FAZ
輸入代替工業化政策　91, 115
輸入の促進および対内投資事業の円滑化に関する臨時措置法（輸入・対内投資法）　78

ラ 行

リージョナル航空会社　193
リース　168, 173, 213
リードタイム　251, 256
利害関係者　151
流通加工　43～47
料金平均化　167
旅客航空会社　167, 170, 177, 201
旅行代理店　193, 194
ルフトハンザ　204, 205
レーガノミックス　165
連邦航空法　167
連邦破産法11条（チャプター11）　200, 202
ロード・ファクター　167, 177, 178, 184
ロジスティクス　211, 212, 214, 215, 223, 227（⇒カスタム・メイドのロジスティクス輸送）

ワ 行

ワルソー条約　221

著者紹介　吉岡秀輝（よしおか・ひでき）
1950年　東京都墨田区生まれ
1973年　日本大学商学部商業学科卒業（商学士）
1980年　日本大学大学院商学研究科商学専攻博士課程後期満期退学
　　　　日本大学商学部商学研究所研究員
1989年　北海学園北見大学商学部専任講師
1991年　同助教授　カナダ・アルバータ州立レスブリッジ大学研究員
1998年　北海学園北見大学商学部教授
現　在　高崎商科大学商学部教授　高崎商科大学大学院商学研究科教授

主要著書

『国際物流概論』（共著）白桃書房、1988年
『現代日本経済と港湾』（共著）成山堂書店、2001年
『流通情報概論』（共著）成山堂書店、2003年
『国際貿易をめぐる諸問題と解決への道―その理論と現実』（共著）白桃書房、2005年
『オコーナー著　現代航空経済概論』（翻訳・共著）成山堂書店、1986年
『B.グッドール他編　観光・リゾートのマーケティング―ヨーロッパの地域振興策について』（翻訳・共著）白桃書房、1989年
『D.M.キャスパー著　国際航空自由化論―サービス貿易とグローバル化』（翻訳・共著）文眞堂、1993年
他多数

地域物流とグローバル化の諸相

2013年5月20日　第1版第1刷　　定　価＝3200円＋税

著　者　吉　岡　秀　輝　©
発行人　相　良　景　行
発行所　㈲　時　潮　社

〒174-0063　東京都板橋区前野町4-62-15
電　話　03-5915-9046
Ｆ Ａ Ｘ　03-5970-4030
郵便振替　00190-7-741179　時潮社
Ｕ Ｒ Ｌ　http://www.jichosha.jp

印刷・相良整版印刷　製本・仲佐製本

乱丁本・落丁本はお取り替えします。
ISBN978-4-7888-0685-6

時潮社の本

国際貿易政策論入門
稲葉守満 著
Ａ５判・並製・346頁・定価4000円（税別）

産業貿易史を踏まえつつ貿易理論とその最前線を検証し、TPP（環太平洋戦略的経済連携協定）を含む日本の通商政策問題を総合的に判断するための必携書。この1冊で現代貿易の全容がわかる。

アメリカの貿易政策と合衆国輸出入銀行
山城秀市 著
Ａ５判・上製・312頁・定価3600円（税別）

1930年代大恐慌を脱出する切り札として設立された合衆国輸出入銀行がいかにその後の大戦をくぐりぬけ、多極化時代を迎えてどのように変貌しつつあるのか。本書は米政府の経済政策と輸出入銀行の歴史を追いながら全体像を明らかにする。

展開貿易論
小林通 著
Ａ５判・並製・164頁・定価2800円（税別）

今や市民生活の隅々にまで影響を与えている貿易は、もはや旧来の壁を劇的なまでに突き崩し、史上かつてない規模にまで拡大している。しかしその実態となるとさまざまなベールに覆われ、なかなか見えていない。本書はそのような貿易の流れを歴史や理論から平明に説き起こし、現実の貿易のノウハウまで懇切に追いかけた貿易実務のコンパクトな入門書であり、初学者および中堅実務家に必携の書である。

グローバル企業経営支援システム
―時間発展型統合シミュレーションを用いて―
張静 著
Ａ５判・並製・160頁・定価3500円（税別）

従来の勘とコツによる物流管理方式を脱した新方式、グローバル・カンパニー・マネージメント（GCM）システムを提案。本書では、生産〜物流〜販売〜在庫の一元管理により、グローバル企業の経営の最適化をサポートするGCMを全面的に紹介する。